吴国平◎著

家事法

疑难问题研究

JIASHIFA

YINANWENTIYANJIU

吉林大学出版社

·长春·

图书在版编目（CIP）数据

家事法疑难问题研究 / 吴国平著. —长春 :
吉林大学出版社，2019.9
ISBN 978-7-5692-5714-4

Ⅰ. ①家… Ⅱ. ①吴… Ⅲ. ①婚姻法－研究－中国②
家庭－法律关系－研究－中国 Ⅳ. ①D923.904

中国版本图书馆CIP数据核字(2019)第224212号

书　　名：家事法疑难问题研究
JIASHIFA YINAN WENTI YANJIU

作　　者：吴国平 著
策划编辑：李伟华
责任编辑：马宁徽
责任校对：张鸿鹤
装帧设计：中北传媒
出版发行：吉林大学出版社
社　　址：长春市人民大街4059号
邮政编码：130021
发行电话：0431-89580028/29/21
网　　址：http://www.jlup.com.cn
电子邮箱：jdcbs@jlu.edu.cn
印　　刷：天津雅泽印刷有限公司
开　　本：787mm×1092mm　　1/16
印　　张：21
字　　数：290千字
版　　次：2020年1月　第1版
印　　次：2020年1月　第1次
书　　号：ISBN 978-7-5692-5714-4
定　　价：80.00元

前 言

家庭是社会的细胞和最基本形态，家庭成员之间的关系，在法律上形成了具有权利义务内容的亲属关系。它包括婚姻关系和家庭关系，是一种最为普遍的社会关系。其中，婚姻存在于结合为夫妻的男女两性之间，家庭存在于婚姻双方和其他家庭成员之间。婚姻是家庭产生的前提，家庭是婚姻成立的结果。婚姻双方构成了最初的家庭关系，由此又产生了父母子女关系、兄弟姐妹关系等其他家庭关系。他们相互之间不仅会产生人身关系，也会产生财产关系，这就涉及亲属法（婚姻家庭法）和继承法等民事法律。本书在此将亲属法（婚姻家庭法）与继承法合并在一起，统称为家事法。亲属关系和财产继承关系是家事法的研究对象。

作为社会的基本细胞，家庭的健康和谐与可持续发展是社会和国家健康和谐与稳定发展的基础。法律作为社会关系的调节阀和稳定器，在调整亲属关系与继承关系，维护社会主义婚姻家庭秩序和当事人权益，促进家庭和谐与社会稳定，推动社会文明进步方面具有十分重要的作用。这也是新时期我国家事法的重要使命。

《民法典》被誉为“社会生活的百科全书”，是市场经济的基本法，是保护公民权利的宣言书。在我国社会主义法律体系中，亲属法（即婚姻家庭法）与继承法都是民法的重要组成部分,也是我国正在编纂的《民法典》的重要内容。目前，我国已形成了一个以《民法总则》为民事基本法，由各种民事单行法构成的社会主义民事法律体系，但我国还没有法典意义上的民法，编纂我国《民法典》是全体法律人的美好期待和梦想。2014 年 10 月召开的党的十八届四中全会审议通过的《中共中央关于全面推进依法治国若干重大问题的决定》中首次明确提出要“编纂民法典”，这是以习近平同志为核心的党中央作出的重大法治建设部署。此后，我国《民法典》的编纂工作被正式列入国家立法机关的重要立法日程。作为我国民法重要组成部分的亲属法（婚姻家庭法）与继承法，回归民法是大势所趋。可以说，编纂《民法典》是一个难得的历史契机。值得高兴的是，随着 2017 年 3 月 15 日我国《民法总则》的颁布实施，《民法典》的编纂迈出了坚实的“第一步”。2018 年 8 月 27 日，《民法典各分编》（草案）初次提请第十三届全国人大常委会第五次会议审议，标志着我国《民法典》编纂迈出喜人的“第二步”。《民法典各分编》（草案）（一审稿）于 2018 年 9 月向社会公布并公开征求意见，其中包括“婚姻家庭编”和“继承编”，这是编纂我国《民法典》，实现“民法大家庭”的团圆所不可缺少的重要步骤。按照全国人大常委会的立法规划，在 2020 年前《民法典各分编》（草案）即《民法分则》各编将陆续审议通过并颁布。我国《民法典》的完整问世指日可待！

立法必须紧跟时代发展步伐。由于我国目前正处于社会变革与转型期，各项改革已进入“深水区”，社会关系、社会利益与社会需求正日益多元化，人们的思想观念与价值追求也日益个性化，在婚姻家庭领域出现了许多新情况、新问题，不但衍生了一些新的社会关系，而且也产生了一些新的冲突、矛盾与纠纷，使我国现行的亲属（婚姻家庭）与继承法律制度经受着新的挑战。这些新情况、新问题的出现，一方面对我国社会主义婚姻家庭关系产生一定影响，另一方面也影响社会和谐稳定，从一定程度上也反映了我国调整有关亲属与继承关系的法律还不够完善。这需要我们积极应对，从理论上进行梳理与分析，提出解决对策，促进我国法律不断完善，以充分发挥法律在调整社会关系，化解社会矛盾，维护社会和谐稳定，促进经济社会发展和人类文明进步方面的重要作用。

就研究目的而言,本书无意对亲属与继承法方面的问题进行系统全面研究，而是关注并研究亲属与继承法领域所涉问题的前沿性与深度性，力图能够提出有深度、有温度的研究成果，以引起学术界对家事法领域立法理论研究的进一步关注；就研究思路而言，本书主要围绕近年来亲属与继承法领域的前沿和热点问题进行深入研究，坚持问题导向、务实有用的原则，力求能够准确透视我国当下在家事法领域所面临的新问题和新挑战，及时提出具有针对性的对策建议。据此，本书以《民法典》的编纂为研究背景，以笔者近年来相关研究成果和文献资料积累为基础，依据最新的亲属与继承法理论，采用法学、社会学、伦理学等多学科研究方法,对我国亲属与继承法领域有关困境儿童预防与救助、成年监护、半流动农民工家庭婚姻家庭权益、离婚登记程序、离婚精神损害赔偿、继父母子女关系、继父母子女关系、老年人养老权益、财产继承等理论前沿、研究热点难点与审判实务问题进行重点分析探讨，并从理论与实践结合的角度对一些重要的亲属与继承法律制度的建构与完善问题进行研究，有的还涉及诉讼法、证据法、劳动与社会保障法等相关法学领域的问题，并以此提出完善我国相关亲属与继承等法律制度的对策建议，希望能够对我国亲属与继承法律制度的完善乃至《民法典》的编纂贡献一点绵薄之力。我们有理由相信 :《民法典》的编纂必将为新时代坚持和发展中国特色社会主义、实现“两个一百年”的奋斗目标和中华民族伟大复兴的中国梦提供较为完备的民事法治保障!

由于笔者才疏学浅，研究水平和能力有限，书中缺点和疏漏在所难免，敬请诸位同仁和读者批评指正!

吴国平

二０一九年三月十二日

目 录
CONTENTS

第一章　困境儿童预防与救助问题研究

第一节　困境儿童问题概述

长期以来，我国政府一直都十分重视孤儿、弃婴等困境儿童的救助与保护问题，除了设立儿童福利院（或在社会福利院设立儿童部）、儿童之家，定期发放基本生活费用等外，针对弃婴有增无减的情况，国家有关部门还曾经加大了救助力度，试点建立了“弃婴安全岛”或者“婴儿安全岛”（英文为 Baby Hatch，以下简称“安全岛”）。截至 2014 年 2 月，河北、广东、天津、内蒙古、黑龙江、江苏和福建等 10 个省区市已建成 25 个安全岛并投入使用。[1] 但从 2011 年 6 月 1 日河北省石家庄市开办的全国第一个“安全岛”启用以来，由此引发的争论便不绝于耳。反对者认为，设立“安全岛”是在变相鼓励家长遗弃婴儿。[2] 令人关注的是，在全国所有试点“安全岛”的城市中，由于接收的弃婴过多而不堪重负，广州市于 2014 年 3 月 16 日第一个喊出了“暂停”，[3] 而此时离该“安全岛”开设时间还不到 50 天。而 2014 年元旦开始启用的福建

1　佚名：《中国已有 28 个省区市“试水”建立“弃婴安全岛”》，http://news.163.com/14/0216/16/9L7J0AJ400014JB5.html，访问日期：2014 年 2 月 16 日。

2　林嘉：《婴儿安全岛：存还是废？》，载《人民法院报》2014 年 5 月 12 日，第 2 版。

3　厦门“安全岛”在投用三个月的时间里，已接收 120 余名弃婴，这一数据远远超过 2013 年，是 2013 年的两倍多。见骆余民、温添赋：《厦门婴儿安全岛关闭 试水百天接收 120 多名弃婴》，http://fj.sohu.com/20140418/n398433060.shtml，访问日期：2014 年 4 月 18 日。

省厦门市“安全岛”，在试水百天之后也因同样原因于2014年4月初锁上了大门。厦门“安全岛”在投用三个月的时间里，已接收120余名弃婴，这一数据远远超过2013年，是2013年的两倍多。[1]时至2014年3、4月间，广州、厦门等地设立的“婴儿安全岛”相继宣告暂停或关闭，[2]前后不到三年时间，此类“安全岛”在我国大陆地区消失得“无影无踪”了。“安全岛”现象引起人们的关注。产生这一现象的原因是什么？面对儿童救助的现实需求，除了“安全岛”以外，我们是否还有其他救助孤儿、弃婴等困境儿童的有效措施或者办法？换句话说，应如何完善我国困境儿童的预防与救助保护制度？如何才能从根本上解决问题？这是值得探讨的问题。

一、儿童年龄的界定

关于儿童年龄的界定，国内外有着不同的判定标准。联合国《儿童权利公约》规定的儿童年龄为0～18岁，医学界以0～14岁的儿童为儿科的研究对象。我国的儿童组织少先队的队员年龄就规定为14周岁以下，最高人民法院《关于拐卖人口案件中婴儿、幼儿、儿童年龄界限如何划分问题的批复》规定："六岁以上不满十四岁的为儿童。"据此，本书将儿童的年龄界定在14周岁以下，研究对象为14周岁以下的困境儿童。

二、困境儿童的概念与范围

所谓困境儿童，是指父母已经死亡和事实上无人抚养的14周岁以下的未

1　骆余民、温添赋：《厦门婴儿安全岛关闭 试水百天接收120多名弃婴》，http://fj.sohu.com/20140418/n398433060.shtml，访问日期：2014年4月18日。

2　骆余民、温添赋：《厦门婴儿安全岛关闭 试水百天接收120多名弃婴》，http://fj.sohu.com/20140418/n398433060.shtml，访问日期：2014年4月18日。

成年人。[1]困境儿童的范围包括孤儿、弃婴、事实上无人抚养的儿童和流浪儿童等。这里所讲的孤儿是指父母已经自然死亡或被宣告死亡的不满 14 周岁的未成年人。[2]弃婴一般是指被抚养义务人遗弃且无法查找到生父母的婴儿。[3]事实上无人抚养的儿童，也称为亚孤儿，是指父母一方死亡，另一方放弃监护责任，或者父母一方服刑，另一方与服刑一方离婚并放弃监护责任的儿童。[4]前者诸如儿童的父亲一方死亡，而母亲抛弃儿女另嫁他人的情况；后者主要是指父母一方因犯罪在监狱服刑，而另一方与之离婚且不承担子女的监护责任的情况。此种类型的儿童，其父母一方可以查找得到，但由于某种原因却无法或者不愿承担该子女的监护责任。流浪儿童是指擅自离开家庭或脱离监护人流落社会连续超过 24 小时，失去基本生存保障而陷入困境的 14 周岁以下的未成年人。从司法实践情况看，人民法院受理的涉及困境儿童的案件还包括父母或者其他监护人不履行监护职责（如因未婚先孕等原因而不愿意抚养并抛弃孩子）、流浪儿童等失教儿童犯罪案件等。例如：2013 年 6 月南京江宁区泉水新村发生的因父亲入狱母亲出走后在家中活活饿死两名女（幼）童事件，该事件中的两名女（幼）童也属于“困境儿童”范畴。[5]

根据以上分析，本书认为，我国的困境儿童可以分为狭义的困境儿童和广义的困境儿童两大类。狭义的困境儿童包括孤儿、弃婴、事实上无人抚养的儿童；而广义的困境儿童还包括父母不履行抚养义务的儿童和流浪儿童在内。本书主要从狭义的角度来探讨困境儿童的救助问题。

1　卫建萍、严剑漪、章伟聪：《无辜孩子，如何走出困境》，载《人民法院报》2013 年 9 月 16 日，第 3 版。

2　吴国平、张影主编：《婚姻家庭法原理与实务》（第四版），中国政法大学出版社 2018 年版，第 185 页。

3　吴国平：《婚姻家庭立法问题研究》，吉林大学出版社 2008 年版，第 247 页。

4　佚名：《民政部：争取将亚孤儿纳入国家保障》，载《海峡都市报》2013 年 12 月 6 日，第 A17 版。

5　卫建萍、严剑漪、章伟聪：《无辜孩子，如何走出困境》，载《人民法院报》2013 年 9 月 16 日，第 3 版。

第二节　我国困境儿童预防与救助遭遇的现实窘境

一、困境儿童数量不断增多而有关机构收救能力不足

多年来，我国孤儿、弃婴等困境儿童的问题一直比较突出，受到政府部门的高度重视和社会的广泛关注。2012 年《中国儿童福利政策报告》显示，中国每年约有 10 万名儿童被遗弃，而被社会（儿童）福利院收养的只是很小一部分，大部分孩子仍然散落在社会上，由民间家庭或机构收养。在为数众多的弃婴中，80% 以上的弃婴为重残儿童，还有众多的黑户孤儿未统计在内。[1] 民政部 2013 年 3 月 1 日发布的全国个人与民办机构收留孤儿情况大排查结果显示，目前，全国共有收留孤儿弃婴的个人和民办机构 878 家，其中个人举办的 134 家，宗教机构 583 家；共收留孤儿弃婴 9394 名，得到民政部门监管并领取最低生活保障或孤儿基本生活费的 4654 人，约占总数 49.5%。2016 年《中国儿童福利政策报告》显示：孤儿基本生活费月人均为 1143.3 元，仅达到全国月人均可支配收入的 1830.5 元的 62%。[2] 另据媒体报道，北京师范大学中国公益研究院于 2018 年 5 月 30 日发布了《中国儿童福利与保护政策报告 2018》。该报告显示，全国 76 万名无人监护农村留守儿童监护措施获得落实，770 万名困境儿童基本生活保障标准稳步提升；社会服务事业费总体支出中儿

1　转引自李华斌：《在困境中前行——聚焦我国的孤儿收养制度》，载《中国审判新闻月刊》2013 年第 2 期，第 24 页。

2　佚名：《中国儿童福利政策报告》，https://www.yjbys.com/news/551218.html，访问日期：2017 年 6 月 5 日。

童福利经费支出稳步上升，17.8 万所儿童之家投入使用，以均等化、专业化为重点的儿童关爱保护服务体系建设正在快速推进，近 3 亿儿童全面纳入基层儿童福利与保护网络。[1] 但从实际情况来看，多数困境儿童还是要靠民间家庭或机构收养来解决问题，反映出政府有关部门的收救能力还不足，困境儿童救助问题依然任重道远。

二、制度机制缺陷的长期存在使面临的问题困难越来越多

从现实状况来看，我国困境儿童预防与救助工作还存在许多具体问题与困难，主要有：

1. 困境儿童预防体系和制度不完善。我国在制度设计层面上还没有建立起完善的预防体系和严格的弃婴追究制度。[2] 如前所述，目前有 80% 以上的弃婴为重残儿童，许多弃婴都是因病残等身体原因而被父母遗弃。而有些地方政府一方面没有注意从源头上采取有效措施来加以治理和解决，另一方面，对于随意抛弃婴儿的违法行为也没有严格的责任追究制度，因而无法从源头上有效地封堵弃婴现象。

2. 困境儿童救助保护体系和制度不完善。从河南兰考县、南京江宁区等地发生的儿童被大火烧死或在家中被活活饿死等惨剧来反思，明显暴露出我国困境儿童救助保护体系不完善，困境儿童社会救助和社会福利制度不健全的问题。虽然国家相关法律也规定了各职能部门均有参与对监护缺失的困境儿童进行救助的职责，但其各自职责和法律责任并不明确。[3] 在一些地方，孤儿弃婴的发现、

1　车丽：《〈中国儿童福利与保护政策报告 2018〉发布　推进建设儿童关爱保护服务体系》，http://china.cnr.cn/gdgg/20180530/t20180530_524252405.shtml，访问日期：2018 年 5 月 30 日。

2　任亚男：《如何才能保护你——中国弃婴》，http://news.nen.com.cn/system/2013/06/19/010450542.shtml，访问日期：2014 年 4 月 26 日。

3　周佩、徐聪萍：《完善未成年人监护权撤销制度的建议》，载《人民法院报》2014 年 5 月 28 日，第 7 版。

报案、移送网络体系还不健全，政府职能部门之间配合衔接不到位，使弃婴等困境儿童的救助不够及时有效。此外，由于困境儿童大多身体残疾或患有疾病，因此，许多人都不愿意收养这样的孩子，一般只能交由民政部门收留。

3. 困境儿童救助经费投入不足。从理论上说，政府对困境儿童的救助负有不可推卸的责任，但目前由于多数地方政府的公共财政在儿童福利设施建设与保障方面的资金投入不足，使困境儿童的救助资金普遍缺乏，导致我国多数县（市、区）无专门的儿童社会福利机构。截至 2013 年 1 月，我国省、地、县三级拥有独立的儿童福利机构数量分别为 9 家、333 家、64 家，有 800 多家社会福利机构设立了儿童部。但多数县（市、区）没有专门的儿童社会福利机构。[1] 即便是已有的儿童福利机构，其日常运行经费也严重不足，导致福利标准待遇偏低，远远无法满足困境儿童救助的需要。北京师范大学中国公益研究院于 2018 年 5 月 30 日发布了《中国儿童福利与保护政策报告 2018》指出：2017 年儿童关爱保护服务体系建设取得了一定的成绩，但由于地区发展的不平衡，仍然存在资源配置差异、基本公共服务不足的严峻挑战。因此，在政府统筹协调和财政投入方面，还有许多工作需要跟进。

4. 家庭寄养的条件不明确。我国目前尚无家庭寄养管理方面的专门规定，在实际生活中，由于管理不规范，标准不明确，对家庭寄养情况缺乏考核监督等原因，造成一些寄养家庭经济能力和条件参差不齐，有的还存在歧视、虐待寄养儿童等问题。

5. 民间救助陷入窘境。民间救助机构的优势在于救助程序简捷、救助动作迅速，但目前我国民间困境儿童救助机构生存与发展环境却很不乐观，普遍面临“注册难”“资金缺”的问题。根据我国《社会福利机构管理暂行办法》第 5 条、

1　佚名：《民政部：将推动修法鼓励公民收养孤儿》，http://news.163.com/13/0110/02/8KQTES2F00014AED.html，访问日期：2013 年 1 月 10 日。

第8条、第10条、第12条和第14条的规定，民间组织注册登记社会福利机构时，须先向主管单位即民政部门申请，并经过民政部门审批后才能筹办和正式开业设置，并在取得民政部门颁发的“社会福利机构设置批准证书”后，才能到登记机关办理登记注册手续，否则就是“非法”机构。从制度层面观察，民间困境儿童救助机构面临的是“一个从注册到监管、到服务支持的制度体系”整体缺失的问题。[1]

6. 未成年人监护的国家干预制度不完善。首先，救助监管呈空白状态。目前一些地方政府对困境儿童救助的整体情况缺乏全面掌控，监督管理没有及时到位，导致困境儿童的救助力度不够，救助结果不理想，困境儿童权益遭受侵害的事件也经常发生。其次，根据我国《民法总则》第34条第3款规定，监护人不履行监护职责或者侵害被监护人合法权益的，应当承担法律责任。《民法总则》第36条规定，对于监护人实施严重损害被监护人身心健康行为、怠于履行监护职责，或者无法履行监护职责并且拒绝将监护职责部分或者全部委托给他人，导致被监护人处于危困状态，或者实施严重侵害被监护人合法权益的其他行为的，人民法院根据有关个人或者组织的申请，可以依法撤销其监护人资格，安排必要的临时监护措施，并按照最有利于被监护人的原则依法指定监护人。这是我国基本法层面上关于监护监督仅有的两条规定，内容还比较粗略，还需要通过相关立法（包括《民法分则》“婚姻家庭编”）加以细化。再次，在《未成年人保护法》中虽然也有关于剥夺父母监护权的相关条款，在《未成年人保护法》《义务教育法》等法律中对监护人的失职行为规定了训诫、批评教育、责令限期改正等措施，但对于公权力介入未成年人监护的具体办法或者

1 侯雪竹、李晋：《兰考事件后民间收养机构四面楚歌 面临被遣散困境》，http://gongyi.ifeng.com/news/detail_2013_01/21/21423712_0.shtml，访问日期：2013年1月21日。

如何进行监督均未作出规定。[1]对有过错或者失职的监护人的惩戒措施刚性与威慑力不足，也缺乏可操作性。第四，在实践中，因监护人监护失职且屡教不改而进入司法程序的并不多。例如2017年全国各地人民法院判决侵害未成年人权益被撤销监护人资格案件仅69起，[2]而监护人资格被依法撤销后，困境儿童如何安置也成为一个棘手的难题。

---

1 刘刚：《中国拟建未成年人监护干预制度 父母失责或被诉》，http://learning.sohu.com/20140121/n393875190.shtml，访问日期：2014年1月21日。

2 车丽：《〈中国儿童福利与保护政策报告2018〉发布 推进建设儿童关爱保护服务体系》，http://china.cnr.cn/gdgg/20180530/t20180530_524252405.shtml，访问日期：2018年5月30日。

第三节　我国困境儿童预防与救助制度的立法完善

国务院于 2016 年 6 月 13 日颁发了《关于加强困境儿童保障工作的意见》（国发〔2016〕36 号，以下简称《意见》），该《意见》对加强困境儿童保障问题提出了总体要求，强调要实行分类保障，建立健全困境儿童保障工作体系，并加强工作保障。2018 年，我国已有 31 个省级行政区域出台困境儿童保障工作意见。为了在实际工作中贯彻落实好国务院和各地的重要文件，需要有关部门从完善立法、健全机制和强化保护等多方面入手。本书在此重点谈谈我国困境儿童预防与救助制度的构建问题。

一、进一步完善我国困境儿童的预防体系

我们应当重点做好以下几个方面的工作，努力从源头上减少弃婴等困境儿童的产生：

1. 政府在推行全面“二孩政策”时，要做好日常优生优育宣传与服务工作，提高乡镇、街道相关医疗卫生机构的服务水平与服务质量，做到早预防、早检查、早发现和早处理。

2. 政府要为新生残疾婴儿家庭排忧解难。要制定相关的制度对新生残疾婴儿的家庭及时提供经济、医疗方面的援助与支持，帮助他们解决现实与长远存在的各种问题与困难，提高困境家庭的抚养能力，并在生育政策方面给予照顾，以预防弃婴现象的发生。

3. 加强对残疾人的权利保护，以减少残疾儿童父母的忧虑与负担，进而减

少遗弃行为的发生。

4. 对于经济条件困难，确实无力抚养重病残疾子女的家庭，当事人可以与户籍所在地的民政部门取得联系，由民政部门负责帮助协调解决。

5. 应允许弃婴父母有“反悔权”，即参照德国的循环式做法，允许弃婴父母认领回自己的子女。[1]

二、进一步完善我国困境儿童的救助体系

1. 要明确困境儿童的救助责任主体。要在总结经验的基础上，将民政部门、未成年人保护机构、妇联、共青团、公安机关、司法机关和街道办事处、居委会、村委会等机构和组织纳入困境儿童救助责任主体范围，明确这些机构和组织在困境儿童救助工作中的职责分工与法律责任，特别是民政部门的主体责任。2018 年 10 月 30 日民政部颁布的《儿童福利机构管理办法》（2019 年 1 月 1 日起施行）明确将父母没有监护能力且没有其他依法具有监护资格人的儿童、人民法院指定由民政部门担任监护人的儿童、法律规定应当由民政部门担任监护人的其他儿童全部纳入儿童福利机构服务对象中，这将有利于从政策层面落实主体责任，并推进将儿童福利机构社会化。

2. 完善困境儿童救助方式。我国困境儿童的救助体系，目前主要通过三种方式来体现：第一，集中养育，即由儿童福利院等社会福利机构负责；第二，家庭寄养，即将困境儿童安排到相关家庭进行分散寄养；第三，公民收养，即由社会公民自行收养救助。[2] 根据目前困境儿童救助中出现的问题和困难，本

1 陈文涛、陈靖远：《“‘安全岛’的去与留——关于弃婴问题的法律研讨会”举办》，http://www.law.ruc.edu.cn/article/?45847.html，访问日期：2014 年 4 月 24 日。

2 任亚男：《如何才能保护你——中国弃婴》，http://news.nen.com.cn/system/2013/06/19/010450542.shtml，访问日期：2014 年 4 月 26 日。

书建议应对这三种救助方式加以进一步的完善，即通过亲属抚养、机构养育、家庭寄养、依法收养和临时庇护等多种方式为困境儿童提供救助。具体而言，一是进一步明确亲属的抚养责任。就孤儿而言，依照我国《民法总则》和《婚姻法》和最高人民法院《民法通则若干问题意见》第 12 条的相关规定，孤儿的祖父母、外祖父母、兄姐等是其近亲属，在孤儿的父母死亡或无力抚养时，有负担能力的祖父母、外祖父母或兄、姐要依法承担抚养孙子女、外孙子女或弟妹的义务，并履行监护职责。[1] 二是要强化政府在集中养育方面的责任。对于无亲属加以抚养的困境儿童，经依法公告后可交由民政部门设立的儿童福利院（儿童之家）收留抚养。截至 2018 年底，我国已建设 17.1 万所儿童之家（包括儿童快乐家园、妇女儿童之家、留守儿童之家并投入使用）。2019 年之后，儿童之家建设有望被更多省份纳入基层儿童福利工作重点。[2] 有条件的儿童福利院（儿童之家）等社会福利机构，应当在机构内部建造单元式居所，为困境儿童提供家庭式养育。[3] 三是要对家庭寄养和公民收养予以鼓励与支持，通过立法或制定相关政策将家庭寄养和公民收养纳入困境儿童救助的体系中，具体工作的协调应由民政部门来牵头负责。民政部门可以对条件较好、符合家庭寄养条件且有寄养意愿的家庭进行评估，将困境儿童交由符合条件的家庭寄养。对寄养家庭有收养意愿的，应当优先办理收养手续。对于其他有收养意愿，符合收养条件的收养人，也应当予以鼓励和支持，并在依法办理户籍登记或者户

1　吴国平、张影：《婚姻家庭法原理与实务》（第四版），中国政法大学出版社 2018 年版，第 207—210 页。

2　中国公益研究院：《儿童福利与保护十大进展及六大趋势》，http://www.chinadevelopmentbrief.org.cn/news-22639.html，访问日期：2019 年 3 月 11 日。

3　王建华、窦玉巧：《孤残儿童收养是全社会的共同责任》，载《人民法院报》2013 年 5 月 23 日，第 5 版。

籍迁移手续方面提供便利。[1]对于其中的弃婴收养制度的立法问题，本书将在本章第四节中进行专门探讨。四是建立临时救助制度。即有条件的地方可以借鉴上海市长宁区的经验，开展困境儿童临时庇护工作，建立专门的临时庇护机构，重点对诉讼中的困境儿童给予庇护，实现国家对困境儿童保护的及时干预。[2]

3. 建立困境儿童生活保障制度。首先，地方政府要进一步完善孤儿等困境儿童基本生活保障制度。北京师范大学中国公益研究院发布的《儿童福利与保护十大进展及六大趋势》材料显示，2018 年各地孤儿基本生活费标准明显提高。从全国情况看，集中养育孤儿平均保障标准比上一年增长 10.1%，社会散居困境儿童平均保障标准比上一年增长 8.2%。从地区上看，中西部地区增长幅度大于东部地区。全国所有省份中，重庆孤儿基本生活费标准涨幅最大，其中集中养育孤儿平均保障标准比上一年增长 26.2%，社会散居平均保障标准比上一年增长 63.6%。从发放金额上看，北京集中养育孤儿津贴标准最高，为 1925 元，天津社会散居孤儿津贴标准最高，为 2420 元。[3]从中我们可以看出，政府对这项工作一直十分重视，但尽管如此，各地不平衡的情况还是存在的。因此，各级民政部门要认真贯彻落实国务院办公厅 2018 年 8 月 21 日发布的《关于同意建立农村留守儿童关爱保护和困境儿童保障工作部级联席会议制度的函》、民政部 2018 年 1 月 30 日发布的《全国农村留守儿童关爱保护和困境儿童保障示范县指导标准》等文件精神，进一步加强农村留守儿童、困境儿童的保障性工作，实现由经济救助向复合型救助转变。民政部门要进一步完善最低生活保障

1 王建华、窦玉巧：《孤残儿童收养是全社会的共同责任》，载《人民法院报》2013 年 5 月 23 日，第 5 版。

2 卫建萍、严剑漪、章伟聪：《无辜孩子，如何走出困境》，载《人民法院报》2013 年 9 月 16 日，第 3 版。

3 中国公益研究院：《儿童福利与保护十大进展及六大趋势》，http://www.chinadevelopmentbrief.org.cn/news-22639.html，访问日期：2019 年 3 月 11 日。

制度，明确最低生活保障标准，严格按照规定程序做好孤儿等困境儿童的基本生活费管理，确保专款专用，按时发放，[1] 并确保随着当地经济社会发展和群众生活的提高而同步调整提高。其次，要逐步提高孤儿等困境儿童的医疗康复保障水平。2018 年 7 月 10 日，国务院发布了《关于建立残疾儿童康复救助制度的意见》，不仅对救助康复儿童的标准进行了具体规范，对申请流程做出了解释，而且还对残疾儿童康复工作提出了总体要求，计划到 2020 年建立与全面建成小康社会目标相适应的残疾儿童康复救助制度体系，基本实现残疾儿童应救尽救；到 2025 年，残疾儿童康复救助制度体系将更加健全完善，残疾儿童普遍享有基本康复服务，残疾儿童健康成长、全面发展的权益得到有效保障。因此，各地在困境儿童医疗康复保障方面仍有很多工作需要做，以确保残疾儿童康复救助制度和配套措施的全面落实，促进残疾儿童康复救助工作从项目式运作到制度化保障的重要转变。

近年来，有学者曾经建议要完善儿童大病救助和福利制度，建立以困难程度为标准的儿童医疗救助制度、重残儿童法律津贴制度，在基层社区构建儿童照料康复体系，建立社区儿童福利与服务专业社工队伍，并扩大新农合特殊病种的报销比例等。[2] 也有学者建议将孤儿等困境儿童纳入城镇居民基本医疗保险、新型农村合作医疗、城乡医疗救助等制度保障范围，参保（合）的费用由民政部门通过城乡医疗救助途径解决，并将残疾孤儿医疗康复项目内容基本医疗保障范围，[3] 这些意见和建议，本书完全赞同，并建议应尽快通过立法和制度加以法律化、制度化，以便于统一实施。

1　王建华、窦玉巧：《孤残儿童收养是全社会的共同责任》，载《人民法院报》2013 年 5 月 23 日，第 5 版。

2　林嘉：《婴儿安全岛：存还是废？》，载《人民法院报》2014 年 5 月 12 日，第 2 版。

3　王建华、窦玉巧：《孤残儿童收养是全社会的共同责任》，载《人民法院报》2013 年 5 月 23 日，第 5 版。

4. 增加困境儿童救助经费的投入。据悉，国家民政部从 2013 年开始就已在江苏、浙江、河南、广东四省相关城市开始试点“适度普惠型儿童福利制度”，对孤儿、困境儿童、困境家庭儿童、普通儿童等分四个层次进行分层分类救助。同时，民政部门继续实施“儿童福利机构建设蓝天计划”，在人口大县建设一批儿童福利机构，其他县在社会福利中心建设儿童福利部，全面提高孤儿收留养育能力。[1]2017 年以来各地又建设了一批儿童之家。这些做法和实践探索无疑是值得充分肯定的。解决问题的关键在于政府应当加大对社会救助事业的扶持与投入，包括对社会福利中心在场所、设施、人员和资金方面的投入。各级政府要制定社会福利机构建设（发展）规划，除了新建儿童之家以外，应对现有的儿童福利机构、社会福利中心儿童部、儿童之家进行定期评估，推进社会福利机构场所的升级改造，不断通过困境儿童的救助与保障水平。

5. 适当扩大救助保障对象。在将孤儿、弃婴等纳入救助保障范围的现有政策基础上，适当扩大救助保障对象的范围，积极争取将事实上无人照顾的儿童（也称为亚孤儿）纳入国家保障范围，具体包括具有以下情形之一的儿童：（1）父母一方死亡，另一方再婚而放弃了监护责任的；（2）父母一方因犯罪被判刑，另一方离异并放弃对儿童的监护责任的，或者父母双方均因犯罪被判刑，其他近亲属无力承担监护职责的；（3）父母或者其他监护人不履行监护职责的，如因未婚先孕等原因而不愿意抚养并抛弃孩子；（4）被遗弃而四处流浪的。（5）子女残疾或身患重病而所在家庭确因经济困难，无力抚养的。

6. 建立困境儿童救助联动机制。创造条件，逐步建立类似 110 平台的公安、民政、医疗等多个部门救助横向联动协作制度，并建立市（县）、街道（乡镇）、居委会（村委会）三级救助纵向联动网络，从困境儿童的发现与报告、移送与

1　卫建萍、严剑漪、章伟聪：《无辜孩子，如何走出困境》，载《人民法院报》2013 年 9 月 16 日，第 3 版。

接受、救治与安置等各个环节建立其完整的救助协作体系和快速反应机制，并实行困境儿童救助首问制，确保困境儿童的被发现的第一时间能够得到有效救护。

三、鼓励与扶持民间福利（慈善）机构参与困境儿童救助工作

如前所述，养育孤儿、弃婴等困境儿童是政府的责任，而解决目前困境儿童救助工作中遇到的困难和问题，解决之策还是应当建立多元化的社会救助机制。2013 年 6 月 17 日国家民政部、发展改革委、公安部、司法部、财政部、卫生计生委、宗教局等七部门日前联合下发通知，要求“各级相关部门切实加强对弃婴的规范管理，严禁任何机构和个人私自收留弃婴”。很显然，在当时我国困境儿童救助的人力、财力存在严重不足的情况下，这一政策的出台实际上不利于调动更多的爱心人士参与救助困境儿童的积极性。有专家指出，监护制度的发展趋势要求个人、家庭、社会共同承担责任，因此，“安全岛”的未来应当在民间寻找出路。[1] 本书赞成这一观点，并认为整个困境儿童救助工作也是如此。特别是面对不少有能力、有条件实施救助的社会爱心人士收养弃婴等困境儿童的愿望，首先，国家从法律层面上应当予以支持和鼓励，政府要做的事情就是引导与监督，而不是进行限制。[2] 当政府福利机构无法接纳社会上这么多困境儿童，也没有能力接收现有民间福利（慈善）机构养育的孩子时，给民间福利（慈善）机构一个名分，让民间福利（慈善）机构参与到救助困境儿童的行列中，由民间福利（慈善）机构为这些困境儿童提供养育服务，以救助更多的困境儿童，无疑是一个明智的选择。从实践来看，上海市福利机构已

1　陈文涛、陈靖远：《“‘安全岛’的去与留——关于弃婴问题的法律研讨会”举办》，http://www.law.ruc.edu.cn/article/?45847.html，访问日期：2014 年 4 月 24 日。

2　任亚男：《如何才能保护你——中国弃婴》，http://news.nen.com.cn/system/2013/06/19/010450542.shtml，访问日期：2014 年 4 月 26 日。

开展与民间公益组织的合作就是一个很好的例子。[1] 其次，要降低门槛，鼓励民间福利（慈善）机构从事困境儿童救助工作。长期以来，由于种种原因，民间福利（慈善）机构还存在“注册难”的问题，这一身份认同问题没有解决，就意味着民间福利（慈善）机构的收养等救助行为不能得到法律上的认可，也使其资金募集运作受到制约，造成其资金来源缺乏规范保障与长效运行机制，[2] 同时在客观上还造成被民间福利（慈善）机构救助的困境儿童无法获得户籍，他们将来长大成人时还将陷入医疗、就学、就业、结婚甚至是财产继承等方面的权益和社会福利无法得到保障的困境。建议降低民间福利（慈善）机构的登记注册门槛，即在摸底排查、集中整治的基础上，由国家民政部牵头制定《民间救助机构管理办法》，将以孤儿、弃婴为服务对象的社会组织和公民（家庭）兴办的社会福利机构纳入社会救助体系的范围，使其能够享受与公办福利机构同等的待遇，明确开办（设立）条件和评估标准，规范民间救助行为。同时，适当降低注册登记门槛，简化审核程序，并由民政部门负责监管，重点加强对其开办资质的审核和养育服务品质的监督，民间福利（慈善）机构取得《社会福利机构设置批准证书》后，应当及时到登记机关办理登记手续。这样，就从立法上、制度上破解民间救助机构目前所面临各种难题。

四、加强困境儿童救助的政府监管工作

一方面，政府要加大投入，切实履行在困境儿童救助方面的主体责任，并鼓励和扶持社会力量积极参与，另一方面，政府还要加强监管工作，防止侵犯

1　陈文涛、陈靖远：《“‘安全岛’的去与留——关于弃婴问题的法律研讨会”举办》，http://www.law.ruc.edu.cn/article/?45847.html，访问日期：2014 年 4 月 24 日。

2　侯雪竹、李晋：《兰考事件后民间收养机构四面楚歌 面临被遣散困境》，http://gongyi.ifeng.com/news/detail_2013_01/21/21423712_0.shtml，访问日期：2013 年 1 月 21 日。

困境儿童权益行为的发生。2013 年发生的“南京江宁饿死女（幼）童案”，在一定程度上反映了我国困境儿童救助机制的失灵，加强政府监管工作非常重要。民间福利（慈善）机构参与困境儿童救助工作，应当在政府的统一监管之下进行，具体由民政部门负责。民政部门不仅应当审核民间福利（慈善）机构的开办资质，而且还应当对其养育服务品质进行全过程的监督。对民间福利（慈善）机构行政监管的内容主要包括：对开办资质的评估，服务人员资格的审核，养育服务过程的追踪，养育服务品质的监督等。可以聘请专业人员对民间福利（慈善）机构（包括领养、寄养家庭）进行全面的专业评估，包括救助前对民间福利（慈善）机构（领养、寄养家庭）和孩子的评估、救助（领养、寄养）过程中的追踪监督、救助后养育情况的监督。关于救助后养育情况的监督，可以通过修订我国现行的《社会福利机构管理暂行办法》（民政部 1999 年 12 月 30 日颁布并实施）及其各地方的《实施细则》，增设民政部门的回访权或者探望权来实现。[1]这样，民政部门除了按照《社会福利机构管理暂行办法》及其有关《实施细则》实行年度检查制度外，还可以不定期地对民间福利（慈善）机构进行救助后的监督。监督主体为县级以上人民政府民政部门，监督的主要方式包括慰问、探视、回访等，监督的主要内容是民间福利（慈善）机构履行养育职责情况、被救助的困境儿童的生活状况与生活环境等，并作出评估报告。对监督过程中发现的问题，民政部门应当与民间福利（慈善）机构进行沟通协商。

五、建立和完善困境儿童的监护干预、监护权撤销与转移制度

1. 建立包括困境儿童在内的未成年人监护干预制度。2014 年 12 月 18 日，最高人民法院、最高人民检察院、公安部、民政部联合印发了《〈关于依法处

1　吴国平：《婚姻家庭立法问题研究》，吉林大学出版社 2008 年版，第 241 页。

理监护人侵害未成年人权益行为若干问题的意见〉的通知》(以下简称《意见》),该《意见》出台的目的在于建立完善我国未成年人监护干预制度,制定我国困境未成年人家庭监护干预政策。其中,制定完善未成年人监护干预政策,建立未成年人监护行政监督与司法裁判的对接机制,创新社会保护工作机制等是工作的重点。这一机制的核心内容是通过法律程序剥夺对严重侵害未成年人权益的监护人的监护资格。该《意见》对监护人资格撤销诉讼的主体、案件审理、判后安置等内容都做出了更为具体的规定,使未成年人监护人资格撤销制度更具有操作性。根据该《意见》,对拒不履行监护责任、严重伤害未成年人的监护人,国家将实行行政干预。行政干预的核心就是通过向人民法院提起诉讼而剥夺拒不履行监护责任、严重伤害未成年人的监护人的监护权,由指定的监护人行使监护权。这样做的目的是通过为未成年人设置法律底线,对拒不履行监护责任等失职行为起到震慑作用。[1]该《意见》的制定与出台,为我国《民法总则》监护制度的立法积累了经验。下一步应当结合《民法总则》监护制度的立法精神,在《民法分则》"婚姻家庭编"中加以细化与落实。

2. 完善监护权撤销制度。在实践中,除了孤儿以外,其他类型的困境儿童的父母绝大多数都在,但他们没有认真履行监护职责,或者由于某种特殊原因长时期无力履行监护职责。在这种情况下,应适用监护权撤销制度,这样就与监护权转移制度相互衔接与配套。此前,我国《民法通则》《预防未成年人犯罪法》和《未成年人保护法》等法律都规定了监护权撤销制度,但原有的规定过于笼统,不利于实际操作。主要不足在于:(1)监护权撤销的提起主体规定脱离实际。(2)各参与部门职责分工不明确。(3)缺乏监护监督制度。(4)缺

1 新华社:《中国拟建未成年人监护干预制度 父母失责或被诉》,http://learning.sohu.com/20140121/n393875190.shtml,访问日期:2014年1月21日。

乏关于监护权恢复的规定。[1] 而《民法总则》第 36 条、第 37 条在最高人民法院、最高人民检察院、公安部、民政部《关于依法处理监护人侵害未成年人权益行为若干问题的意见》相关内容的基础上，增加了未成年人监护人资格撤销之诉的处理原则——最有利于被监护人的原则，归纳了三类撤销情形，明确了申请主体，补充了临时监护，重申了被撤销监护资格的父母的抚养义务，进一步完善了未成年人监护人干预制度。本书在此仅探讨监护权撤销制度的完善问题，针对困境儿童的实际，建议在制定《民法分则》"婚姻家庭编"时，着重从以下几个方面着手进行：

（1）调整撤销权的主体范围。《民法总则》第 36 条第 2 款规定了有权向人民法院申请撤销监护人资格的有关个人和组织的范围，包括：其他依法具有监护资格的人，居民委员会、村民委员会、学校、医疗机构、妇女联合会、未成年人保护组织、依法设立的老年人组织、民政部门等，并在第 36 条第 3 款规定："前款规定的个人和民政部门以外的组织未及时向人民法院申请撤销监护人资格的，民政部门应当向人民法院申请。"这些规定不仅明确了有权向人民法院申请撤销监护人监护资格的有关个人或者组织的范围，而且还对申请撤销权的主体范围规定了兜底条款，即如果有关个人和其他组织都不申请或者没有申请的，须由民政部门负责向人民法院申请。这一规定是在充分考虑实际情况而作出的，对保护困境儿童在内的未成年人的权益十分有利。一个值得探讨的问题是，在司法实践中，未成年人住所地的居民委员会、村民委员会作为监护权撤销提起的主体几乎是形同虚设，由于各种原因，居民委员会或者村民委员会几乎没有这方面的诉讼实例，多半是由民政部门来申请撤销的。因此，本书建议在未来修订《民法总则》或者制定《民法分则》"婚姻家庭编"时，可以

1　周侃、徐聪萍：《完善未成年人监护权撤销制度的建议》，载《人民法院报》2014 年 5 月 28 日，第 5 版。

考虑取消《民法总则》中关于未成年人住所地的居民委员会、村民委员会作为监护权撤销提起的主体资格的规定。

（2）明确监护权撤销与转移的具体程序。立法上应当完善未成年人监护的干预、报告、临时救助、调查、监护权撤销之诉直至人民法院裁决的一套完整的监护权撤销与转移的流程，[1]明确规定民政部门、未成年人保护机构、公安机关和人民法院在监护权撤销与转移各环节中的职责和任务。

（3）细化恢复监护人资格的具体条件或者情形。我国《民法总则》第38条已经规定了监护资格恢复制度，但没有对恢复监护资格的具体条件或者情形作出规定，这就需要在《民法分则》"婚姻家庭编"中加以解决，或者通过司法解释来加以明确。即：当监护人不适格的法定情形消失（例如监护人确有悔改表现或者监护权撤销后的考察期届满），当事人申请恢复监护人资格时，应由人民法院审查申请人的实际表现，并在尊重被监护人真实意愿的前提下，作出是否恢复其监护人资格的裁判。

（4）建立行政监督与司法裁判双轨制与对接机制。即人民法院负责困境儿童监护人的选任、撤销以及监护权纠纷的审理，未成年人监护的干预、报告、临时救助、调查、监护权撤销之诉的提起等其他事项由民政部门等相关部门和单位负责，以实现未成年人监护行政监督与司法裁判之间的相互分工、相互配合的对接机制。

3. 实施监护权转移（即国家监护）制度。根据我国《民法总则》第32条的规定，没有依法具有监护资格的人担任监护人的，应当由民政部门担任监护人，也可以由具备履行监护职责条件的被监护人住所地的居民委员会、村民委员会担任。这是《民法总则》关于国家监护的规定。换句话说，在这种情形下，

---

1 周侃、徐聪萍：《完善未成年人监护权撤销制度的建议》，载《人民法院报》2014年5月28日，第5版。

应由政府履行替代照顾的责任。即当出现家庭失能的情况下，国家首先应对失能家庭提供补充，给予福利支持。一旦家庭消失，政府应承担起养育孩子的责任。这对于孤儿而言是不言而喻的。但对于父母双方有一方仍存在，但长期下落不明，没有音讯，也未对孩子承担抚育责任；或父母皆因犯罪而服刑人员的子女（即事实上的孤儿），政府是否也应当承担养育的责任？我国法律没有明确规定，目前政府社会福利机构仅接受父母双亡的孩子即孤儿，而后面二种情况下的儿童是无法进入到政府社会福利机构中的。本书认为，这些无人看管的孩子的养育责任应当由政府承担，即政府承担替代照顾的责任。国家应当尽快出台相关的法律法规，明确政府的替代照顾责任，规范替代养育困境儿童的内容、程序及标准。

六、进一步健全和完善我国儿童福利与权益保护法律制度

目前，我国有关儿童福利和权益保护方面的法律规定散见于《民法总则》《民法通则》《婚姻法》《收养法》《未成年人保护法》《义务教育法》《妇女权益保障法》《残疾人保障法》《预防未成年人犯罪法》《刑法》《治安管理处罚法》等相关法律，民政部《家庭寄养管理暂行办法》，以及最高人民法院、最高人民检察院、公安部、民政部《关于依法处理监护人侵害未成年人权益行为若干问题的意见》等相关规范性文件中。但从立法角度来看，目前这方面的法律还不够完善，应当加快立法步伐，重点从以下几个方面健全和完善我国儿童福利和权益保护的法律制度：

1. 制定出台政府儿童福利机构职责规定和工作措施。令人高兴的是，在 2019 年 1 月 3 日在北京召开的 2019 年全国民政工作视频会议上，民政部党组书记、部长黄树贤介绍了新的民政部“三定”方案。在党和国家总体上不增加机构编制的情况下，中央批准民政部单独设立儿童福利司。民政系统内部设立

这一专门机构，无疑将会从制度和机制层面有力地推进和加强我国儿童福利与权益保障工作。今后，民政部儿童福利司将会指导各地进一步推进困境儿童分类保障体系建设，完善细化有关帮扶救助政策；加强基层儿童关爱保护体系建设，制定出台指导意见；发挥部际联席会议办公室作用，指导各地健全并充分发挥农村留守儿童和困境儿童领导协调机制作用；指导各地加强基层儿童督导员、儿童主任能力培训，开发全国培训教材；完善儿童动态监测机制，督导各地定期更新农村留守儿童和困境儿童信息，完成全国困境儿童信息录入；指导各地创新服务供给模式，引入或孵育专业社会组织开展未成年人关爱服务；加强宣传引导，强化家庭监护主体责任意识，支持引导专业社会力量提供关爱服务；深化儿童保护国际合作交流等一系列工作。[1] 这些工作都需要制定机构职责和工作措施来加以落地落实。我们有理由相信，在各级政府的高度重视下，我国儿童福利与权益保障工作一定会有新的发展与提升。

2. 制定出台《儿童社会福利条例》或《儿童福利法》。目前从国外情况来看，各国对儿童福利保障问题历来就非常重视，已有不少国家进行了专门立法，有的还成立了儿童福利局等政府专门机构从事该项工作。例如英国就先后颁布了《家庭补助法》（1946 年）、《儿童法案》（1948 年）和《儿童法》（1989 年），日本 1947 年颁布《儿童福利法》（于 1997 年大幅度修改），瑞典 1960 年颁布《儿童及少年福利法》，挪威 1992 年颁布《儿童福利法》。而我国目前还没有颁布《儿童社会福利条例》或《儿童福利法》，儿童福利工作处于政策杂乱、部门分割、权力分散的局面，现有相关法律规定的儿童福利措施可操作性不强，[2] 影响实际

1 佚名：《聚焦主责主业 用心书写新时代民政人履职答卷》，http://www.mca.gov.cn/article/xw/mtbd/201901/20190100014462.shtml，访问日期：2019 年 1 月 17 日。

2 柳华文：《设立安全岛与儿童权利保护》，http://www.humanrights-china.org/cn/zt/qita/rqzz/2014/1/t20140410_1165028.htm，访问日期：2014 年 4 月 26 日。

效果。为改变立法滞后的局面，进一步健全儿童尤其是困境儿童福利保障制度显得十分必要与紧迫。首先，在国家层面，民政部于 2010 年启动了我国《儿童福利条例》(草案)的起草工作，推进儿童福利立法的任务于 2011 年被写入《中国儿童发展纲要（2011—2020 年）》。在“河南兰考 7 名孤儿和弃婴命丧民居火灾”事件发生后，民政部称，兰考火灾事件暴露了儿童救助保护体系存在孤儿弃婴发现、报案、移送网络体系不够健全，多数县（市、区）无专门的儿童社会福利机构等问题，并表示推动出台儿童社会福利条例，健全儿童福利保障体系。[1] 目前，民政部已在河南洛宁、江苏昆山、浙江海宁、广东深圳等地开展适度普惠型儿童福利制度的试点工作。与此同时，民政部组织起草了《儿童福利机构管理办法》，于 2018 年 2 月公布该《办法》的（征求意见稿）。2018 年 10 月 25 日，我国首部《儿童福利机构管理办法》经民政部部务会议通过，于 2018 年 10 月 30 日正式公布，并于 2019 年 1 月 1 日起实施。该《办法》是我国首个针对儿童福利机构的管理规章。该《办法》以《民法总则》《国务院关于加强困境儿童保障工作的意见》等为依据，将收留抚养儿童的范围作了扩大，包括了父母没有监护能力且没有其他依法具有监护资格的人的儿童；经人民法院指定由民政部门担任监护人的儿童；需要集中供养的未满 16 周岁的特困儿童等。同时还对儿童福利机构的服务内容和程序予以明确，特别提出，对于 6 周岁以上儿童，机构要按照性别区分生活区域，女童必须由女性工作人员提供生活照料服务。除此之外，针对近些年儿童福利机构出现的问题，此次《办法》特别对机构的内部管理制度提出明确要求。[2] 这一《办法》的颁布，也为《儿

1　陈博：《儿童社会福利条例将出台 健全孤儿弃婴保障制度》，http://sh.sina.com.cn/news/g/2013-01-10/171729467.html，访问日期：2019 年 1 月 14 日。

2　柴丹枫：《民政部制定〈儿童福利机构管理办法〉于 1 月 1 日起生效》，https://news.sina.com.cn/c/2019-01-25/doc-ihrfqzka0867566.shtml。访问日期：2019 年 2 月 7 日。

童社会福利条例》或《儿童福利法》的制定出台奠定了坚实的基础。其次，在地方层面，上海市高级人民法院起草了制定《上海市儿童福利条例》建议稿并提交立法机关。建议稿的主要内容包括建立专门的儿童福利管理机构、构建儿童福利案件处理程序、建立普惠型儿童福利的具体措施等内容。[1] 以上这些做法和经验（包括前述的设置安全岛的尝试），都为我国进一步建立、健全儿童福利制度和法律提供了良好的前期准备和基础性条件。当务之急就是要抓紧总结经验，加快立法进度，尽早提交相关程序审议并颁布《儿童社会福利条例》，建立专门的儿童福利财政预算体系，进一步健全儿童福利保障体系。待将来条件成熟时提升为《儿童福利法》。

3. 进一步修订与完善我国《收养法》的相关规定。一是适当放宽收养人的条件。（1）适当放宽对收养数量的限制。对于夫妻无生育能力，家境殷实，又符合收养条件的收养人，应不受收养 1 名的限制，旨在鼓励他们收养多名养子女。我国《收养法》第 8 条第 2 款规定：收养人收养孤儿、残疾儿童或者社会福利机构抚养的查找不到生父母的弃婴和儿童的，可以不受无子女和收养 1 名的限制。笔者主张，对于收养这四种类型被收养人的，未来立法上应当适当放宽数量的限制，由 1 名放宽为 1 至 3 名。对于家庭各方面条件特别好的，收养数量还可以更多些。而对于民间福利（慈善）机构则不应受收养数量的限制。（2）取消收养人须无子女的要求。（3）适当降低收养人年龄要求。即将收养人年满 30 周岁降低到年满 27 周岁，或者降低到男 27 周岁，女 25 周岁。（4）可以借鉴外国收养立法经验，建立不完全收养制度，增加亲属间的收养、单方收养、转收养等特殊收养行为的规定，满足收养人与被收养人的个性化需求。二是在《收养法》中增加收养人背景调查程序，从收养人的收养动机、性格、品

---

1 卫建萍、严剑漪、章伟聪：《无辜孩子，如何走出困境》，载《人民法院报》2013 年 9 月 16 日，第 3 版。

德、信用、社会评价、有无犯罪史、有无虐童记录等方面综合考核候选人与待收养儿童的匹配程度，以及其是否具有恰当履行养育子女职责的能力。[1] 三是引导收养人改变观念，从实际出发考虑收养要求，避免提出各种不切合实际的收养条件和要求。四是加强收养人收养后养育情况的监督。

4. 做好与《收养法》相关制度的配套与衔接。除了进一步完善我国《收养法》本身的相关内容外，还需要进一步完善困境儿童收养的相关福利制度，使其与我国《收养法》相互配套与衔接，全面发挥法律在困境儿童权益保障中的重要作用。

（1）补充《收养法》有关福利制度的规定。根据我国《未成年人保护法》第 43 条第 2 款的规定：对孤儿、查找不到其生父母或者其他监护人的，以及其他生活无着的未成年人，应当由民政部门设立的儿童福利机构收留抚养。2010 年国务院办公厅《关于加强孤儿保障工作的意见》中对保障孤儿的基本生活和儿童福利工作已有专门规定。除了继续落实上述相关规定外，还应当通过立法途径在《收养法》中补充有关社会福利方面的立法制度设计，以实现与未来的《儿童福利法》或《儿童社会福利条例》的相互配套衔接，发挥制度的综合效应和整体功能。

（2）发挥宗教机构的重要作用。2013 年 9 月 9 日，福建省人民政府办公厅出台了《关于规范宗教活动场所收留抚养弃婴工作的通知》（以下简称《通知》），根据该《通知》规定，对于宗教场所所收留的弃婴，将统一由宗教场所所在地的福利机构（没有设立福利机构的则由上级福利机构负责）到公安机关办理落户手续，户口集中在当地福利机构的集体户上。同时，民政部门还根据相关程序在审核后将符合条件的弃婴纳入孤儿基本生活保障体系，为宗教场所

1　练仁福：《宗教场所收留的弃婴可落户》，载《海峡都市报》2013 年 9 月 10 日，第 A32 版。

代（寄）养的这些弃婴将在医疗、康复、教育、就业等各方面与孤儿享受同等的法律保障待遇。[1]这些务实的举措，对于贯彻落实我国《收养法》的立法宗旨，保障弃婴基本生活条件和相关权益，弥补政府相关部门救助能力不足具有十分重要的意义，也具有推广和借鉴价值。

（3）努力实现法律与配套措施之间的有效衔接。我国《民法总则》第34条第3款的规定，监护人不履行监护职责或者侵害被监护人合法权益的，应当承担法律责任。《民法总则》第36条还规定，当监护人实施严重损害被监护人身心健康行为的，怠于履行监护职责，或者无法履行监护职责并且拒绝将监护职责部分或者全部委托给他人，导致被监护人处于危困状态以及监护人实施严重侵害被监护人合法权益的其他行为的，人民法院根据有关个人或者组织的申请，可以撤销其监护人资格，安排必要的临时监护措施，并按照最有利于被监护人的原则依法指定监护人。但《民法通则》中对于该情形下如何对被监护人（未成年人）进行安置以及安置机构、抚育费或生活费等各项配套措施均缺乏相应的规定，实践中容易出现扯皮推诿的问题。因此，要强化对困境儿童的法律保护，必须在进一步完善法律的同时，辅之以法律之外的配套措施，形成完整的保护体系，并使两者之间形成有效的衔接，[2]这样才能使法律规定在实践中得到有效实施。

5. 鼓励和规范家庭寄养行为。近年来，伴随着“社会福利社会化”新理念的出现，实际上我国的困境儿童救助方式也在悄悄发生变化，已由过去国家负责的机构养育单一方式向机构养育、家庭收养、家庭寄养、国际SOS儿童村等多种救助方式并举的方向发展。其中，家庭收养是一种最为主要的困境儿童

---

1 练仁福：《宗教场所收留的弃婴可落户》，载《海峡都市报》2013年9月10日，第A32版。

2 刘建国：《为不幸的孩子提供温暖庇护场所》，载《人民法院报》2014年1月23日，第2版。

救助替代性救助方式。[1]2014 年 5 月民政部已经制定和颁布了《家庭寄养管理办法》（征求意见稿）并向社会公开征求意见。其中，该征求意见稿规定，寄养家庭或其成员有歧视、虐待寄养儿童行为的以及寄养家庭借机对外募款敛财的，儿童福利机构应当解除寄养关系。造成寄养儿童人身财产损害的，还应当依法承担民事责任；构成犯罪的，则应依法追究犯罪嫌疑人的刑事责任。[2]

1　韩克庆、付媛媛：《儿童收养困局怎样打破》，载《决策》2013 年 Z1 期，第 78 页。

2　新华社：《民政部拟规范寄养家庭虐待寄养儿童严重者将追刑责》，载《海峡都市报》2014 年 5 月 6 日，第 A14 版。

第四节 我国弃婴收养制度的立法完善

一、问题的提出

近年来，我国一些地方儿童遭受不法侵害和伤害事件不断发生。2013 年 1 月 4 日河南省兰考县发生的一场火灾，更引起了社会的广泛关注。在这场火灾中共有 7 名儿童死亡（其中 4 名当场死亡）。而事件的主角即死亡儿童的收养人袁厉害（被称为“弃婴妈妈”），更是被摆在风口浪尖上而被新闻媒体和网络世界广泛评论，指责者有之，同情者有之，反思者更多。据媒体报道，从 1987 年至 2013 年事发时，在当地政府的“默许”之下，袁厉害收养的弃婴累计已超过 100 名，其中大部分弃婴为孤残儿童。就在这场大火之前，袁厉害家里还住着 27 名孩子。但袁厉害并没有到当地民政部门办理过收养登记。[1] 除了河南省的袁厉害以外,这样的“爱心妈妈”在其他省份也曾有过,如河北的“爱心妈妈”王小芬曾收养了 30 名弃婴，山西的“爱心妈妈”杨云仙曾收养了 40 多名残障孤儿。而兰考的这场大火,吞噬了 7 条活生生的生命。人们不禁要问：为什么再三发生这样的问题？弃婴收养困境如何才能打破？这更引起人们对我国目前的收养制度乃至整个儿童福利政策的全面反思。该事件发生后，国家民政部立即发文组织了一场全国性的专项大排查与预防教育和安全检查行动。民政部、国家发改委、公安部、司法部等七部委（局）还共同发布了《关于进一

---

1 360 百科：《袁厉害》，https://baike.so.com/doc/1529574-1617066.html，访问日期：2019 年 3 月 6 日。

步做好弃婴相关工作的通知》，要求切实做好弃婴的接收、体检、户籍登记和抚育工作，着力解决当前民办机构和个人收留弃婴的问题，不断加强弃婴源头治理工作。

二、我国弃婴收养现状及存在的问题

（一）弃婴的收养现状

我国《收养法》第 4 条规定，只有下列三种不满 14 周岁的未成年人才可以被收养：丧失父母的孤儿；查找不到生父母的弃婴和儿童；生父母有特殊困难无力抚养的子女。本书所称的弃婴是指被抚养义务人遗弃且无法查找到生父母的婴儿。[1] 从弃婴收养现状来看，目前正呈现出数量不断增大，以散居方式为主和收养管理混乱的特点。主要体现在：第一，弃婴数量庞大，且多数是由民间家庭或者机构收养。《中国儿童福利政策报告》和新闻媒体的报道显示，近年来，中国每年约有 10 万名儿童被遗弃，[2] 被福利院收养的只是很小一部分，大部分孩子仍然散落在社会上，由民间家庭或机构收养。在为数众多的弃婴中，80% 以上的弃婴为重残儿童，还有众多的黑户孤儿未统计在内。第二，弃婴多数以社会散居方式维持生活。特别是前些年，由于当地政府没有全面承担起应有的养育责任，绝大部分弃婴以社会散居方式维持生活，由民间家庭或民间机构收养。民间机构实际上是在替政府承担责任，但一些民间家庭（如以袁厉害为代表的草根人士）或者机构由于其自身不符合条件，缺乏资金、场地、专业人才以及管理不规范等原因，其实际抚养条件和抚养能力都比较差，使弃婴

1　吴国平、张影：《婚姻家庭法原理与实务》（第四版），中国政法大学出版社 2018 年版，第 185 页。

2　孙乾：:《我们每年弃婴数量约有 10 万》，http://paper.chinaso.com/detail/20150304/1000200032732121425436937811109895_1.html，访问日期：2015 年 3 月 20 日。

的生活环境和条件得不到保障，严重影响弃婴的健康成长。第三，弃婴收养混乱且登记率较低，造成大量的违法收养。由于我国收养法律制度不完善，政府管理服务不到位，加上部分公民法治意识不强，弃婴收养情况在一些地方比较混乱。一些公民发现或者拾到弃婴，没有或者不知道向哪个部门报告或者送交，有的直接抱回家自己收养，或者转送给他人收养；绝大多数人收养弃婴并没有办理收养登记手续，使非法收养状态长期存在。这种状况如果任其蔓延，将直接影响到我国收养法律制度的贯彻实施和法律的权威与统一，也影响收养关系的稳定和收养关系当事人双方的切身利益，客观上也会对当事人的生活、学习、工作等造成许多问题和困难。

（二）弃婴收养方面存在的主要问题

1. 弃婴身份查找方面存在的问题。首先，查找的责任主体不明确。根据我国《收养法》第 4 条第 2 项规定，“查找不到生父母的弃婴和儿童”可以被送养和收养。据此可见，“查找”是“送养和收养”的必经程序。但问题是，第一，收养法和相关规范性文件并没有规定负责查找的主体是谁；第二，当儿童福利机构收容、养育弃婴时，是公安机关负责查找还是儿童福利机构负责查找不明确。在实践中，当有人发现弃婴并报案，公安机关查处后出具“捡拾证明”或者“捡拾弃婴、儿童报案证明”，儿童福利机构就可将其作为弃婴予以接收，而实际上部分弃婴的生父母是可以查找到却没有查找。第三，收养法中规定的“查找”是否仅针对拟送养的弃婴和儿童？残病儿童是否也需要先查找生父母后才能被收养？这些问题目前都不明确。

2. 民间收养弃婴方面存在的问题。面对数量庞大的弃婴“队伍”，特别是重残弃婴，政府有关部门和社会福利机构的救助与收留养育工作显得被动而滞后。而由于政府应当承担的收养和监督责任没有及时到位，导致实践中大量的民间收养行为出现。但民间收养欠缺收养的法定程序要件，收养登记率比较低，这意味着此类民间收养不能得到法律上的认可，且我国对弃婴的相关福利政策都严格依据户籍制度和民间组织的注册管理制度，致使这些组织或个人面临着身份认同、社会资源缺乏的问题。这些弃婴目前大多无法获得户籍，他们长大后还将面临升学、就业、医疗、结婚、继承等方面权益和社会福利无法得到保障的困境。

3.《收养法》收养规定方面存在的问题。（1）收养门槛要求过高。国家目前对民间收养规定了比较高的门槛，收养弃婴需执行严格的户籍登记制度，民间孤残儿童救助机构还面临"注册难"等问题，使得许多弃婴得不到及时合法的收养。从制度的角度看，民间孤残救助机构面临的是"一个从注册到监管、到服务支持的制度体系"整体缺失的问题。（2）收养条件规定过于严格。根据我国《收养法》第6条和第8条规定，收养人须同时具备下列条件：无子女；具有抚养教育能力；未患有不宜收养的疾病；年满30周岁；自愿收养，有配偶者须配偶双方完全同意收养；只能收养一名子女。[1] 也就是说，除社会福利机构外，其他的收养人也只能收养一名弃婴。这些严格条件使许多有收养意愿的机构和家庭被排除在外。（3）收养类型过于单一。我国《收养法》目前规定的收养制度是完全收养制度，对不完全收养制度没有规定；同时，对特殊收养行为（包括亲属间的收养、继父母收养继子女、监护人收养被监护人以及单方送养与单方收养、隔代收养、转收养等）也没有做出规定，[2] 不能满足收养人和被收养人的需求。（4）收养监督严重缺位。首先，我国《收养法》目前没有规定收养前的调查评估程序，对收养人的家庭生活条件和教育能力等缺乏具体要求。这方面专门人才的培养工作也滞后，因此无法指派或者委托专业人员对领

1　吴国平、张影：《婚姻家庭法原理与实务》（第四版），中国政法大学出版社2018年版，第186页。

2　吴国平：《婚姻家庭立法问题研究》，吉林大学出版社2008年版，第228页。

养家庭进行专业评估，包括领养前对领养家庭和孩子的调查评估和领养准备、领养过程中相关问题的协调，以及对孩子进入领养家庭之后的追踪回访（探望）及监督机制，[1] 对弃婴被收养后的养育情况和权利救济缺乏监督。其次，收养登记时往往只注意审查登记地、登记所需文件、登记公告期间，而忽略了收养目的、收养合意、收养家庭条件的审查。（5）对违法行为的处罚规定几近空白。目前我国《收养法》对违反收养法的法律责任只有 1 条刑事责任方面的规定，有关司法解释也没有专门的规定，对违反《收养法》的违法行为如何处罚尚缺乏系统全面的规定。（6）欠缺细致的人文关怀。按照我国《收养法》的规定，收养关系自收养登记之日起即成立，不需要经过一定时间的试收养磨合。这样就有可能造成收养关系的不稳定。因为弃婴与其他失去"双亲"的孤儿相比，其一出生或者幼小时就被自己的父母抛弃，幼小心灵遭受创伤，情感与心理问题更加突出。在被他人收养之后，需要一段时间的适应与调整，才能与收养人建立起一定的感情。如果法律上不增设试收养期，将不利于收养关系的稳定。

三、规范弃婴收养行为的解决对策

目前，中国有超过百万的家庭有收养孩子的意愿，涉外收养需求也很强烈。为切实维护双方当事人的权益、规范收养行为、预防收养纠纷，应当加快立法步伐，完善相关制度，并形成完整体系。

（一）修订完善我国《收养法》的相关内容

如前所述，我国目前的收养法律制度存在着收养门槛要求过高，收养条件规定过于严格，被收养人的范围略显狭窄，收养类型过于单一和收养监督机制缺位等主要问题。本书认为，我们应当以我国《民法典》的编纂为历史契机，

1 佚名：《监管机制缺位，民间收养尴尬是必然的》，http://epaper.jinghua.cn/html//content_1963910.htm，访问日期：2013 年 1 月 21 日。

在制定《民法分则》“婚姻家庭编”时从以下几方面修订完善我国的收养法律制度。

1. 适当降低民间福利机构的收养门槛。长期以来，民间福利机构实际上为政府分担了一些本来应当由政府担当的职责。因此，我国不少地方政府对民间福利机构的存在持默许态度，但在兰考“袁厉害事件”之后，许多地方政府的态度从默许转为遣散。但公办的福利机构并没有能力全部接收现有民间福利机构养育的孩子，其中场所空间、生活照顾人员、医疗康复专业保障等方面都还存在较大的缺口。如果没有周全细致的考虑，这些孩子今后的养育还会出现新的困难与问题。[1] 本书认为，在目前条件下，民间福利机构的困境应当通过立法来解决：第一，对于社会组织和个人组织兴办的以孤儿、弃婴为服务对象的社会福利机构，应当纳入社会救助体系的范围，明确规定其必须与当地县级以上人民政府民政局共同举办，由民政部门履行监护职责。特别要加强对其开办资质的审核和对其养育服务品质的监督。第二，通过集中排查、摸清情况、分门别类、规范管理的方式和步骤，对民间个人非法收养以及被民间非法机构抚养的弃婴进行集中整治。第三，制定具体管理办法，适当降低门槛，简化审核程序，解决民间救助机构所面临“注册难”、所收（抚）养孤残儿童户籍登记难等问题。

2. 适当放宽收养条件。第一，适当放宽甚至取消对收养人无子女和收养数量的限制。特别是对于收养人夫妻无生育能力，家境殷实，又符合收养条件的，应当鼓励和允许他们收养多名养子女。这样，可以使得更多的弃婴得到收养。我国《收养法》第 8 条第 2 款规定：收养人收养孤儿、残疾儿童或者社会福利机构抚养的查找不到生父母的弃婴和儿童的，可以不受无子女和收养 1 名的限

1　佚名：《监管机制缺位，民间收养尴尬是必然的》，http://epaper.jinghua.cn/html//content_1963910.htm，访问日期：2013 年 1 月 21 日。

制。本书认为，随着我国民众生活水平的提高和“全面二孩”生育政策的实施，对于收养查找不到生父母的弃婴和儿童的，在数量上应当予以放宽，具体数量可以规定为1至2名，家庭条件特别优越的，收养数量可以放宽到2至3名。民间福利机构可不受收养数量的限制，目的是为了保障和提高被收养人的生活质量，实现《收养法》的立法宗旨，同时也适当减轻收养人的负担，减少非法收养情况。同时，应当动员收养人适当降低收养要求。实践中，一些收养人在收养弃婴时，常常提出比较苛刻的条件，包括长相、智力、血型、星座、属相等具体要求，[1]民政部门应当通过引导和沟通，使收养人改变观念，从实际出发考虑收养意愿和具体要求。第二，应当允许监护人收养被监护人。我国《民法总则》第27条第2款规定，对于父母已经死亡或者没有监护能力的未成年人，除了按照规定顺序，可分别由其祖父母、外祖父母、兄、姐担任监护人外，还可以由“其他愿意担任监护人的个人或者组织”来担任其监护人。但《民法总则》和《收养法》都没有规定“其他愿意担任监护人的个人”能否直接收养其为养子女。各国对此规定也不一致。例如《墨西哥民法典》第393条规定，监护人在其监护账目获得最终审核批准以前，不得收养被监护人。[2]《日本民法典》第794条规定：“监护人把被监护人收养为子女，应经家庭法院许可。”[3]根据国外有益经验，本书认为，为了满足各方面的现实需要，使更多的弃婴能够得到合法收养，法律上应当允许“其他愿意担任监护人的个人”收养被监护人，这样有利于更好地实现监护目的。第三，被收养人为未成年人且具有兄弟姐妹关系的，原则上由同一收养人收养。因为兄弟姐妹在一个家庭里共同生活，有利

1 佚名：《监管机制缺位，民间收养尴尬是必然的》，http://epaper.jinghua.cn/html//content_1963910.htm，访问日期：2013年1月21日。

2 转引自李志敏：《比较家庭法》，北京大学出版社1988年版，第267页。

3 渠涛译：《最新日本民法》，法律出版社2006年版，第167页。

于孩子们的身心健康，有利于收养关系的稳定，立法上应当给予肯定。

3. 适当增加收养关系的类型。建议立法上应确认不完全收养制度，并对特殊收养行为（例如亲属间的收养、继父母收养继子女、隔代收养、单方送养与单方收养、转收养等问题）做出具体规定。例如，在我国当今社会，一方面，20 世纪七十年代末八十年代初以来，我国独生子女比例比较高，符合条件的被收养人越来越少，而另一方面，在当前我国实施“全面二孩”生育政策背景下，实际的生育率并没有大幅度提升的情况下，立法应当承认不完全收养制度。即规定当养子女被他人收养之后，其与生父母之间依然保留亲子关系，换句话说，就是确认并赋予养子女与养父母和生父母形成“双重亲属关系”，享有双重的权利义务关系。又如，立法应当允许无子女的老年人收养三代以内同辈旁系血亲的子女为养子女或者养孙子女，且不受亲属关系的限制；在送养人或者收养人的配偶一方为无民事行为能力人或限制民事行为能力人时，允许配偶另一方实施单方送养或者收养行为。再如，当收养人配偶一方死亡，配偶另一方因身体健康、经济困难等特定原因而将养子女转送第三人收养时，在符合转收养的条件和程序（如在事先告知送养人并取得其同意）的情况下，转收养行为应当允许。上述这些具体问题，都需要通过修订与完善现行法律规定来解决，具体途径可以根据实际需要而定，既可以通过制定《民法分则》“婚姻家庭编”来实现，也可以在未来通过制定单行法来专门规定，目的都是为了增强法律的可操作性和针对性，为解决实际问题提供法律依据。

4. 严格规范家庭收养的程序。鼓励符合条件的家庭对弃婴进行收养，并严格家庭收养的程序。第一，根据《中国公民收养子女登记办法》第 7 条的规定，对于收养查找不到生父母的弃婴、儿童的，收养登记前必须进行公告。公告查找期间为 60 天。只有在公告期满且查找遗弃人无着落的情况下，该弃婴才能视为查找不到生父母的弃婴而被他人收养。[1]第二，加强对收养的实质审查。立法应当规定收养登记机关对于申请弃婴收养的必须进行实质审查，明确审查的内容和相关程序。本书主张收养登记机关在办理收养登记时，应当对当事人进行实质审查，而不能仅仅是进行形式审查。实质审查的内容包括收养人的收养目的、收养合意、婚姻状况、家庭生活、经济收入、居住条件、生育或收养子女等情况。重点加强对当事人是否符合收养条件和收养目的的审查。收养登记机关应当通过实地考察，结合上述内容作出综合评判。收养登记的审查期限为 30 日。对符合收养条件，且证件齐全有效的，予以登记；对于不符合收养条件的，则将孤残儿童送交当地福利机构收留抚养。在办理收养公证时，公证机关也必须进行严格的实质内容的审查。第三，立法应当规定收养儿童福利院抚养的查找不到生父母的弃婴和儿童的，必须办理收养公证。[2]第四，规定收养当事人和收养登记机关违反收养程序的法律责任，杜绝非法收养行为的发生，强化对收养行为的法律监督。

（二）加强对收养行为的监管

1. 加强对民间福利机构的行政监管。监管内容包括对开办资质的评估，服务人员资格的审核，养育服务过程的追踪，养育服务品质的监督等。目的是为了促进民间福利机构的规范化、专业化建设。政府应当加快对专业评估人员的培养与培训，条件成熟时，在民政部门内部建立专业评估机构，组建精干的专业评估队伍，制定科学系统的专业评估制度规范，提高管理、服务与监督水平。

2. 加强对收养行为的法律监督。我们考察国外有关国家收养立法时可以发现，现代各国收养立法都十分强调国家公权力的介入，主要表现在各国立法都

---

1 吴国平、张影：《婚姻家庭法原理与实务》（第四版），中国政法大学出版社 2018 年版，第 195 页。

2 吴国平：《婚姻家庭立法问题研究》，吉林大学出版社 2008 年版，第 236 页。

对收养成立的程序作出严格规定，反映出国家对公民收养行为的干预力度不断增强。这也是现代收养立法的发展趋势之一。其目的在于强化对收养当事人（特别是被收养的未成年人）合法权益的保护，彰显收养行为的法律公信力。[1]而在我国，法律对处于弱势地位的被收养人的权益保护明显不够，今后应当吸收和借鉴外国的立法经验，进一步加强政府对公民收养与儿童福利机构收养行为的法律监督。

一是增设收养前的调查评估程序。调查评估工作由民政部门承担。调查的内容主要包括收养人的收养要求与动机、婚姻状况、健康状况、性格、信用、人格品德、家庭生活条件、经济状况、教育能力以及社会评价等，并出具评估报告。

二是加强对收养行为的全面审查。如前所述，这种审查是指对收养登记机关对当事人申请收养登记行为的审查，审查的内容应当包括实质审查与形式审查两个方面。要通过严格审查，把好收养登记关，从制度上避免违法收养行为的发生。

三是加强对收养行为的过程（事后）监督。对于涉外收养，2011 年 3 月，中国儿童法律和收养中心制定出台了《关于强化保障措施，切实维护被收养儿童权益的意见》（以下简称《意见》），该《意见》规定将安置后跟踪时间由 1 年延长至 5 年，安置后报告次数由 2 次增加到 6 次，进一步加强了被收养儿童安置后工作，[2]但对于国内收养目前还没有作出类似的规定，《收养法》中对收养之后收养人是否履行了作为养父母职责的监督问题没有规定，对被收养人是否适应收养环境等缺乏具体监督机制，这不利于被收养人的健康成长与权益

1　吴国平：《婚姻家庭立法问题研究》，吉林大学出版社 2008 年版，第 264 页。
2　张世峰：《加强儿童福利政策研究，着力推进孤残儿童永久性安置》，载《社会福利》2011 年第 12 期，第 8 页。

的法律保护。为了确保被收养人的正常生活与健康成长，防止虐待、遗弃养子女，剥夺养子女受教育权等不法行为的发生，在立法上应当建立收养过程（事后）监督制度。关于收养后养育情况的监督，目前可以通过增设送养人的回访权或者探望权来实现。[1]监督权利主体为县级以上民政部门，监督方式为以探视、慰问、回访等方式进行家访，监督内容为收养人履行职责情况、被收养人的生活状况与生活环境等，并作出记录与调查报告。对于在监督过程中发现的问题，民政部门应当与收养人及时沟通，提出解决办法。必要时，应当给予适当的帮助。

四是加大对违法收养的处罚力度。在现实生活中，遗弃女婴、残疾婴儿或非婚生女婴的现象比较突出，贩卖婴儿的现象也屡禁不止。在司法实践中曾经出现出于好心拾养弃婴，后因开支过大、不堪重负而将婴儿转卖他人牟利的案例。[2]这些违法犯罪行为不仅违反了为人父母的法定义务，严重践踏人权，还直接对婴儿的生命、健康和未来发展造成了严重威胁，后果十分严重。因此，应当在《收养法》中补充收养罚则的规定，与《刑法》《未成年人保护法》相呼应，加大处罚力度。主要内容包括：

第一，对于遗弃孤残婴儿的，应当依法追究相应的法律责任。《婚姻法》第21条第1款规定："父母对子女有抚养教育的义务；……"第21条第4款规定："禁止溺婴、弃婴和其他残害婴儿的行为。"《未成年人保护法》第10条规定："父母或者其他监护人应当创造良好、和睦的家庭环境，依法履行对未成年人的监护职责和抚养义务。禁止对未成年人实施家庭暴力，禁止虐待、遗弃未成年人，禁止溺婴和其他残害婴儿的行为，不得歧视女性未成年人或者有残疾的未成年人。"对于违反这些规定的违法犯罪行为，我国《收养法》第31

1　吴国平：《婚姻家庭立法问题研究》，吉林大学出版社2008年版，第241页。

2　马远斌、朱祖永、彭德劲《拾养弃婴不堪重负，转卖牟利获刑五年》，载《人民法院报》2013年8月17日，第3版。

条第 2 款规定：“遗弃婴儿的，由公安部门处以罚款；构成犯罪的，依法追究刑事责任。”《刑法》第 261 条规定：“对于年老、年幼、患病或者其他没有独立生活能力的人，负有扶养义务而拒绝扶养，情节恶劣的，处 5 年以下有期徒刑、拘役或者管制。”上述法律规定都是专门针对遗弃婴儿的违法犯罪行为而作出的，充分体现了法律对婴儿的特别保护。

第二，对于以收养为名拐卖婴儿的，应依照我国《刑法》第 240 条和第 241 条规定对犯罪嫌疑人追究刑事责任。需要特别指出的是，把婴儿作为商品进行买卖，是对社会伦理道德的践踏，也是对法律的藐视和挑衅。我们在严惩作为“卖方”的拐卖犯罪分子的同时，还应当依法追究作为“买主”的刑事责任，改变“重卖轻买”的不平衡的“打拐”格局。[1]

第三，对于收养人不履行抚养义务，虐待、遗弃未成年养子女的，送养人（包括儿童福利院）有权要求解除养父母与养子女间的收养关系。收养人无权要求补偿其在收养期间所支出的生活费和教育费。如果送养人与收养人不能达成解除收养关系协议的，可以向人民法院起诉。

第四，对解除收养关系而未办理法定手续的，应认定其解除行为无效，责令收养人按照规定补办手续并给予罚款，并剥夺该收养人的再收养权。对已再收养的，认定再收养无效。对于情节严重的，应给予行政处罚。

3. 建立非法抱养举报制度。任何人拾捡到弃婴时，都必须主动送交儿童福利院或者社会福利部门，禁止非法抱养或者送养。[2] 任何公民或者组织发现非法抱养的，应当及时向民政部门举报。民政部门应当对举报或者通过线索的公民或组织给予奖励。同时，儿童福利院应当及时将弃婴予以收容养育，特别要

1　张贵峰：《打击“买卖儿童”：还有多少“短板”》，载《人民法院报》2013 年 10 月 1 日，第 2 版。

2　吴国平、张影：《婚姻家庭法原理与实务》（第四版），中国政法大学出版社 2018 年版，第 195 页。

注意防止抱养人与弃婴产生一定的感情后，再强行收回儿童福利院而引发纠纷。

（三）引入“试收养期”制度

从国外立法经验来看，目前英国、德国、瑞士、加拿大、日本和部分拉丁美洲国家实行了试收养期制度，期限有长有短。《德国民法典》第 1744 条规定原则上在收养人照料待收养子女一段时间后，才能宣告收养。《瑞士民法典》第 264 条规定的是收养期为 2 年。加拿大、日本规定的试收养期为 6 个月。建议我国立法上也增设试收养期制度。如前所述，建立试收养期，有利于收养人与被收养人相互之间的心理适应与情感认同，促进弃婴尽快融入收养人家庭生活中，维护收养关系的稳定，保护被收养人的利益。借鉴外国立法经验，我国未来立法应规定在收养登记之前，除了应当进行公告外，收养人应与被收养人连续共同生活一段时间，以相互磨合，培养亲情。收养登记机关则可据此考察被收养人是否适应新环境的生活，并评估收养人是否具备该项收养资格。至于试收养期的具体期限，则可从各个收养人和弃婴的具体情况出发，以收养人当事人的一般心理适应期为依据，采用规定最低期限和最高期限相结合的办法，根据实际情况和需要来确定，并以最低期限为6个月，最高期限为1年较为合适。

此外，为了解决目前民间收养中出现的“合情合理不合法”的尴尬问题，使民间收养通过排查整顿逐步合法化，修改《收养法》时可以增加一条规定，即允许收养人和有关民间组织对查找不到生父母的弃婴先行收养一定的期限，并在先行收养期间可以进行试登记。在查找弃婴生父母公告期满之后正式进行收养登记。

（四）积极推进涉外收养

目前，我国的涉外收养主要集中在美国、法国和加拿大等国家，90% 的儿童为美国家庭所收养。[1]汶川大地震后，不少外国人来华要求收养震后孤残儿童，这一情况今后还会增加。特别是由于宗教、文化、社会保障水平等方面的原因，一些国外的收养人，会在考虑自身需求的同时，兼顾考虑孩子的未来，并且有相当数量的收养人纯粹就是为了仁爱，他们希望通过收养，帮助生活困苦的孩子，让这些孩子获得幸福和健康成长。因此，涉外收养已成为帮助促进儿童实现永久性安置的重要途径，[2]中国儿童福利与收养中心已经制定了为儿童选择收养人的标准，我们应当积极推进落实。同时，我们应当认真研究外国有关国家收养法的主要规定及其与我国《收养法》的差异，注意维护被收养人的权益，并争取利益最大化。例如，优先选择家庭条件好，夫妻无生育能力或者没有收养子女的收养人作为选择对象，尽量避免外国人独身收养，对同性恋者或者同性恋家庭的收养应当予以慎重考虑和审查等。目前对于外国人收养我国孤残儿童的，应当依据 1999 年实施的《外国人在中华人民共和国收养子女登记办法》的有关规定进行。将来条件成熟时，单独制定涉外收养方面的法律，明确涉外收养的基本原则，为弃婴等儿童选择收养人的标准、收养人必须具备的基本条件和特殊条件、收养程序、收养纠纷的解决途径等内容，从法律上切实保障被收养儿童的利益。

（五）做好相关制度的配套与完善

除了进一步完善我国收养法律制度相关内容外，本书认为，还需要进一步完善弃婴收养的相关福利制度，使其与收养法律制度相衔接、相配套，更好地发挥其在保障弃婴权益中的重要作用。主要内容包括：

1. 为新生残疾婴儿家庭排忧解难。对新生残疾婴儿的家庭要及时提供经济、

1　方梦圆：《浅析我国的涉外收养制度》，载《法制与经济》2011 年第 9 期，第 30 页。

2　张世峰：《加强儿童福利政策研究，着力推进孤残儿童永久性安置》，载《社会福利》2011 年第 12 期，第 8 页。

医疗方面的援助与支持，帮助他们解决现实与长远存在的各种问题与困难，并在计划生育政策方面给予照顾，以预防弃婴现象的发生。

2. 补充《收养法》有关福利制度的规定。根据我国《未成年人保护法》第43条第2款的规定：对孤儿、查找不到其生父母或者其他监护人的，以及其他生活无着的未成年人，应当由民政部门设立的儿童福利机构收留抚养。2010年国务院办公厅《关于加强孤儿保障工作的意见》中也对保障孤儿的基本生活和儿童福利工作作出了专门的规定。除了落实后相关政策外，应当通过立法途径上升到立法层面，加快《儿童福利法》或《儿童社会福利条例》的立法步伐，充分发挥制度的综合效应和整体功能。

3. 积极解决收养弃婴所涉及的疑难问题。2013年9月9日，福建省人民政府办公厅出台了《关于规范宗教好的场所所收留抚养弃婴工作的通知》，按照其相关规定，对于宗教场所所收留的弃婴，将统一由宗教场所所在地的福利机构（没有设立福利机构的则由上级福利机构负责）到公安机关办理落户手续，户口集中在当地福利机构的集体户上。同时，对于这些弃婴，根据相关程序，民政部门还将在审核后将符合条件的弃婴纳入孤儿基本生活保障体系，为宗教场所代（寄）养的弃婴在医疗、康复、教育、就业等各方面与孤儿享受同等的法律保障待遇。[1]这些举措，对于贯彻落实我国《收养法》的立法宗旨，保障弃婴基本生活条件和相关权益无疑具有十分重要的意义，应当予以肯定和推广。在条件成熟时，纳入国家相关法律和地方性法规中予以明确规定。

1　练仁福：《自己查收收留的弃婴可落户》，载《海峡都市报》2013年9月10日，第32版。

第二章　成年监护立法完善问题研究

第一节　监护制度概述

一、监护法律制度概述

（一）监护概念和性质的论争

1. 监护的概念。现代监护制度起源于罗马法的监护和保佐制度，而近现代世界各国民法典皆为罗马法的继承与发展。在古代罗马帝国早期，为了防止被监护人和被保佐人挥霍浪费自己的财产，或者其财产被他人侵吞，以保护家族利益或者被监护人和被保佐人的法定继承人的利益，立法者特别为缺乏自我保护的自权人设立了监护和保佐制度，以代行家长权，这是监护人和保佐人的一种权利。因此，罗马法时期的监护与保佐是家父权的延伸，其目的主要在于保护家族利益和法定继承人的利益。

在现代社会，按照监护的范围，监护有广义和狭义之分。广义上的监护是指对一切未成年人和成年无民事行为能力和限制民事行为能力人的人身权利和财产权利及其他合法权益进行监督和保护的法律制度。它包括了狭义的监护和亲权、保护、保佐等。狭义上的监护是指对不能得到亲权保护的未成年人和其他限制民事行为能力、无行为民事能力的成年人的人身和财产及其他合法权益进行监督和保护的法律制度。在这里，父母不是未成年人的法定监护人，而是亲权人。本书所说的监护，除特别指明外，都是广义的监护。

从国外立法情况来看，英美法系国家多采用广义的监护制度立法体例，亲权与监护权不分，统称为监护。父母是未成年子女的法定监护人，无父母时另设监护人，使父母监护与父母之外的人监护统一成一体。而法国、德国和日本等大陆法系国家多采用狭义的监护制度规定，并把亲权和监护两个制度分离而并列使用。父母对未成年子女监督和保护的法律制度为亲权制度；对不在亲权保护之下的未成年人和其他限制行为能力、无行为能力的成年人的人身和财产及其他合法权益进行监督和保护的法律制度为监护制度。狭义上的监护与广义的监护的区别在于狭义的监护制度排除了父母对未成年子女监督和保护，另设亲权制度对此加以规定。采用狭义监护制度的国家认为，监护作为一种法律关系，是在特定条件下发生的，“通常地于未成年人设置监护，是以无亲权者或者亲权人丧失亲权为根据”。[1]有的国家还对无民事行为能力人设立监护制度，而对限制民事行为能力人设立保护制度，如《俄罗斯联邦民法典》第1199条规定了对监护和保护所应分别适用不同的法律。

中华人民共和国成立以来的历部《婚姻法》均未使用亲权的概念。我国法律中第一次正式以规范形式和制度语境确认和使用监护提法的是《民法通则》，[2]并以专节形式设立。可以说，我国最早规定监护制度的法律是1987年1页1日起实施的《民法通则》，监护制度的内容主要规定在《民法通则》第二章“公民（自然人）”第二节“监护”中。我国民事立法上没有监护与保佐之分，也没有专设父母对未成年子女的亲权制度。我国《民法通则》第16条和第17条分别规定了监护法律关系的主体范围，从该规定中我们不难看出，我国的监护

1 郅四清：《从我国的监护法律制度看《婚姻法》的立法瑕疵》，https://www.chinacourt.org/index.php/article/detail/2004/07/id/126096.shtml，访问日期：2004年7月28日。

2 曹诗权：《未成年人监护制度研究》，中国政法大学出版社2004年版，第8页。

制度采广义监护的理念，它具体包括了父母对未成年子女的监护、父母以外的人对未成年子女的监护和对成年精神病人的监护人三种类型。其中未成年子女的监护，又分为父母对未成年子女的监护和父母以外的人对未成年人的监护两种。这表明我国现行立法采用了广义的监护的概念，将亲权内容纳入监护制度中，为全体未成年人和其他被监护人统一设定监护。自 2017 年 10 月 1 日起施行的《民法总则》第二章第二节专节规定了“监护”制度，把被监护人的范围扩大至包括精神病患者在内的所有的无民事行为能力和限制民事行为能力的成年人，并继续沿袭《民法通则》的立法理念，没有区分监护与保佐，也没有专设父母对未成年子女的亲权制度。2018 年 9 月 5 日在中国人大网公布了《民法典各分编（草案）》（征求意见稿），其中第四编为“婚姻家庭”。该编第三章“家庭关系”第二节“父母子女关系和其他近亲属关系”中目前也没有规定监护和亲权制度。

由于我国立法上采用了广义的监护概念，未设立亲权制度，只规定父母对未成年子女享有的是监护权，但又没有对监护的内涵和外延作出明确的界定，在《民法通则》第五章“民事权利”和《民法总则》第五章“民事权利”中均没有对监护权做出具体规定。长期以来，人们对监护的概念的认识和理解并不一致。归纳起来，主要有以下几种表述：（1）认为“监护是为了保护无民事行为能力和限制民事行能力人的合法权益，维护社会正常经济秩序而设立的一种法律制度。”[1]（2）认为“监护是民法上所规定的为无民事行为能力人和限制民事行为能力人设定监督保护人的一项制度。”[2]（3）认为“监护就是对无行为能力或限制行为能力人的人身、财产或其他合法权益进行监督和保护，并且代理

1　马原：《中国民法教程》，人民法院出版社 1989 年版，第 55 页。

2　王利明：《民法新论》（上册），中国政法大学出版社 1986 年版，第 166 页。

他们进行民事活动的一项民事法律制度。”[1]（4）认为“监护是指对无民事行为能力、限制民事行为能力人的人身、财产及其他合法权益进行保护的法律制度。”[2]（5）认为“监护是指对未成年人和精神病人的人身、财产及其他合法权益进行监督和保护的一种民事法律制度。”[3]（6）认为“监护是对不能得到亲权保护的未成年人和精神病成年人，设定专人管理和保护其人身和财产利益的法律制度。”[4]（7）认为“监护是指对于不在亲权照护之下的未成年人、精神病人等无民事行为能力人和限制民事行为能力人，以及民事行为能力不充分的老年障碍人，为其人身权利、财产权利的照护而设置的民事法律制度。”[5]这些定义的主要区别就在于被监护人是否限定在“不能得到亲权保护”的未成年人和精神病人等。有学者认为他们的定义是大同小异,实质与内涵几近一致。[6]实际上，上述定义确实存在许多共同点，例如都认为监护的目的是为了保护无民事行为能力人和限制民事行为能力人的合法权益，监护的基本内容都是为了对被监护人的人身权利、财产权利以及其他合法权益进行保护和监督，防止被监护人的合法权益遭受不法侵害等，这是监护的法律特征。根据我国立法上对监护采用广义的监护定位和《民法总则》第 34 条第 1 款规定的精神，本书认为，监护就是民法所规定的对于无民事行为能力人和限制民事行为能力人的人身权利、财产权利和其他合法权益进行监督和保护的一种民事法律制度。对民事行为能力不充分的老年障碍人的照护是一种特殊形式的监护。因此本书所说的监护，除特别指明的，都是广义的监护。

---

1 陈国柱：《民法学》，吉林大学出版社 1987 年版，第 40 页。

2 江平：《民法学》，中国政法大学出版社 2000 年版，第 111 页。

3 佟柔：《中国民法》，法律出版社 1990 年版，第 75 页。

4 张俊浩：《民法学原理》，中国政法大学出版社 1991 年版，第 120 页。

5 杨立新：《人身权法论》（第三版），人民法院出版社 2006 年版，第 840 页。

6 曹诗权：《未成年人监护制度研究》，中国政法大学出版社 2004 年版，第 67 页。

2. 监护的性质。对于这一问题，学术界历来也有不同认识，比较有代表性的观点有监护权利说、监护人权利义务一体说、社会职务说、事务管理说和监护人职责说五种。[7] 其中最主要的是监护人权利说和监护人职责说。监护人权利说认为：首先，监护是一种民事权利。理由是：第一，我国《民法通则》第18条第2款规定："监护人依法履行监护的权利，受法律保护。"《民法总则》第34条第2款规定："监护人依法履行监护职责产生的权利，受法律保护。"这表明立法上已将监护视为一种权利；第二，现代意义亲属法上的身份权本来就是以义务为中心的。监护权既含亲属法上的内容，又含亲属法外的内容，其权利中包含义务的中心，应确认监护是一种权利。[8] 其次，监护是一种身份权，是基于监护人与被监护人之间的特定身份而产生的监护权。[9] 也有学者认为监护权不是身份权。他们认为传统的身份权以支配他人的权利为中心，与现代立法及监护制度水火不相容，因此我国立法无身份权，监护自然也不是身份权。[10] 况且在被监护人没有法律规定的相关的亲属时，可以由其他自然人、组织来担任监护人，一概将监护归于身份权，有失全面。[11] 还有的学者认为是准身份权。[12] 而监护人职责说认为，监护的内容在于保护被监护人的身体和财产，而不是对人的支配的权利。监护在本质上并不是一种权利而是一种职责，是权利和义务的有机统一，任何人不能根据自己的意志和利益而推卸或不适当地履行这种责任。[13] 我国《民法通则》第18条"监护人应当履行监护职责"和《民法总则》

7 曹诗权：《未成年人监护制度研究》，中国政法大学出版社2004年版，第77—96页。

8 杨立新：《人身权法论》（第三版），人民法院出版社2006年版，第862页。

9 李由义：《民法学》，北京大学出版社1998年版，第574页。

10 梁慧星：《民法》，四川人民出版社1989年版，第84页。

11 杨立新：《人身权法论》（第三版），人民法院出版社2006年版，第840页。

12 杨立新：《人身权法论》（第三版），人民法院出版社2006年版，第862—863页。

13 王利明：《民商法研究（修订本）》第1辑，法律出版社2001年版，第151页。

第 34 条关于监护人的职责、监护人依法履行监护职责所产生的权利以及监护人不履行监护职责或者侵害被监护人合法权益时应当承担法律责任的这些规定也证明了这一点。本书赞成监护人职责说的观点。“我国民法设立监护制度，纯粹是为保护被监护人的利益，绝对不允许监护人借监护以谋取自身利益”。[1] 因此，监护是一种社会公益性质的公职。有的学者则在此基础上进一步认为，未成年人监护是一种集权利义务于一体并具有社会公益色彩的一种私法上的职责。它具有鲜明的职责性、公益性和义务性。[2]

从我国立法上看，目前有关监护的立法主要体现在《民法通则》第二章“公民”第 16 条至第 19 条、第六章“民事责任”第 133 条和《民法总则》第二章“自然人”第二节“监护”第 26 条至第 39 条中。其中，《民法通则》的规定恰恰反映了立法者当时对监护性质的认识不明确。我国《民法通则》第 18 条第 1 款规定：“监护人应当履行监护职责。”这里将监护规定为一种职责；而第 18 条第 2 款又规定：“监护人依法履行监护的权利，受法律保护。”这里又将监护规定为一种权利，但在《民法通则》第五章“民事权利”部分并没有对监护权做出具体规定。这两款表述前后显然是自相矛盾的，且“履行”与“权利”相互搭配的提法在语法上也是错误的。这种立法现状更引发了学术界对监护性质的争论。这一问题在《民法总则》中也没有明确规定。

由于监护与监护权关系密切，对于这二者的概念与性质等具体问题，本书将在接下来的第（二）点中一并加以分析和阐述。

（二）监护权的概念与性质

我国《民法总则》第二章“自然人”第二节“监护”专节规定了监护的相关问题（第 26 条至第 39 条）。第五章“民事权利”第 112 条规定自然人因婚

1 梁慧星：《民法》，四川人民出版社 1989 年版，第 84 页。

2 曹诗权：《未成年人监护制度研究》，中国政法大学出版社 2004 年版，第 87—92 页。

姻关系、家庭关系等产生的人身权利受法律保护；第128条还规定法律对未成年人、老年人、残疾人、妇女等的民事权利保护有特别规定的，依照其规定。其中，《民法总则》第34条用了三个条款规定如下："监护人的职责是代理被监护人实施民事法律行为，保护被监护人的人身权利、财产权利以及其他合法权益等。"（第1款）"监护人依法履行监护职责产生的权利，受法律保护。"（第2款）"监护人不履行监护职责或者侵害被监护人合法权益的，应当承担法律责任。"（第3款）在《民法总则》第34条以及第32条、第33条、第35条、第36条等条文中，对监护人的职权和责任均采用了"职责"这样的文字表述。据此可以推断，我国《民法总则》在总体上是延续了《民法通则》第18条的规定，[1]依然将监护视为监护人的一种职责，但在第34条第2款紧接着规定监护人依法履行监护职责产生的权利受法律保护，从文字上看，第34条第2款强调的是监护人的监护权，但在《民法总则》第五章"民事权利"中并没有对监护权做出具体规定。因而就产生了一些问题：职责是不是等同于权利？对《民法总则》第34条第1款与第2款的表述应当如何理解？这就涉及对监护权性质如何理解的问题了。

此前，对于监护权是何种性质的权利，人们长期以来皆有不同看法，甚至对于监护是否是一项权利，也有争议。[2]在承认监护权的学者中，对于监护权是否为身份权性质的权利，也有肯定与否定两种意见。肯定说的理由是：第一，我国《民法通则》第18条第2款规定："监护人依法履行监护的权利，受法律保护"，这一规定从立法上已经明确监护就是一种权利。第二，如前所述，现代亲属法上的身份权本来就是以义务为中心的。法律上的监护权既包含亲属法

1　《民法通则》18条第1款规定："监护人应当履行监护职责……"；第2款规定："监护人依法履行监护的权利，受法律保护。"

2　杨立新：《人身权法论》（第三版），人民法院出版社2006年版，第861—862页。

上的内容，又包含亲属法外的内容，并且监护权利本身就包含有监护义务的内容，应确认监护是一种权利。[1]否定说则主张亲属之外的自然人、组织，甚至政府民政机关等均可以作为监护人，而这些监护主体很难说他们享有身份权。[2]也有学者认为它是一种准身份权。理由是大多数监护权产生于身份权，监护人对被监护人的关系体现了一定的身份关系，但监护权与身份权本身还存在一定的差别，它只能是一种准身份权。[3]上述观点均有其合理与可取之处。

本书认为，监护是法律赋予特定民事主体对被监护人享有监护权利和承担监护义务的一种特殊职责。其特殊性就在于它兼具私法和公法双重色彩。理由是：首先，监护制度在其产生之初，确实是作为监护人享有的一种权利而存在的。但进入现代社会后，监护的意义在于保护被监护人的利益，而不是保护家族的利益。综观现代各国民法，被监护人的范围已呈逐步扩大之趋势，即由原来的未成年人扩大到包括精神病患者、老年人在内的成年人；同时，随着时代发展、家庭结构和生活模式的变化，传统大家庭观念的淡化，家庭成员间的依赖程度有所降低，监护人的范围已经从被监护人的亲属扩展至亲属以外的民事主体，包括亲属之外的自然人、组织甚至政府民政部门等都可以因指定监护、遗嘱监护、意定监护而成为监护人。换言之，监护的产生早已不以监护人与被监护人之间的亲属关系为唯一依据。其次，世界各国民法在强调监护人的义务和责任的同时，也赋予了监护人以必要的权利和利益，以促进监护人履行监护职责。这种监护或者监护职责实际上是权利和义务的统一体，即监护人既享有职权（权利），又负有责任（义务）。[4]在我国民法上同样也是如此。当父母或

---

1 李由义：《民法学》，北京大学出版社 1988 年版，第 574 页；张俊浩：《民法学原理》，中国政法大学出版社 1997 年版，第 115—151 页。

2 杨立新：《人身权法论》（第三版），人民法院出版社 2006 年版，第 862 页。

3 杨立新：《人身权法论》（第三版），人民法院出版社 2006 年版，第 861—862 页。

4 张新宝：《〈中华人民共和国民法总则〉释义》，中国人民大学出版社 2017 年版，第 52 页。

者其他近亲属担任监护人时,他们与被监护人的关系兼有亲属关系和监护关系。在对被监护人履行监护职责时，监护人同样是既有享有职权和权利，又负有责任与义务。[1]从立法目的来看，民法上设置监护制度就是为了补足行为能力欠缺者的能力缺陷，使之行为能力在法律上没有缺陷，以保护无民事行为能力人和限制民事行为能力人的人身、财产和其他合法权益，同时兼顾保护交易相对人和利害关系人的利益，[2]从而维护社会的和谐与稳定，体现法律的公平正义。同时，为了履行监护责任（义务），维护被监护人的利益，法律规定监护人在监护关系中又享有一定的职权（权利）。因此，将监护理解为仅仅是一种身份权或者一种义务甚至是强制性的职责都是片面的。唯有实行监护职权（权利）与责任（义务）相统一，才符合立法本意，并有利于维护被监护人的合法权益和充分发挥的监护制度。

综上所述，本书认为：监护权是指监护人对无行为能力人和限制行为能力人等被监护人的人身权利和财产权利及其他合法权益享有的照管和保护的法律资格。从权利属性上看，它是民事权利和私权；从我国《民法总则》的立法精神来分析，监护人的职权与责任是通过监护人的权利和义务来体现的。为了理解和执行上的便利，我们可以将监护人的职权和责任与权利和义务合二为一，统称为监护的权利和义务或者监护权。

（三）监护权的内容

根据学界通说，监护权的内容主要包括身上监护权、财产监护权、民事行为和民事诉讼行为代理权三部分。

1. 身上监护权。主要包括：（1）居住所指定权；（2）被监护人交还请求权；

1　吴国平、魏敏：《监护的概念与性质辨析》,《江南大学学报》（人文社科版）2008 年第 5 期，并被收入《新华文摘》2009 年第 3 期“论点摘编”中。

2　张新宝：《〈中华人民共和国民法总则〉释义》，中国人民大学出版社 2017 年版，第 51 页。

（3）被监护人身份行为及身上事项的同意权；（4）扶养义务；（5）对被监护人监督、管教、保护的权利和义务。

2. 财产监护权。主要包括：（1）对被监护人财产的管理权；（2）财产使用权和处分权；（3）禁止受让财产的义务。包括被监护人的一切财产。

3. 民事行为和民事诉讼行为代理权。依照《民法通则》的规定，无民事行为能力人、限制民事行为能力人的监护人是他的法定代理人，监护人依照法律的规定行使代理权。监护人在代理被监护人进行民事行为时，必须是为了被监护人的利益，为被监护人取得和行使权利，设定和履行义务，不得滥用代理权。同时，监护人负有对被监护人的人身、财产及其他合法权益进行全面保护的义务。当被监护人的人身权利和财产权利遭受非法侵害时，监护人有权以被监护人的名义向人民法院提起诉讼，并作为代理人参加全部诉讼活动。

二、我国监护立法的现状

目前，从法律体系来说，我国还没有制定有关监护的单行法律，监护制度的内容主要体现在《民法总则》《民法通则》《婚姻法》和相关的单行法以及有关的司法解释中。《民法通则》第二章“公民（自然人）”第二节“监护”专门规定了监护制度，其内容主要包括监护的类型、监护人的范围和顺序、监护人的确定、监护人的资格和监护人的职责等方面。其中《民法通则》第16条专门规定了未成年人监护问题，第17条专门规定了精神病人监护问题。《民法总则》第二章“自然人”第二节“监护”也专节规定了监护的相关问题，内容包括监护的类型（包括法定监护、指定监护、遗嘱监护、协议监护、意定监护、临时监护、国家监护等）、监护人的范围与顺序、监护的义务、监护人的职责、监护人的权利、监护人的法律责任、监护人资格的撤销及撤销后法定负担义务的继续履行、监护人资格的恢复与监护关系的终止等，进一步完善了我国原有的监护制度。

归纳起来说，我国目前涉及监护问题的法律、司法解释和具体条文主要有：第一，《民法通则》第二章“公民”第 13 条、第 16 条至第 19 条和第六章“民事责任”第 133 条以及最高人民法院《民法通则若干意见》中的“关于监护问题”部分；第二，我国《民法总则》第二章“自然人”第二节“监护”第 26 条至第 39 条。第五章“民事权利”第 112 条规定自然人因婚姻关系、家庭关系等产生的人身权利受法律保护；第 128 条还规定法律对未成年人、老年人、残疾人、妇女等的民事权利保护有特别规定的，依照其规定；第三，《婚姻法》第 23 条和 2001 年最高人民法院《婚姻法司法解释（一）》第 26 条；第四，《收养法》第 12 条和第 13 条；第五，《未成年人保护法》第 10 条至第 16 条；第六，《妇女权益保障法》第 49 条；第七，《继承法》第 31 条；第八，1984 年最高人民法院《关于贯彻执行民事政策法律若干问题的意见》第 22 条和 1993 年最高人民法院《关于人民法院审理离婚案件处理子女抚养问题的若干具体意见》第 1 至第 6 条。此外，有关监护的问题，在我国《义务教育法》《残疾人保护法》《预防未成年人犯罪法》等法律中也有所体现。从现行法律规定上分析可以看出，立法上似乎有意回避了亲权制度，将亲权和监护合二为一。

第二节 民法总则监护制度的创新与分则立法思考

2017 年 3 月 15 日，我国《民法总则》已经第十二届全国人大第五次会议审议通过，并于 2017 年 10 月 1 日起施行。从内容上看，监护制度的设置是《民法总则》中的一个亮点，体现在《民法总则》针对农村留守儿童、社会老龄化趋势等社会新热点，进一步完善了现有的监护制度。有关遗嘱监护、协议监护、意定监护、临时监护、国家监护、监护撤销与终止等监护内容的创设与完善，从立法层面积极回应了不同的民事主体在生活中所产生的各种保障需求，同时，也为从法律上更全面有效地保护被监护人的权益提供了有力的法律依据。可以说，我国《民法总则》的颁布，标志着我国民法法典化进程已向前迈出了的坚实而重要的一步。根据全国人大有关民法典编纂工作分两步开展的思路，第一步是制定民法总则，现已顺利完成；第二步是整合民法典各分则编，形成民法典。因此，在《民法总则》颁布实施之后，国家立法机关已着手民法典各分编的编纂工作。2018 年 8 月 27 日，第十三届全国人大常委会第五次会议首次审议《民法典各分编》（草案）。同年 9 月 5 日，《民法典各分编》（草案）在中国人大网公布，向社会公开征求意见。至此，我国民法典的编纂工作又向前大大推进了一步。为了做好《民法分则》“婚姻家庭编”监护制度的立法设计，本书在此结合《民法总则》的立法发展，对下一步我国《民法分则》“婚姻家庭编”中监护制度的构建提出若干建议。

一、《民法总则》对监护制度的新发展

我国《民法总则》第二章专设“监护”一节，作为第二节内容，共有14个条文，比起只有4个监护条文的《民法通则》来说，在内容上得到了进一步的完善。主要发展体现在：

1. 立法理念得到确认。《民法总则》第30条、第31条、第35条中都分别强调要尊重被监护人的真实意愿。尊重被监护人的真实意愿，是现代各国法律中所倡导和体现的一条重要的立法理念，在我国《民法总则》中强调这一点，充分体现了我国立法水平的进步，有利于维护和保障被监护人的权益，使监护制度的优越性得到充分彰显，并将对民法分则的编纂产生积极影响。

2. 被监护人范围得到扩大。民法总则首创“成年人监护制度”，[1] 而《民法通则》中原先只规定了未成年人监护和精神病人监护这两种监护类型和范围，其中，成年监护制度的适用对象只限于精神病人（包括痴呆症患者），但没有涵盖所有成年被监护人。而在《民法总则》中，已将成年被监护人的范围从《民法通则》规定的精神病人扩大到所有无民事行为能力人和限制民事行为能力人（参见《民法总则》第21条和第22条）。就具体对象而言，已经扩大到智力障碍者、失能老人等成年人的监护，使智力障碍者、失能老人乃至高龄（空巢）老人等能够得到监护制度的保护。[2]

3. 确定成年人丧失或者部分丧失民事行为能力的标准。如前所述，我国《民法通则》以心智丧失为依据，规定成年监护的适用对象只限于精神病人（包括痴呆症患者）。而《民法总则》则采取了抽象的成年人丧失或者部分丧失民事行为能力的标准，即以不能辨认或者不能完全辨认自己行为为依据，不再考虑

---

1 王健：《“一老一少”保障新起点》，载《人民法院报》2017年5月4日，第2版。

2 王健：《“一老一少”保障新起点》，载《人民法院报》2017年5月4日，第2版。

精神病人等具体原因。凡是年满18周岁以上的成年人，只要其完全不能或者不能完全辨认自己行为的，就是无民事行为能力人或者限制民事行为能力人，而不再区分是因何原因而不能辨认或者不能完全辨认自己的行为。[1]

4. 增加了确定监护人的新方式。根据《民法总则》第29条、第30条和第33条的规定，被监护人的父母、具有监护人资格之人和具有完全民事行为能力的成年人可以分别采用遗嘱指定、协议确定和书面确定方式来确定监护人。例如：老年人可以通过订立协议来确定监护的内容，包括对其进行全权监护，或者仅就医疗救助、财产经营或者管理等内容的专项监护，如此一来，就把最高人民法院1988年4月颁布的《民法通则若干意见》第15条规定的协议监护方式通过立法加以确认，这与《民法通则》中单一的法定监护和指定监护相比，显得更为人性化，并具有可操作性，更有利于监护制度的执行。

5. 确立了意定监护的法律效力。意定监护是被监护人行使意思自治的一种方式，意在借助意定监护人之手足以处理本人的事务。我国《民法总则》第33条规定了意定监护制度，将意定监护确立为我国民法上的一种新的监护类型，这是我国监护立法方面的新突破。这一制度的确立，适应了我国人口发展的新情况、新趋势，从法律上确保了智力障碍者、身体残疾者（含失能老人）乃至高龄（空巢）老人与其他民事主体享有平等的法律地位，可以更好地满足他们的保障需求。

6. 成年子女对老年人的监护责任得到明确。《民法总则》第26条第2款明确规定："成年子女对父母负有赡养、扶助和保护的义务"，初步建立了我国成年监护制度。

7. 优化了监护人的确定程序。根据《民法总则》第31条第1款的规定，

1 杨立新：《我国〈民法总则〉成年监护制度改革之得失》，载《贵州省党校学报》2017年第3期，第25页。

对监护人的确定有争议的，处理程序可采用双轨制。一种是由被监护人住所地的居委会、村委会或者民政部门来指定监护人。如果当事人对这些单位的指定不服的，可以依法向人民法院申请指定监护人；另一种是由当事人避开上述单位的指定而直接向人民法院申请指定监护人。据此可知，《民法总则》已不再将《民法通则》和最高人民法院《民法通则若干意见》中规定的由所在单位或者居委会、村委会指定监护人作为人民法院裁判的前置条件，即经过有关单位或者两委的指定程序已被新法所废除。因此，当事人可以依法直接向人民法院申请指定监护人。

8. 增加了国家监护的兜底性条款。根据《民法总则》第 32 条的规定，当被监护人没有具备法定监护资格的人来担任监护人时，应由政府所属的民政部门担任监护人；也可以由具备履行监护职责条件的被监护人住所地的居委会或者村委会来担任监护人。这是我国民事法律制度的重大修改。一方面，《民法总则》明确把民政部门置于监护人的首要位置，即在监护人因某种原因缺位时，由政府民政部门出面担任兜底监护人，从而强化了政府的监护职能。另一方面，把过去《民法通则》规定的“所在单位”这一首要监护人排除在外，使“所在单位”从监护责任中解脱出来，即被监护人所在单位将不再作为监护人。

此外，《民法总则》还增加了监护人资格恢复的限制条件，完善了监护撤销与终止等内容。从总体上看，《民法总则》所规定的监护制度，是以家庭监护为基础，社会监护为补充，以国家监护为兜底的一种立法思路。

二、《民法总则》成年监护制度中尚未明确或者有待细化的问题

1. 关于成年监护制度的主要内容。《民法总则》第 31 条规定了指定监护人问题，第 33 条规定了意定监护，但现有的有关成年监护制度（包括意定监护）的内容还比较原则，有的问题在操作层面上还有不够具体，还需要在民法分则

“婚姻家庭编”中相关章节中加以进一步明确与细化。

2. 关于成年被监护人的范围和适用条件。从现有规定来看，如前所述,《民法总则》第 21 条、第 22 条已将成年被监护人的范围从《民法通则》规定的精神病人向外全面扩展，现已涵盖到全体限制民事行为能力人和无民事行为能力人，但这二条规定与《民法总则》民事行为能力的认定规则改变有关，而并非监护制度本身内容的调整。《民法总则》仍然沿袭了传统民法上的制度设计，将成年监护制度与民事行为能力制度相挂钩，以民事行为能力欠缺作为认定适用监护的前提条件,忽视了不同成年人心智能力的个体差异和残存的判断能力。如此，未来在实践中，可能会产生某些成年人仅仅因为身体疾病或者年老丧失部分生活自理能力，但尚未达到被宣告为无民事行为能力人的程度时，他们是否应当适用成年监护制度的问题。

3. 关于监护监督制度的设立。目前，我国《民法总则》中第 34 条第 3 款规定监护人不履行监护职责或者侵害被监护人合法权益的,应当承担法律责任。第 36 条规定了撤销监护人资格另行指定监护人的问题，明确了有权向人民法院申请撤销监护人资格的个人和组织（包括其他依法具有监护资格的人，即居委会、村委会、学校、医疗机构、妇联、残联、未成年人保护组织、依法设立的老年人组织乃至民政部门等），但没有规定监护监督制度的内容，包括如何进行监督？对监护人不履行监护职责或者侵害被监护人合法权益应如何认定，监护人应当承担什么法律责任？都还不明确。在实践中，如果监护人能够按照《民法总则》第 35 条第 3 款的规定，最大程度地尊重被监护人的真实意愿，切实维护被监护人的权益，则《民法总则》规定的监护制度就能够落实到位。但如果监护人不能认真履行监护职责，甚至有可能侵害被监护人人身、财产权益，或者成年被监护人在监护协议生效时丧失民事行为能力的，如何保护被监护人权益不遭受侵犯？这就需要设立监护监督等相关配套制度，而这正是《民法总则》中没有解决的问题。

除此之外，《民法总则》中对于委托监护、遗嘱监护中遗嘱监护人的确定规则、监护人的辞任制度等均未作出规定，都需要在制定民法典分编时加以解决。

三、完善《民法分则》成年监护制度的立法建议

根据我国民法典编纂工作分两步走的立法思路，现在所进行的第二步即民法典各分编即民法分则的编纂工作任务还十分艰巨。本书认为，《民法总则》采取"提取公因式"的方法，规定了我国民事法律制度中带有普遍适用性和引领性的内容，它是《民法分则》各编制定的法律依据，而《民法分则》各编内容是《民法总则》立法精神和立法内容的具体化，二者的立法理念应当一以贯之，二者的内容应当相互呼应、协调一致，这是毋庸置疑的。为了对成年被监护人给予精准的法律保护，在编纂《民法分则》"婚姻家庭编"的有关监护制度内容时，应当着重规定下列内容：

（一）关于监护制度的立法体例

目前，我国《民法总则》第二章"自然人"第二节"监护"中，对监护基本问题作为民事主体制度的重要组成部分做出了原则性的规定，但内容比较粗略，这也是民法总则本身的特点所决定的。因为《民法总则》就监护制度通则性的内容作出规定，不可能对监护制度的各个专门性问题作出很具体的规定。因此，其具体内容还需要通过《民法分则》相关内容来进一步细化。首先，从国外情况看，这已经早有先例。例如：《德国民法典》在"亲属法编"中用"监护、法律上的照管、保佐"专章规定了监护制度。《日本民法典》在总则中分别规定了自然人的行为能力、法律行为等内容，在亲属编中对监护、保佐和辅助制度等内容以专章形式分别作出具体规定。而英美法系国家对监护制度则采用单

独法规的形式予以规定。其次，从实践情况看，尽管监护人与被监护人之间并不一定具有婚姻家庭法上某种特定的身份关系，监护人的范围大于被监护人亲属的范围，但无论是未成年人监护还是成年人监护，实际上绝大多数的监护人都是以被监护人的亲属（包括配偶、父母、成年子女等）为主体的，其他个人或者组织担任监护人只是被监护人亲属监护的一种补充，由此可见，监护制度与婚姻家庭制度关系十分密切，《民法总则》监护制度的细化任务完全可以由《民法分则》中的“婚姻家庭编”来完成，监护制度的主体内容纳入“婚姻家庭编”中。

（二）成年监护制度应当区分层次与内容

过去，我国监护立法存在重未成年人监护，轻成年人监护；重精神病患者监护，轻老年人监护和能力障碍者（包括智力障碍者和身体残疾者）等其他成年人监护的情况。因此，在成年监护立法方面比较滞后。在这次制定《民法总则》时，成年监护制度得到了高度重视，也体现出成人监护多元化的特点，但还有需要进一步完善和细化的地方，特别是成年监护方式与层次方面。这在国外，已有成功的实践经验。目前，有些国家的成年监护立法理念与范式都发生了微妙的变化，从过去强调“替代决策”逐渐转向强调“支持决策”或“协助自主决策”。例如，日本国会于 1999 年 12 月通过了《关于修改民法的一部分法律》等四部关于成年监护制度的法律，[1] 将成年人的监护分为法定监护与任意监护，其中，法定监护又有监护、保佐和辅助三种类型之分。[2] 而在我国，如前所述，我国《民法总则》仍然沿袭了传统民法上的制度安排，继续采用传统民法上的成年人行为能力欠缺制度，对成年监护方式的设计只考虑了“监护”这一个层

1　即：《关于修改民法的一部分法律》《关于任意监护契约的法律》《关于监护登记的法律》《关于伴随施行〈修改民法的一部分的法律〉修改有关法律的法律》，并于 2000 年 4 月 1 日起正式施行。

2　日本成年法定监护制度中根据被监护人的具体情况而区分监护、保佐和辅助三个等级的监护措施，对无法全部处理自己事务者实行监护，对不能处理自己部分事务者实行保佐，对不能处理自己特定事务者实行辅助（保护）。

次，且将成年监护的条件与民事行为能力的丧失或者部分丧失相联系，这是不够科学合理的。因为在生活中，成年被监护人需要监护的原因除了涉及其智力因素外，还往往与其生活自理能力、身体健康状况甚至品行修养有关。实践中，除了精神障碍者（含痴呆症患者）之外，更多的是因年老引起的体力衰退、精神耗弱、智力减退或者身患残疾、身处危重状态者（如植物人、瘫痪者）。著名民法学家梁慧星教授曾经在其主编的《中国民法典草案建议稿》第1908条中就将成年监护的适用对象归纳为精神障碍者、智力障碍者和身体障碍者，统称为“成年障碍者”。[1] 这些“成年障碍者”，他们所表现出来的只是判断能力的下降，但他们并不是《民法总则》规定的无民事行为能力或者限制民事行为能力人，换句话说，他们尚未达到被宣告丧失或限制民事行为能力的程度，只是因其生理、心理或者身体方面的障碍或者缺陷，使其自控能力或者生活自理能力降低，无法认识或判断较为复杂的行为及其后果，迫切需要运用监护制度来保护他们的利益。有的学者还提出应改良我国的成年监护制度，增设协助决定制度，并在成年监护制度中区分监护与协助，主张立法上应当承认心智残疾人有民事行为能力的协助决定制度，明确监护和协助的适用顺序。[2] 因此，立法上应考虑监护的多层次性。从理论上说，监护涉及民事行为能力问题，它是因为监护人没有民事行为能力或者民事行为能力受到限制时而设立的。而辅助则不涉及民事行为能力有无的问题，被辅助人只是生理、心理或者身体方面的障碍或者缺陷而需要他人的帮助，且辅助也仅限于被辅助人事务的管理。为充

1　所谓“智力障碍者”，是指智商低下者、弱智者、老龄痴呆者、危重病人等不能进行正常判断的成年人。而“身体障碍者”，是指视觉障碍者、听觉障碍者、语言障碍者、肢体障碍者、重要器官失去功能者及植物人。参见梁慧星主编：《中国民法典草案建议稿附理由：亲属编》，法律出版社2013年版，第405—406页。

2　李霞：《协助决定取代成年监护替代决定——兼论民法典婚姻家庭编监护与协助的增设》，载《法学研究》2019年第1期，第100—118页。

分尊重和保障成年被监护人残存的意思能力和民事行为能力，并使更多的需要被照顾者能够得到监护制度的保护，本书建议应改变单纯以民事行为能力欠缺为前提条件来确定被监护人范围的做法，并在民法分则成年监护制度中增加类似日本民法中规定的“辅助”这一层次的监护类型，对不能处理自己特定事务的人实行辅助（保护）。在制度设计上，首先，应从尊重本人（被监护人）自我决定权和“维持生活正常化”的现代成年监护理念出发，对传统民法上的成年监护制度进行完善。因为传统民法上的成年监护制度属于替代性决策模式，我国《民法总则》也将欠缺民事行为能力宣告作为成年监护设立的前置条件，以“不能辨认或不能完全辨认自己的行为”作为成年监护的设立条件，这样做的结果，很容易忽略成年障碍者残存的自主意思，剥夺了成年障碍者的自主决定权,也与联合国《残疾人权利公约》第 12 条的精神相违背。因此，建议在立法上将成年监护制度与民事行为能力制度相分离，用现代监护制度中的支持决策模式取代原来的替代决策模式，在《民法分则》“婚姻家庭编”监护章（节）中对成年监护的设立应不再以欠缺民事行为能力宣告为前提，而以当事人“无能力处理自己的事务”作为成年监护设立的实质性条件，并制定成年人能力评估标准，从个人健康状况、认知能力和日常生活能力三个方面进行评估，并将成年人能力评估结果作为成年监护设立的法定依据。同时，对《民法总则》的相关规定也适时作出修订。这也符合现代成年监护制度的改革趋势。其次，明确规定在成年人具有完全民事行为能力，或者具有一定判断能力的情况下，可以根据被监护人的意愿，对于其特定事务的处理，采用“辅助”的方式。即建立以“支持决策”或“协助自主决策”为核心的辅助体系，通过“辅助”制度，帮助成年障碍者利用其残存的判断能力进行个人事务的自我决定。监护人负责帮助或协助被监护人完成相应的民事法律行为，但不能代替被监护人为意思表示，从而将特殊成年监护与民事行为能力脱钩，以更好地践行“尊重人权、尊重被监护人的自我决定权和维持被监护人生活正常化”的现代监护立法理念，满足身体残疾者（含失能老人）乃至高龄（空巢）老人等成年被监护人的特殊需求。再次，在内容上，结合成年人的特点，注意区分人身保护与财产保护。对人身方面应当注意体现对被监护人的尊重；对财产方面应更多地通过代理行为来体现。建议在《民法分则》“婚姻家庭编”中对哪些行为适用代理，哪些行为适用帮助或者协助作出明确规定。第四，在程序上，建议《民法分则》“婚姻家庭编”明确规定，当事人建立意定监护关系时，须由监护监督人参与，双方签订的意定监护合同须办理公证手续。公证程序应作为成年意定监护设定的必经程序。

（三）细化成年被监护人的范围

在我国《民法总则》中，对于被监护人的范围，已由《民法通则》规定的未成年人和精神病人扩大到未成年人和智力障碍者、失能老人等成年人，主体范围得到进一步扩大。但就具体对象而言，还不是很明确，不利于法律的执行，还需要通过《民法分则》的相关内容加以细化。根据本文前述分析，本书认为，未来立法应对成年被监护人的对象作出规定，具体范围应包括：（1）精神病人；（2）痴呆症患者；（3）身心障碍者。它包括智力障碍者和身体残疾者两类。其中，多重障碍者、自闭症者、弱智者和智商低下者都属于智力障碍者；而盲聋哑人、危重病人、植物人都属于身体残疾者的范围。（4）行为能力欠缺者。主要包括挥霍浪费无度者、酗酒成性者、赌博成性者和吸毒成性者等。（5）高龄老人。包括失独高龄老人、空巢老人等。

（四）规定成年意定监护合同的主要内容

本书主张，我国成年监护立法应选择法定监护与意定监护相结合的立法模式，建立以意定监护为主体，以法定监护为补充的成年监护制度（体系），以满足智力障碍者、身体残疾者（含失能老人）乃至高龄（空巢）老人的各自需求。

意定监护是以受任人（即监护人）与委任人（即被监护人）双方所订立的意定监护合同为基础而形成的。[1]监护人在被监护人丧失或者部分丧失民事行为能力时，依法依约履行监护职责。建议《民法分则》“婚姻家庭编”能够明确规定以下内容：

1. 成年意定监护合同的主体。成年意定监护合同的双方当事人，在意定监护监督人选任前，本人称为意定监护合同的委任人；意定监护监督人选任后，本人称为被监护人。而合同对方当事人在意定监护监督人选任前,称为受任人，在意定监护监督人选任后,称为意定监护人。我们可以借鉴英国《意思能力法》的经验，结合我国国情，明确规定意定监护合同的受任人，应当是年满18周岁的完全行为能力的自然人和未受破产宣告的社团法人或民政部门。委任人可以同时指定多人为自己未来的意定监护人。同时，明确下列人员不得担任意定监护合同的受任人：（1）无民事行为能力或者限制民事行为能力人；（2）因身体或经济上的原因没有监护能力的人；（3）受刑事处罚被拘禁者等；（4）被人民法院撤销监护人资格者、被禁止行使监护权或被中止行使监护权者；（5）品行不端，或具有不良生活嗜好者，例如吸毒、赌博成性者等；（6）具有明显不利于被监护人的因素者。包括与被监护人有过纠纷或矛盾之人等。[2]同时，作为委任人，须为具有民事行为能力的成年人。

2. 监护人的主要职责监护事项。监护人的主要职责体现在：在被监护人处于失智或者失能状态时，依法依约履行对被监护人人身照护、财产管理、医疗看护、债权债务处理等事宜；当被监护人的人身、财产及其他权益遭受侵害时，

1　成年意定监护合同的双方当事人，在意定监护监督人选任前，本人称为意定监护合同的委任人；意定监护监督人选任后，本人称为被监护人。而合同对方当事人在意定监护监督人选任前，称为受任人，在意定监护监督人选任后，称为意定监护人。

2　吴国平：《婚姻家庭立法问题研究》，吉林大学出版社2008年版，第303页。

担任被监护人的代理人，依法维护被监护人的合法权益。[1]归纳起来，意定监护的事项主要包括：第一，身体的照顾；第二，财产的监管；第三，债权债务的处理；第四，诉讼事务的代理；[2]第五，医疗看护；第六，死后丧葬。双方当事人可以根据监护事项和个性需求,在合同中对双方各自的权利义务作出约定。换言之，该合同的主要条款应由双方当事人通过协商确定，并通过意定监护合同的主要条款加以确定和体现。

3. 意定监护合同的主要条款。合同的具体事项可以由双方当事人通过协商确定，内容包括意定监护事项和权限、意定监护期限、诉讼代理和意定监护监督人等。意定监护事项包括对委任人身体上的照顾、财产上的管理和诉讼事务的代理等。[3]委任的事项既可以是一般日常事务，也可以是特定事项；委任权限既可以是全部的监护事务（即全面监护），也可以是部分监护事务（即有限监护），可由双方在合同中自由约定。如果受任人同时为二人以上的，委任人应在合同中明确受任人的权限范围。如果没有明确规定,则推定为“共同事项”和“共同权限”。此外，为了确保合同的履行和受任人权益的保障，委任人还可以通过合同事先确定意定监护监督人的人选。但无行为能力或者限制行为能力人、监护人的配偶、子女、兄弟姐妹以及其他与意定监护人和被监护人有利害关系的人不得担任监护监督人。同时，为了满足被监护人个性化的需求，应当允许当事人通过意定监护合同对辅助事项加以约定。建议《民法分则》“婚姻家庭编”明确规定当事人应当采用公证形式订立意定监护合同。

归纳起来说，该合同主要条款应包括：（1）意定监护的具体事项、监护期限；（2）监护人的权限范围；（3）监护权的行使方式；（4）诉讼代理；（5）监

1　陈洪忠：《老龄产业法律文书精要详解及实务指南》，法律出版社 2017 年版，第 5 页。
2　王竹青：《监护制度比较研究》，中国人民大学法学院 2004 年法学博士学位论文，第 127 页。
3　王竹青：《监护制度比较研究》，中国人民大学法学院 2004 年法学博士学位论文，第 127 页。

护人的辞任；（6）意定监护监督人；（7）意定监护的报酬；（8）意定监护合同的解除与终止及其违约责任等。例如，双方当事人可以约定意定监护合同因期限届满、监护人丧失民事行为能力、被监护人恢复民事行为能力、当事人一方死亡、监护人被人民法院废除监护权等原因而终止合同。

4. 成年意定监护人的权利义务。监护人的权利应当依据合同的约定来享有和行使。主要涉及被监护人身体照顾、财产管理和诉讼代理等方面。第一，人身照顾包括对被监护人的日常生活照顾、疾病医治护理、精神抚慰等。第二，财产管理包括：（1）被监护人财产管理和保护权。内容包括在任职时清点被监护人的财产，造具被监护人的财产名册和目录（清单）；监护人定期的财产状况报告和批准等具体内容；（2）财产使用权和处分权。监护人应当将被监护人财产用于被监护人的日常生活，并将被监护人财产的收益交给被监护人或其继承人或直接用于被监护人的生活、医疗和财产管理上；监护人须为被监护人的利益时，方可依约使用和处分被监护人的财产；等等。第三，在诉讼代理方面，当被监护人的人身权利和财产权利遭受非法侵害时，监护人有权以被监护人的名义主张权利或向人民法院提起诉讼，并作为代理人参加全部诉讼活动。

意定监护人的义务方面主要有：（1）照顾被监护人的生活；（2）保护被监护人的身体健康；（3）维护被监护人的人身权利；（4）依法管理被监护人的财产；（5）禁止受让代理权限范围外的财产；（6）接受监护监督机构的监督；（7）在监护终止时的财产清算报告及财产返还或者移交等。

为了保护被监护人的合法权益，防止意定监护人滥用代理权，法律上应对监护人的代理权进行必要的限制：（1）代理人行使代理权须依据合同约定的授权条款；（2）代理权的行使不得违反法律和社会公序良俗；（3）代理权的行使应从尊重本人（被监护人）自我决定权和“维持生活正常化”理念出发，不得违反被监护人的最佳利益；（4）与被监护人人身密切相关的婚姻决定权、收养权、公民选举权等不属于意定监护权限范围，不得代理。

5. 成年意定监护合同的生效要件。成年意定监护合同为附条件民事合同。本书建议对意定监护合同采用“登记生效主义”原则。法律应当明确规定：第一，成年意定监护合同须采用书面形式；第二，合同约定的事由出现时，由受任人依据合同亲自向民政机关申请登记。民政机关受理后，在规定的期限内向本人和利害关系人发出通知并进行公示。公示期间届满无人提出异议，或者虽有人提出异议但被驳回的，在民政部门依申请或者依职权为委任人选定监护监督人后（在委任人有判断能力时，还须征得委任人的同意），合同方才生效。为了维护社会交易的安全，避免不必要的纠纷产生，此前，民政部门应当对监护人进行登记公示；[1] 有的学者提出应当采用公证方式确保意定监护合同的有效性，[2] 本书认为监护设置程序应当简便易行，便于操作。履行登记程序就已经可以实现审查和公示的目的，没有必要再经过公证，以免增加当事人的负担。当然，当事人提出须经过公证的除外。第三，该生效合同须报人民法院或民政部门备案。

6. 成年意定监护的适用。首先，意定监护优先于法定监护适用。根据民法私权自治原则和“尊重本人的自我决定权”理念，在当事人事先设定意定监护合同的情况下，只要合同内容和形式符合法律的规定，应当适用意定监护。只有在意定监护合同无效或者被撤销时，才适用法定监护。其次，人身意定监护合同或签订在先合同优先。在当事人就人身或者财产事项签订多个意定监护合同的情况下，哪一个合同的意定监护人（代理人）享有优先权利呢？本书认为，合同中已有事先约定的，按照约定执行；没有约定的，则从成年人监护设立的

1 郭韦利：《论我国成年监护制度的完善》，载《辽宁公安司法管理干部学院学报》2009 年第 2 期，第 41 页。

2 孙海涛、赵国栋：《意定监护制度比较研究及借鉴》，载《前沿》2009 年第 1 期，第 158 页。

目的出发，应确定人身意定监护合同优先；如果同为人身监护合同或者财产监护合同者，签订在先合同优先。

7. 成年意定监护的终止。监护的终止包括绝对终止和相对终止。我国《民法总则》第 24 条第 2 款规定："被人民法院认定为无民事行为能力或者限制民事行为能力人的，经过本人、利害关系人或者有关组织申请，人民法院可以根据其智力、精神健康恢复的状况，认定该成年人恢复为限制民事行为能力人或者完全民事行为能力人。"此为监护的绝对终止。根据《民法总则》第 36 条第 1 款的规定，当监护人实施严重损害被监护人身心健康行为的，或者怠于履行监护职责，或者无法履行监护职责并且拒绝将监护职责部分或者全部委托给他人，导致被监护人处于危困状态的，或者监护人实施严重侵害被监护人合法权益的其他行为的，人民法院根据有关个人或者组织的申请，撤销其监护人资格，安排必要的临时监护措施，并按照最有利于被监护人的原则依法指定监护人。此为监护的相对终止。但《民法总则》中没有关于监护终止程序的规定，关于监护终止的原因也规定得不全面，应当在《民法分则》"婚姻家庭编"中加以具体规定。

（1）监护终止事由。它分为绝对终止和相对终止。绝对终止是指因被监护人的原因而使意定监护关系已无设置和存在的必要。具体情形包括：第一，被监护人死亡或被宣告死亡；第二，被监护人恢复行为能力。相对终止，又称监护人的更换，是指因意定监护人的原因而使原意定监护关系终止。其具体情形包括：第一，意定监护人死亡或被宣告死亡；第二，意定监护人被宣告为无民事行为能力人或限制行为能力人；第三，意定监护人依法辞职；第四，意定监护人因特定原因丧失了监护能力；第五，意定监护人被解除监护职务。对于监护人不履行监护职责，甚至滥用监护权，侵害被监护人合法权益的，应当解除其监护的权利。对此类情形，根据《民法总则》第 36 条第 1 款的规定，人民法院可以根据有关个人或者组织的申请，撤销其监护人的资格。

（2）监护终止的法定程序。当意定监护终止的事由出现时，当事人必须以书面形式向民政机关申请登记，不得自行宣布终止。民政机关登记后，应当通知当事人及利害关系人，并对外发布公告。一经批准登记，意定监护人资格即被撤销或者终止，监护义务即被免除。未经法定程序终止的，不具有法律效力，不得对抗善意第三人。如果因此发生纠纷的，应当通过诉讼途径，由人民法院按照法律程序来处理。

（3）终止的法律后果。主要涉及二个问题：一是财产清算。在监护关系终止时，应进行财产清算，监护人须提交财产清算报告。意定监护监督人应负责对财产清算行为进行监督。如果监护人无意思能力，则清算应由其代理人进行；如果监护人已死亡，则应由其继承人进行。[1]财产清算的费用，一般从被监护人的财产中支付。因意定监护人的过错而导致监护关系终止的除外。二是财产返还或者移交。财产清算完成后，如财产有剩余，则自应将财产交还。当被监护人取得完全民事行为能力时，应交还给被监护人本人；如果被监护人已死亡，应交还给其继承人。被监护人的其他权利义务也应一并移交；如果属于监护关系相对终止情形的，财产应交给新的意定监护人。在新的意定监护人尚未确定时，人民法院或者监护监督人应当指定临时保护人，以保护被监护人的利益。

8. 其他相关内容。建议《民法分则》“婚姻家庭编”中还应对受任人（监护人）的代理权进行必要的限制，并对意定监护合同的解除及其违约责任等问题作出明确规定，进一步完善我国意定监护制度。

1 余延满：《亲属法原论》，法律出版社 2007 年版，第 509 页。

（五）建立监护监督制度

近年来，我国学者们一直呼吁应当建立监护监督制度，并提出了一些建设性的意见，[1]但《民法总则》中仍未对此作出回应，监护监督人和监护监督机关的设立与职责（职权）仍然不明确。值得注意的是，我国《民法总则》并未实行法国、德国、瑞士、日本、巴西等国家的立法模式将人民法院纳入监护监督人的范围，这是针对目前中国司法机关职能的实际情况来考虑的。因此，建议在编纂《民法分则》“婚姻家庭编”时，应重点规定如下问题：

1. 立法模式和监督体制。现在大陆法系国家大都建立了监护监督人与监护监督机构的双重监督体制。根据目前监护监督实效性差的实际情况，本书建议采用双重监护监督的监督模式，即自然人监督与公权力机构监督相结合的模式。监护监督人分为两大类，第一类是被监护人的近亲属、亲朋好友或者被监护人父母的亲朋好友，这有利于在最大限度内保护被监护人的利益；第二类是国家公权力机关。由国家公权力直接介入监护监督事务，有利于强化对监护人的监督。就公权力监护监督机构而言，目前《民法总则》已将基层的民政部门列为监护监督机关。将来条件成熟时，可以设立专门的老年人监护监督机构，也可以授权某些社会组织承担监护监督的职责。[2]

2. 监护监督人的范围。监护监督人是对监护人的监护活动进行监督的人。[3]关于监护监督人问题，各国的规定均有所不同。德国规定少年局或者监护人以外的人可以担任监护监督人；法国规定从亲属会议的成员中选任，等等。本书认为，从我国实际出发，监护监督人的范围可以设置得宽一些，一方面，应将

---

1 张学军、张镭：《成年监护制度综议》，载《江海学刊》2005 年第 5 期，第 220 页。

2 陈洪忠：《老龄产业法律文书精要详解及实务指南》，法律出版社 2017 年版，第 10 页。

3 徐华丽：《我国监护监督的不足与完善》，载《重庆文理学院学报（社会科学版）》2008 年第 11 期，第 89 页。

被监护人的近亲属、亲朋好友或者被监护人父母的亲朋好友以及基层民政部门列入监护监督人范围。民政部门可以根据工作需要，授权被监护人住所地的居委会或者村委会行使监护监督权。另一方面，应明确规定以下人员不得担任监护监督人：一是未成年人父母或者成年被监护人所在单位；二是无民事行为能力或者限制民事行为能力人、受任人（监护人）的配偶、直系血亲与旁系血亲以及其他与意定监护双方当事人之间有利害关系的人。

过去在研究未成年监护制度时，就曾经有人设想将学校作为监护监督机构，本书认为这是不妥当的。因为这是由学校的性质和任务决定的。学校属于事业单位，承担着为国家培养人才的重任，在法律上没有承担监护监督职责的要求，而且在客观上它也无法对所有学生的监护人进行监督。因此，学校作为监护监督机构不仅缺乏法律依据，而且在实践操作上也不可行。还有学者提出要建立青少年事务局来履行行政监督职能。[1]本书认为这没有必要，且条件也不成熟。就监护监督而言，不论是对未成年人之监护人的监护监督，还是对成年无民事行为能力或者限制民事行为能力人之监护人的监护监督，都统一由民政部门来负责，将这一职能赋予民政部门完全可以解决好监护监督的问题。

3. 监护监督人的指定。对于未成年人的监护而言，监护监督人可以由法定监护人通过授权书、遗嘱等书面形式来指定。如果没有书面形式指定的，也可以由民政部门或者人民法院来指定。而对于成年监护而言，可以通过法定代理人或被监护人授权委托书、意定监护合同等形式加以明确。如果没有授权委托书或者意定监护合同不明确的，可以由民政部门负责指定，也可以由民政部门自己担任监护监督人，或者由人民法院依民政部门或利害关系人的请求而指定。

1　徐华丽：《我国监护监督的不足与完善》，载《重庆文理学院学报（社会科学版）》2008 年第 11 期，第 89 页。

4. 监护监督的方式与措施。根据我国《民法总则》第 36 条第 1 款规定，[1]监护人具有出现《民法总则》规定的三种法定情形之一的，人民法院可以根据有关个人或者组织的申请，撤销其监护人资格，安排临时监护措施，并依法指定监护人。但这种方式属于事后救济，并不能有效地预防或减少监护不当甚至违法行为而侵害被监护人权益行为的发生。因此,应建立监护人定期述职制度，和监护监督人与监督机构定期走访回访制度等一系列配套制度，从源头上规范监护行为，并将监护的重要过程和内容纳入监护监督的范畴。明确规定监护人必须定期向监护监督机构报告监护工作情况，报告的内容包括：监护人履行职责的情况（包括对被监护人管教和保护情况、有无虐待被监护人情况、对被监护人的人身控制是否超过必要限度等）、监护人对被监护人财产的管理和使用情况、被监护人生活、学习和身体情况等，由民政部门进行全面考核。同时，对涉及被监护人财产利益的行为和处理结果进行审计。对于不称职的监护人，及时予以撤换，并在新的监护人确定并到位之前承担临时监护的责任，或者委托社会慈善机构承担监护职责。监护监督人与监督机构每年定期实地走访和回访被监护人及其邻居等，与监护人的述职考核相结合，全面了解监护实际情况，协调处理监护过程中产生的问题。对于监护人不认真履行监护职责的，要进行批评教育，提出警告；对于监护人侵犯被监护人权益的，监护监督人或者监护行政监督机构可以向人民法院提起诉讼。监护监督人认为监护人不胜任的，也可以向人民法院提出申请撤换监护人。

此外，其他依法享有监护资格的自然人，被监护人住所地的居委会或者村

1 《民法总则》第 36 条规定："监护人有下列情形之一的，人民法院根据有关个人或者组织的申请，撤销其监护人资格，安排必要的临时监护措施，并按照最有利于被监护人的原则依法指定监护人：（一）实施严重损害被监护人身心健康行为的；（二）怠于履行监护职责，或者无法履行监护职责并且拒绝将监护职责部分或者全部委托给他人，导致被监护人处于危困状态的；（三）实施严重侵害被监护人合法权益的其他行为的。"

委会、学校、医疗机构、妇联、福利机构等组织在发现监护人有损被监护人行为时，都有责任向监护监督机构报告，以形成全方位立体式的社会监管力量，使我国监护监督制度具有很强的针对性和可操作性。

5. 监护监督人的主要职责。监护监督的内容就是监督监护人认真履行职责。据此，监护监督人的职责主要有：第一，监督监护人处理监护日常事务。第二，监督监护人维护被监护人人身权益。第三，监督监护人管理或处分被监护人财产行为。第四，在监护人不积极履行职责或者违反监护义务时，可对监护人进行警示。经多次警示无效时，及时向有关部门举报，申请撤换监护人，或者代表被监护人向人民法院起诉更换监护人。第五，在监护人侵犯被监护人人身权益，或者侵占被监护人财产，或者因监护人的重大过失而导致被监护人财产损失时，代表被监护人向监护人进行追偿，或者代理被监护人向人民法院提起诉讼。

6. 明确对不履行监护职责的监护行为的处罚办法和法律责任。

首先，人民法院在接到有关组织、单位或监护监督人的申请后，应当及时立案，并根据事实和情节分别作出训诫、撤销监护权、更换监护人、安排临时监护措施等处理。同时，在立法上还需建立监护不力的认定制度，以进一步明确监护人不履行监护职责的法律责任。本书建议以我国《未成年人保护法》第二章“家庭保护”中有关父母对未成年人的责任规定为基础来把握和认定监护人是否监护不力的问题，并根据我国《民法总则》《民法通则》《婚姻法》《侵权责任法》的有关规定，参照《未成年人保护法》第 60 条、第 61 条、第 62 条和第 63 条的规定，对监护人的法律责任作出具体规定。

其次，对侵犯被监护人人身、财产权益情节恶劣、后果严重的，人民法院应当根据《民法总则》《民法通则》《婚姻法》《侵权责任法》《未成年人保护法》《治安管理处罚法》等法律的规定，分别追究其法律责任。对构成犯罪的，要依照

《刑法》追究犯罪嫌疑人的刑事责任。

（六）设立监护人的拒任和辞任制度

目前世界上许多国家法律都规定：当监护人由于智力、体力的相对欠缺或其他客观原因等正当理由而无法履行或适当履行监护人职责时，可以行使辞职或拒任权。例如《法国民法典》第428条、《德国民法典》第1786条、《瑞士民法典》第383条规定了拒任权；《法国民法典》第429条、《德国民法典》第1889条和《日本民法典》第844条规定了监护人的辞任权。目前，我国《民法总则》中对监护人拒任和辞任监护问题还没有作出规定，这对于有正当理由或者因客观原因导致不能或者无法承担监护职责的监护人是不公平的，也不利于保护被监护人的权益。为了从法律上平衡监护人和被监护人双方的利益，我们应当借鉴外国立法经验，明确规定监护的拒任或辞任的法定事由，以及无正当理由拒绝监护应承担的法律责任。

至于监护人辞任的具体法定情形，考虑现实生活中，监护人往往可能因年龄、身体、精力甚至经济等方面的原因造成“履行不能”，建议可规定为以下八种：(1)年满70周岁者；(2)因身患重症或因残疾而无法履行监护职责者；(3)已担任两个以上被监护人的监护人者；(4)家务繁重者。例如因照护患病的家人（包括配偶、子女或者老人等）而无法履行监护职责者；(5)因公务繁忙（如担任政府要职者等）而不宜或无法履行监护职责者；(6)因离被监护人住所遥远而无法履行监护职责者；(7)担任除配偶、直系血亲之外的其他成年人的监护人已满5年者；(8)因其他正当理由或客观原因而无法履行监护职责者，如正在服兵役的现役军人、正在国外留学或者参与建设项目的人、正在监狱服刑的人等。[1]从立法上规定这一制度，能够适当减轻监护人的监护负担，又可以

1 吴国平：《婚姻家庭立法问题研究》，吉林大学出版社2008年版，第310—311页。

防止因监护人无法履行监护职责而给被监护人可能造成的不利后果。同时,《民法分则》还应规定，对具有监护资格且无正当理由而拒绝履行监护职责的人，应责令其承担支付监护费用的民事责任；如因其过错导致对被监护人的监护人选任和到位履行职责延误的，应承担由此所产生的损害赔偿的民事责任。如果被人民法院选任的监护人拒不履行生效判决的,应依照我国《民事诉讼法》(2017年6月27日第三次修正）第111条第6项的规定，处以罚款、拘留，构成犯罪的，依法追究其刑事责任。

第三节 成年监护职责辨析与完善建议

监护是世界各国民法上的一项重要制度，我国《民法总则》中用了 14 个条文规定了监护制度，其中有 12 个条文与成年监护直接相关。《民法总则》不仅首创了“成年人监护制度”，[1] 而且将成年监护制度的适用对象涵盖至所有的成年被监护人。同时，《民法总则》第 34 条规定了监护人的职责、权利以及不履行职责或者侵害被监护人合法权益时所应当承担的法律责任。但监护人监护的权利义务的具体内容是什么？其侵害被监护人权益或者被监护人致人损害时其应当承担何种责任？监护人自身基于监护职责而享有哪些权利等，这些目前还不是很明确，需要在《民法分则》“婚姻家庭编”乃至“侵权责任编”中加以细化和明确。

一、成年监护人权利的内容

成年监护关系成立后，监护人即依法或依约享有监护方面的各种权利。监护权的内容包括两个方面：一是监护人对被监护人所享有的权利；二是监护人自身因监护所享有的权利。后一种权利是前一种权利派生出来的。这些权利是成年监护制度的核心内容。正如本章第一节所述，我国《民法总则》第 34 条第 2 款中专门强调监护人依法履行监护职责产生的权利受法律保护，该条款所规定的监护权是专指监护人对被监护人所享有的权利？还是也包括监护人自身因履行监护职责而享有的权利？目前从条款的文字表述上无法考察。本书认为，

1 王健：《“一老一少”保障新起点》，载《人民法院报》2017 年 5 月 4 日，第 2 版。

这二种权利均属于监护人权利的内容。因此，这一问题应在《民法分则》“婚姻家庭编”中予以明确。

归纳起来，监护权的具体内容应当包括如下方面：

（一）监护人对成年被监护人所享有的权利

这一权利包括人身监护权、财产监护权和民事法律行为与民事诉讼的代理权，权利内容基本上与未成年人监护相同。需要指出的是，首先，在成年监护中，监护人的权利与义务常常是融为一体的，它既是权利，又是义务，体现出双重属性。其次，基于被监护人是无民事行为能力或者限制民事行为能力的成年人（包括老年人、残障者等）这一特点，各国法律特别强调对被监护人意思的尊重及生活事务和身心关怀义务。我国《民法总则》第 35 条第 3 款也特别强调“应当最大限度地尊重被监护人的真实意愿”，充分体现了我国立法理念与水平的进步。

1. 人身监护权利。监护人主要享有以下权利：（1）身体、健康照护、治疗权；（2）住（居）所指定权；[1]（3）被监护人身份行为及身上事项同意权；（4）被监护人交还请求权；（5）对被监护人监督、教育、保护的权利；（6）对被监护人人身性民事法律行为的撤销权；（7）侵权行为的救济权。监护人承担以下主要义务：（1）照料义务。即照顾被监护人的生活；（2）护养医疗义务。即保护被监护人的身体健康；（3）维护人权义务。即维护被监护人的人身权利；（4）监督教育义务。即承担被监护人的监督教育管理事项；（5）监护中的重大事项须经监护权力机关或监护监督机关的同意。

对于其中的“照料义务”的内涵应如何理解？笔者认为应区分监护人的具体身份而定。因为我国已步入“老年社会”，老龄化、高龄化问题突显，监护

1　杨立新：《家事法》，法律出版社 2013 年版，第 252 页。

人的范围早已不再以亲属为限。因此，对于配偶、成年子女等法定监护人而言，其“照料义务”就是法定抚养义务；而对于非法定监护人的监护人而言，他们对被监护人并无法律上的抚养义务。这是中外各国法律的通例。

2. 财产监护权利。监护人主要享有以下权利：（1）财产管理和保护权。内容包括清点被监护人的财产，造具财产名册和清单；对被监护人财产的管理方式、范围（及于被监护人享有所有权的所有动产与不动产）及其限制；监护人定期的财产状况报告和批准等具体内容；（2）财产使用权和处分权。监护人应当将被监护人财产用于被监护人的日常生活，并将被监护人财产的收益用于被监护人的生活、医疗和财产管理上；监护人须为被监护人的利益时，方可处分被监护人的财产；被监护人个人所需的一切费用，包括财产管理费用等均由监护人从被监护人财产中支出；（3）对被监护人财产性民事法律行为的同意权和撤销权。与之相适应，监护人还须承担以下主要义务：（1）依法或依约管理。监护人应当向监护监督机构提交被监护人的财产清单，并采用法律允许的手段来管理被监护人的财产；监护人应当尽善良管理人的注意来管理财产，[1] 努力实现财产的保值、增值，防止因管理不当而致使被监护人财产不当减少或者损毁；未经监护监督人的同意，不得擅自处分被监护人的财产；（2）禁止受让财产。即禁止监护人受让、承租被监护人的财产或者接受该财产的抵押、质押或保证等担保，包括被监护人的一切财产，且不论有偿与无偿；但习惯上的赠与或以遗嘱方式所为之遗赠除外。同时，监护人也不得受让第三人对被监护人的权利；[2]（3）定期报告履职情况。监护人对任职期间财产的有关变动情况应制作财产清单，并定期向监护监督机构报告被监护人财产状况；（4）返还或移交财产。在监护终止时提交财产清算报告及财产返还或者移交等。

1 余延满：《亲属法原论》，法律出版社 2007 年版，第 505 页。

2 余延满：《亲属法原论》，法律出版社 2007 年版，第 505 页。

3. 民事法律行为和民事诉讼的代理权。依照《民法总则》第 23 条的规定，无民事行为能力人、限制民事行为能力人的监护人是其法定代理人。监护人应依法行使代理权。监护人在代理被监护人进行民事法律行为时，必须是为了被监护人的利益，并且“应当按照最有利于被监护人的原则”来为被监护人取得和行使权利，设定和履行义务，不得滥用代理权，更不得利用代理权谋取私利。同时，监护人负有对被监护人的人身、财产及其他合法权益进行全面保护的义务。当被监护人的人身权利和财产权利遭受非法侵害时，监护人有权以被监护人的名义主张权利或向人民法院提起诉讼，并作为代理人参加全部诉讼活动。

为防止监护人滥用权利，建议在《民法分则》“婚姻家庭编”中还应对监护人的监护权进行必要的限制：一是监护人不得代理与成年被监护人人身密切相关的婚姻登记、立遗嘱、收养等行为；二是监护人处理对成年被监护人有重大影响的人身或财产监护事项时，“应当最大限度地尊重被监护人的真实意愿，保障并协助被监护人实施与其智力、精神健康状况相适应的民事法律行为。对被监护人有能力独立处理的事务，监护人不得干涉。”（《民法总则》第 35 条第 2 款）对无民事行为能力的被监护人人身或者财产重大事项行使决定权时，必须经过人民政府有关部门（如民政部门，下同）的批准。如将被监护人送入限制人身自由的场所、处分被监护人的不动产、汽车、有价证券以及土地使用权等重要财产或财产权利、拒绝接受赠与或遗产等，须经人民政府有关部门批准，否则无效；三是不得代理被监护人与自己为民事法律行为。如购买被监护人的房产、汽车，或者租赁被监护人的店面等。

（二）成年监护人自身的权利

我国《民法总则》第 34 条对监护人的职责作了明确规定，也表明了“监护人依法履行监护职责产生的权利，受法律保护”的立场，但对监护人自身因履行监护职责所应当享有的民事权利却没有明确规定，这不利于督促监护人自觉履行监护职责。这一任务历史性地留给了《民法分则》“婚姻家庭编”来完成。建议立法机关在制定《民法分则》“婚姻家庭编”，细化监护制度相关规定时，能够考虑这一问题，并明确以下主要内容。

1. 获得报酬权。关于监护人可否因监护行为而取得报酬，考察各国立法，大致有三种类型：第一，无偿原则。即法律明文规定监护为无偿的社会义务，如我国和苏联；第二，有偿原则。即认为监护是一项有代价的职责，履行了职责，就应该获得报酬。在美国，对于法院公职人员的监护人，许多州都规定了监护人的费用及开支的条款。《瑞士民法典》第 416 条规定：“监护人有从被监护人财产中接受报酬的权利，报酬金额由监护官厅根据其为管理财产付出的劳务，以及该财产的收益，并以每计算年度而定。”第三，补偿原则。即法律规定监护是无偿的，但考虑到监护人付出监护劳动的艰辛及被监护人的财产状况，由监护权力机关决定给予监护人适当的报酬。如：《法国民法典》第 454 条许可监护人在财产可能并在亲属会议决定的情况下，可以获得适当的补贴；《德国民法典》第 1836 条规定监护法院得在考虑受监护人的财产及监护事务上合理时批准给予监护人适当的报酬，但不许可向少年局或社团给予报酬；《意大利民法典》第 379 条规定“监护职责的履行是无偿的”，但监护法官可以根据被监护人的财产状况和管理财产的难度为监护人设定一笔合理的津贴；《日本民法典》第 862 条规定：“家庭法院可以视监护人及被监护人的资力等状况，从被监护人的财产中，付给监护人以相当的报酬。”

综合各国情况来看，实行绝对无偿的国家只是少数，绝大多数国家都规定给予监护人一定的津贴或者适当的报酬。而我国采用无偿原则，则不利于调动监护人的积极性。但如果实行绝对有偿原则，又不符合监护法保护被监护人利益的原则，因此，本书建议我国应采用绝大多数国家认可的补偿原则，实行“区别情况，适当补偿”原则，在《民法分则》“婚姻家庭编”中规定：非被监护人的法定监护人或者公职人员担任监护人的，有获得报酬的权利。这样就从立法上赋予监护人获得报酬请求权。即非公职监护人在被监护人有足够的财产时，可根据其履行职责情况而获得适当报酬，并从被监护人的财产中支付。但对于公职监护人履行监护职责，因其属于法定职责，不给予报酬；对被监护人本身负有抚养义务的监护人（如被监护人的配偶、父母等），不赋予其报酬请求权。

2. 拒任权和辞任权。对于成年监护而言，当监护人由于智力、体力的相对欠缺或其他客观原因等正当理由而无法履行或适当履行监护人职责时，可以行使拒任权或辞职权。至于辞任或拒任的具体情形，在本章第二节中已经有过阐述，在此不再重复。

3. 费用请求权。非法定监护人在履行监护义务过程中，如果发生与监护有关的费用时，有权向被监护人或其抚养义务人请求支付该费用。如果被监护人有个人财产时，可从其财产中支付；被监护人没有财产或财产不足以支付监护费用但有抚养义务人的，则由抚养义务人负担；被监护人既没有财产（或财产不足）又没有抚养义务人时，监护人的监护费用应当由民政部门、社会福利（保险）机构或者慈善机构负担。如果监护人自愿负担监护费用的，法律自应当允许。

此外，为保障监护人监护权的有效行使，建议应当在《民法分则》“婚姻家庭编”中建立相应的干预和处理机制。在监护人的权利受到干涉或不法侵害时，监护人有权向监护监督机构投诉、请求处理或直接向人民法院请求司法保护。

二、成年监护人责任制度的构建

成年监护的内容包括监护事务和监护责任。监护人所处理的生活监护事务是法律行为及当然与之相伴随的事实行为。[1] 监护责任制度是成年监护制度的核心内容之一，是实现被监护人利益的法律保障。该制度的设置有利于督促监

1　余延满：《亲属法原论》，法律出版社 2007 年版，第 505 页。

护人履行职责和保障监护制度的落实。为了保护被监护人的利益，建议立法上在明确和强调监护人权利的同时，也应当明确和强调与之相关的监护人的责任问题。

（一）监护人责任的概念辨析

对监护人责任的界定，人们有不同的看法。一种观点认为，监护人的责任是指监护人的故意或过失导致被监护人人身或财产受到损害时，监护人应承担相应的民事责任。[1]另一种观点认为，监护人责任，也称监护责任，是指监护人违反监护职责，因其故意或过失而致被监护人以损害时监护人应承担的民事责任，以及被监护人致人损害时监护人依法应承担的民事责任。[2]很显然，第一种观点不够全面，无法涵盖所有的监护人责任。本书赞成第二种观点，认为监护人责任也称为监护责任，是指监护人因其故意或过失而致被监护人以损害，或者被监护人致人损害时，监护人依法应承担的民事责任。

需要指出的是，监护人的责任与监护职责是有区别的。监护职责，又称监护事务，是指监护人对被监护人人身上和财产上的权利和义务。[3]实际上，我国法律和司法解释对此已作了明确的区分。关于监护职责，我国《民法总则》第34条第1款作了明确规定，监护人的职责是代理被监护人实施民事法律行为，保护被监护人的人身权利、财产权利以及其他合法权益等。1988年最高人民法院《民法通则若干意见》第10条规定："监护人的监护职责包括：保护被监护人的身体健康，照顾被监护人的生活，管理和保护被监护人的财产，代理被监护人进行民事活动，对被监护人进行管理和教育，在被监护人合法权益受到侵害或者与人发生争议时，代理其进行诉讼。"而对于监护人的责任，我国《民

1 王丽萍：《婚姻家庭继承法学》，北京大学出版社2004年版，第284页。
2 余延满：《亲属法原论》，法律出版社2007年版，第506页。
3 余延满：《亲属法原论》，法律出版社2007年版，第504页。

法总则》第 34 条第 3 款规定：监护人不履行监护职责或者侵害被监护人合法权益的，应当承担法律责任。《侵权责任法》第 9 条第 2 款规定："……该无民事行为能力人、限制民事行为能力人的监护人未尽到监护责任的，应当承担相应的责任。"第 32 条规定："有财产的无民事行为能力人、限制民事行为能力人造成他人损害的，从本人财产中支付赔偿费用。不足部分，由监护人赔偿。"因此，我们不能将监护人的责任与监护职责混为一谈。

（二）完善我国监护人责任制度的立法建议

建议借鉴外国立法经验和立法理念，结合我国国情和实际需要，采用概括性与列举性相结合的模式，在《民法分则》"婚姻家庭编"或者"侵权责任编"中对监护人的监护责任作出进一步的规定。

根据上述分析，从侵害行为内容来划分，我们可以把监护人责任分为监护人对被监护人的侵权责任和被监护人致人损害时的监护人责任两种。

1. 监护人对被监护人的侵权责任。第一，监护人对被监护人的侵权行为，在性质上属于一般侵权行为，适用过错责任原则和公平责任原则；责任构成适用一般民事责任的构成要件，责任形式主要包括停止侵害、排除妨碍、消除危险、返还财产、恢复原状、赔偿损失等。具体适用情形包括：（1）监护人因故意或过失给被监护人造成人身、财产损失的；（2）监护人为自己处分了被监护人的财产并造成被监护人财产损害的。第二，监护人给被监护人造成人身、财产损害，构成犯罪的，被监护人及其代理人有权对监护人提起刑事诉讼，要求司法机关依法追究其刑事责任。第三，在监护期间，对监护人提起损害赔偿诉讼时，由监护监督人担任被监护人的代理人。第四，监护人不履行监护职责或侵害被监护人合法权益的，人民法院可以根据被监护人的亲属或监护监督人的申请，撤销监护人的资格，采取必要的临时监护措施，并选任其他人担任监护人或特别代理人。

2. 成年被监护人致人损害时的监护人责任。第一，限制行为能力的成年被监护人在其有识别能力状态下致人损害时，应对自己的致人损害行为负责，按照过错责任原则承担过错责任。第二，对于无行为能力的成年被监护人和在无识别能力状态下的限制行为能力的成年被监护人致人损害的，由于其欠缺意思能力，无法对自己的行为负责，其侵权行为不成立，无须承担赔偿责任。为了补偿受害人受损之利益，督促监护人更好地履行监护职责，体现监护制度的功能，法律上应当追究监护人的赔偿责任。这种责任从性质上说，既是替代责任也是补充责任，[1] 是监护人对其未认真履行监护职责（即监护失职）所造成的后果而承担的一种赔偿责任。因为监护人是对成年被监护人的侵权行为承担责任，并不是对监护人自己的侵权行为承担责任；同时，在承担责任时，应由成年被监护人承担第一位序的赔偿责任。只有在其财产不足赔偿时，才由监护人承担不足部分的补充赔偿责任。换句话说，监护人承担的是补充性的替代责任或者替代性的补充责任。当然，如果“监护人尽了监护责任的，可以适当减轻他的民事责任”。在归责原则适用上，建议借鉴法国、德国、日本等多数大陆法系国家的做法，即监护人应承担过错推定责任。同时，基于成年被监护人赔偿能力有限的实际情况，辅之以公平责任原则。在适用时，应当首先适用成年被监护人的过错责任和监护人的过错推定，而后再适用监护人的公平责任。监护人承担公平责任后，不得向被监护人主张求偿。责任形式主要包括停止侵害、排除妨碍、消除危险、返还财产、恢复原状、赔偿损失等。具体适用情形包括：(1)成年被监护人致人损害的；如果监护人能够举证证明被害人所受到的伤害是因不可抗力、被监护人以外的第三人的过错或受害人自己的过错造成的，可以不

1 兰仁迅：《监护人责任制度的重新反思兼评我国〈民法草案〉第28条》，载《华侨大学学报（哲学社会科学版）》2004年第4期，第52页。

负责任；否则推定监护人存在过错，须承担法律责任。[1]（2）被监护人由于过错而给他人造成人身、财产损害，且被监护人自己有财产的，监护人可以免责。

总之，我们研究成年监护之监护人职责的内涵、具体内容并提出完善建议，目的是为了借我国《民法典》编纂的历史契机，厘清成年监护制度中的主要内容，并为进一步完善我国监护法律制度乃至我国《民法典》的编纂提供理论支撑。

1 张华贵：《未成年人监护制度研究》，陈苇主编《家事法研究》（2005年卷），群众出版社2006年版，第71页。

第三章 半流动农民工婚姻家庭法律问题研究

家庭在人们心目中历来具有非常重要的地位。实行改革开放以来，我国经济社会的发展给人们的家庭生活带来巨大的变化。在城市文明的涤荡之下，许多农民工尤其是新生代农民工的婚姻关系也在悄悄发生变化，农民工家庭的婚姻正面临着许多前所未有的新问题和挑战，需要引起政府和全社会的广泛关注。

第一节 半流动农民工家庭流动模式与婚姻家庭特点

一、半流动农民工家庭产生的背景与原因

改革开放以来，我国出现了农村劳动力大规模向沿海城市流动的民工潮。据国家统计局的抽样调查，2012 年我国外出农民工已达 16336 万人，比 2011 年增加 473 万人，增长 3%。[1] 在进城的农民工中，男性大约占总数的 2/3。国家统计局发布的《2017 年农民工监测调查报告》显示：2017 年农民工总量达到 28652 万人，比上年增加 481 万人，增长 1.7%；外出农民工 17185 万人，

1 朱剑红：《2012 年全国农民工监测调查报告发布，我国农民工总数超 2.6 亿》，http://politics.people.com.cn/n/2013/0528/c1001-21635235.html，访问日期：2014 年 1 月 26 日。

比上年增加 251 万人，增长 1.5%，增速较上年提高 1.2 个百分点；在外出农民工中，进城农民工 13710 万人，比上年增加 125 万人，增长 0.9%；外出农民工中，有配偶的占 64.5%，比上年下降 0.3 个百分点，其中女性占 31.3%，比上年下降 0.4 个百分点；外出农民工平均年龄为 34.3 岁，其中 40 岁及以下所占比重为 72.3%，50 岁以上所占比重为 9.2%，比上年提高 1.1 个百分点。另外，从农民工的整体来看（包括本地农民工和外出农民工），1980 年及以后出生的新生代农民工逐渐成为农民工主体，占全国农民工总量的 50.5%，比上年提高 0.8 个百分点。[1] 因此，在半流动农民工家庭中，实际上形成了男出女守、男工女耕、一工一农、工农结合的一种新的家庭模式和家庭分工。与之相联系，随之产生了农村留守妇女这一特殊群体。

为什么我国会产生半流动家庭这样一种农村家庭模式呢？笔者认为，这一方面是由于我国正处于经济社会转型发展的关键时期，许多大中城市尤其是东部沿海开放城市对劳动力的需求量不断增大，推动了劳务经济持续性、规模化的迅猛发展，加上我国 2012 年以来一些城市在用工、户籍、教育、医疗、社会福利和社会保障等方面一系列制度的改革，使人口流动更加便捷；另一方面，由于我国农村经济相对落后，一些农民家庭还处于贫困或半贫困状态等原因，使得谋生仍是农民家庭最主要的生活目标，感情的追求和生活的享受处于次要地位，夫妻日常交流内容更具事务性、现实性。[2] 于是，一些农民为了提高经济收入，改善生活条件而寻找外出赚钱机会，使劳务输出的规模日益扩大。尽管目前城市壁垒已逐渐被打破，但由于城市房价居高不下，居家生活成本比较

1　国家统计局：《2017 年农民工监测调查报告》，http://www.stats.gov.cn/tjsj/zxfb/201804/t20180427_1596389.html，访问日期：2018 年 11 月 14 日。

2　孙慧芳、时立荣：《农村流动家庭的夫妻关系研究》，载《北京科技大学学报》（社会科学版），2007 年第 4 期，第 28 页。

高，使多数农民家庭难以承受，加上一些城市还没有将农民工纳入廉租房、公租房的保障范围，农民工举家迁移的条件暂不具备。同时，受妇女的生理特点、文化层次、技能、体力、经验以及现阶段城市建设对劳动力的需求类型的制约，再加上我国自古以来根深蒂固的“男主外女主内”社会性别观念和女子“相夫教子”传统家庭分工的影响，夫妻协商的结果最终往往是妻子一方留下来坚守家园。于是，农村大量的富余青壮年劳动力（包括已婚男性）流向城市寻求赚钱机会，并常年在外，而已婚女性只能留守家里承担着家庭生计、照顾老幼和农业生产的重任，夫妻处于长期分居两地的状态，而且这种状态将成为我国的一种家庭独特模式而长期存在。据此，本书认为，经济因素是农民工外出的最直接的驱动力，深层动力则是为了家庭的整体利益，流动家庭的形成是农民工家庭为家庭利益所作出的策略性选择。因为现阶段务工收入已成为农民工家庭的主要经济来源，外出务工的主要目的是为了增加经济收入以改善家庭经济，进而为家庭的生存和发展奠定更好的基础。应当说，这既是农民工家庭的一种无奈选择，也是农民工家庭的一种生活目标与价值的理性选择。[1]但这种流动特性加大了农民工家庭不稳定因素，近年来已出现农民工离婚率居高不下的趋势，使得半流动家庭的婚姻关系受到前所未有的挑战。

二、我国目前半流动农民工家庭的流动模式

20 世纪 70 年代末期，我国实行改革开放政策以来，经济飞速发展，产业结构也发生了巨大的变化。到了 80 年代中后期，经济的发展和制度的变迁为农民工外出流动提供了历史性的机会与可能。特别是 90 年代以来，我国内地开始出现了大规模的农民外出（进城）务工经商的“民工潮”。进入 21 世纪后，

1　段塔丽：《性别视角下农村留守妇女的家庭抉择及其对女性生存与发展的影响——基于陕南 S 村的调查》，载《人文杂志》2010 年第 1 期，第 172 页。

农民工队伍的数量非常庞大。国家人口计生委发布的《中国流动人口发展报告2012》指出，2011 年我国流动人口总量已接近 2.3 亿，其中农村户籍的流动人口约占 80%。流动人口的平均年龄约为 28 岁，“80 后”新生代农民工的比例已达到 44.84%。[1] 而新近数据显示，新生代农民工占比首次过半，1980 年及以后出生的新生代农民工逐渐成为农民工主体，占全国农民工总量的 50.5%，比上年提高 0.8 个百分点；老一代农民工占全国农民工总量的 49.5%。[2] 在这些流动人口中，有不少人已经结婚成家。

从农民工家庭的流动类型来看，可以分为夫妻双方外出务工型和夫妻一方外出务工型两类。夫妻双方外出务工型家庭也称为流动家庭，它是指农村已婚夫妻共同或先后外出到城镇务工，并共同生活在一起的家庭形式。而夫妻一方外出务工型家庭通常也称为半流动家庭，它是指农民家庭中夫妻一方长期外出到城镇务工经商，另一方留守在家，处于夫妻聚少离多状态的家庭形式。从实际情况看，由于种种原因和条件的限制，农民工外出务工时，往往以夫妻一方在外为主。待时机或条件成熟时，夫妻另一方才来到务工一方所在地实现夫妻团聚与共同务工或经商。但也有一些半流动农民工家庭无法实现夫妻团聚，并一起务工或经商，造成夫妻长期两地分居，各自生活。这是我国农民工家庭中最常见、最主要也是最容易出现问题的一种类型。为了说明和研究问题的方便，本书只研究夫妻一方外出务工型即农民工半流动家庭的婚姻问题。

1　李晓宏：《我国流动人口总量近 2.3 亿》，http://www.chinadaily.com.cn/hqgj/jryw/2012-08-09/content_6670970.html，访问日期：2013 年 7 月 7 日。

2　国家统计局：《2017 年农民工监测调查报告》，http://www.stats.gov.cn/tjsj/zxfb/201804/t20180427_1596389.html，访问日期：2018 年 11 月 15 日。

三、我国半流动农民工婚姻家庭问题现状与特点

我们通过调研发现，在半流动家庭中，夫妻一方有的是婚前就外出务工的，也有的是在婚后才外出务工，且外出一方多为丈夫；特别是在生育了孩子的情况下，留守在家的多半是妻子。就总体而言，由于夫妻长期两地分居，造成家庭功能无法完全实现，夫妻日常交流受到限制，使此类家庭的夫妻双方处于生活不稳定状态，影响婚姻和家庭生活质量，其婚姻发生裂变的概率较高。可以说农民工半流动家庭的婚姻正遭遇前所未有的挑战。这是多数农民工家庭的现状，并体现出一些新的特点，主要有：

1. 闪婚多。由于农民工在城市中一般很难找到合适的对象结婚，不少人转回农村老家或者迫于父母等长辈的压力而重新回到家乡找对象。在传统婚姻观念与尽快回到务工城市赚钱以维持养家需要的双重压力之下，“闪婚”（也称“速配婚姻”）就成为农民工的唯一选择。男女双方从互相认识到登记结婚的时间都非常短，特别是春节、国庆节前后，往往成为青年农民工登记结婚的高峰期。

2. 离婚快。大量农村青年进城务工，并在城市中生活，城里人特别是年轻一代人的婚姻家庭与生活观念、生活方式对这些农民工或多或少有着一定的影响。特别是有的青年农民工，对结婚与离婚持草率态度，结婚时由“父母包办”，夫妻婚前缺乏接触与了解，到城里务工后，夫妻沟通交流少，家庭观念和责任意识渐渐淡化，遇到诱惑后很快就移情别恋，家外有家，与他人过起了临时“夫妻”生活，便很快与家里的配偶提出离婚。

3. 离婚率高。目前在一些地区，农民工日渐成为离婚的主要群体。其中外出务工的农民工家庭约占农村离婚率的 80%，且有逐年上升的趋势。新生代农

民工登记离婚数量占受理的离婚登记总数的 68% 以上。[1] 有媒体报道，2015–2016 年间，青年农民工离婚率达 20%。[2] 就离婚方式而言，当事人选择协议离婚的逐年增多，选择诉讼离婚的逐步下降。

4. 婚姻和家庭生活质量下降。由于丈夫外出务工，一方面使农村留守妇女数量不断增加，并造成留守妇女照顾留守儿童和老人，操持家务、家庭劳动和管理的负担与强度加大，生活比较艰难；另一方面，由于夫妻长期分居两地，造成夫妻日常沟通减少，日常照应少，经济开销大，正常情感和生理需求得不到满足，整个家庭及其夫妻婚姻生活的满意程度在不断下降，夫妻感情很容易出现裂痕甚至完全破裂。

5. 婚前同居多。对于农民工群体来说，远离家乡的熟人社会，传统道德与社会舆论的约束减弱，在城市陌生的环境下，即使选择非婚同居也不会被家乡的亲朋好友知道，更不会有社会舆论的谴责。同时，城市发展变迁过程中带来的异质性、隐匿性和宽容性特征，为非婚同居现象提供了生存土壤环境。因此，除了情感互动、生理需求外，考虑到合租房屋可以减少经济支出等因素，不少青年农民工情侣选择了婚前同居。

6. 诉讼离婚难。目前，半流动家庭夫妻诉讼离婚案件经常出现“四难四多”现象，即一为送达难。外出务工经商一方常年在外，直接送达成本过高，邮寄送达却经常因被告不愿提供地址或地址不详甚至是下落不明而无法实现，最后实际采用公告送达的多。二为举（取）证难。由于夫妻分居两地，双方对对方（特别是留守一方对外出务工一方）的财产状况和生活情况不甚了解甚至一无所知，

1　王晋临：《新生代农民工婚姻状况探析》，http://www.jconline.cn/Contents/Channel_4434/2010/0712/376322/content_376322.htm，访问日期：2013 年 7 月 7 日。

2　佚名：《农民工 10 个里有 2 人离婚！除了异地还有这些原因》，http://www.sohu.com/a/129180169_627563，访问日期：2018 年 11 月 13 日。

在夫妻共同财产或者离婚过错的举证方面往往非常困难，法院依职权取证也比较难。即使当事人能够提供一些证据（如证明对方有婚外情等），但能够被法院认定并予以采纳的也不多，反而是不予认定的多。三为调解难。由于在外一方一般无法到庭，导致此类案件被驳回起诉或者缺席判决的多。即便是缺席判决，往往因为夫妻共同财产、债务等方面的问题难以一一查清，人民法院一般只判决离婚,对财产问题暂不予处理。四为执行难。由于一方当事人不在本地，且流动性大，不论是住所地法院还是务工所在地法院审理，常常在财产分割和子女抚养等问题的执行上遇到困难，导致所产生的“后遗症”多。正是由于以上这些情况的出现,导致一些地方人民法院对此类案件受理数量呈现下降趋势，并由于半流动家庭流入地和流出地人民法院对案件地域管辖规定理解不一而互相推诿，造成半流动家庭夫妻离婚难的问题。

第二节　半流动农民工婚姻家庭不稳定的原因及其危害

与我国实行改革开放之前相比，半流动农民工家庭的婚姻关系之所以处于不稳定状态或者容易出现危机，其背后的原因是深刻复杂而多方面的，其危害性也是不言而喻的。

一、半流动农民工婚姻家庭不稳定的原因分析

1. 思想观念发生变化导致婚姻多变数。目前在我国社会急剧转型过程中，转型婚恋文化和多元化的价值观对婚姻家庭的冲击无处不在。随着契约化身份协议的适用日益普遍，社会环境与舆论氛围对两性关系日渐宽容，所在单位在这方面的管理职能不断弱化，婚姻家庭的社会干预机制有所减弱，自古以来的传统婚姻家庭观念对人们特别是年轻一代的制约作用越来越小。受整个社会大环境和居住所在地城市居民婚姻家庭观念变革和生活方式、价值追求与价值观变化的影响，农民工特别是新生代农民工的思想观念和价值观念也正在悄悄地发生着变化，婚姻家庭方面的冲突与问题日益凸显，特别是农民工的婚姻关系显得更为脆弱。

2. 婚前感情基础薄弱导致婚姻高风险。如前所述，由于农民工在城市里很难实现自己的婚姻“梦想”，很多人还是在老家找对象，由于时空的限制，“媒妁之言，父母之命”再度流行、“闪电式结婚”渐成农村新乡俗。双方在婚前很难有深入的了解，结婚后很快又天各一方，这种“快餐式”婚姻导致双方婚前感情基础薄弱，面对城市的种种诱惑，一旦有个“风吹草动”，婚姻共同体很容易走向解体。

3. 经济和生存压力增大导致婚姻受冲击。目前，仍有一些农民的生活处于贫困半贫困状态，从一定意义上说，农民工的婚姻更是必须以一定的经济基础为条件的。如果男方不能赚钱来“养家糊口”，则女方就很可能因无法忍受贫困而导致婚姻破裂。因此，农民工家庭的经济和生存压力都比较大，外出务工的主要目的是为了增加经济收入以改变生活（生存）现状与改善质量，而流动家庭或者半流动家庭的形成是农民工家庭的策略性选择。

4. 家庭生活无法日常化导致婚姻难维系。夫妻长期分居两地，导致家庭生活无法正常化和常态化，这是农民工特别是青年农民工家庭之所以不稳定的一个很重要原因。由于长期的家庭生活无法正常化，夫妻联系沟通少，相互照料少，造成部分农民工心理扭曲，感情淡化，影响婚姻的稳定与持续。

5. 户籍制度的阻碍导致婚姻难圆满。国家实行改革开放以来，一些农民工在城市里生活，已经适应了城市的生活，特别是新生代农民工渴望成为城里人，但由于其身份是农民，受到国家户籍制度的限制，他们不能获得城镇户口，更不能在住房、子女教育、社保和医疗等方面享受与城市居民一样的社会福利和社会保障；由于购买能力不足，他们中的绝大多数往往也没有能力在城市里购买住房或者租赁条件比较好的房屋，难以实现一家人（居家生活）团聚生活之梦想，甚至还受到各种歧视，从而成为城市的边缘人。特别是由于没有城市户口、学费比较昂贵等原因，其子女往往也无法在城市就学，被迫回农村读书，在客观上也造成孩子作为维系父母和家庭重要纽带这一特殊作用无法充分发挥，同时也弱化了父母对孩子的法定责任与义务，降低了婚姻的黏合度，也影响农民工积极投身城市建设发展的积极性和创造性。

6. 责任意识淡化导致婚姻成形式。有部分农民工由于长期在城市务工，对城市与农村的反差无法正确面对与接受，对农村生活环境和条件渐生不满，同时由于无法经常回家，家里的担子全部压在留守一方身上（多数为女方），留守一方在老家操持家务与农活，照顾孩子与老人，负担十分繁重，时间一长，容易出现在外一方心思在外，对家庭不管不问，甚至移情别恋，音讯全无；在家一方压力巨大，不堪生活与精神重负，心生怨气，很容易产生感情冲突与不满。

二、半流动农民工婚姻家庭不稳定的危害性

1. 影响农村的社会稳定。由于在我国广大农村地区，传统的婚姻家庭思想观念尚未消失，有些农村仍然把婚姻视为两个家庭甚至是两个家族之间的联姻，婚姻具有很强的地缘性与亲缘性。特别是在诉讼离婚情况下，被告一方往往认为自己被抛弃，其自身及其家庭乃至其背后的家族会认为这是一件有辱家族名誉的事情，由此引起双方家庭乃至家族的矛盾与冲突。在当事人双方对于财产分割、子女抚养、债务清偿或经济补偿等具体问题不能达成协议而由人民法院判决处理时，很有可能因一方认为处理不公而导致矛盾激化，做出极端行为，严重影响农村的社会稳定。

2. 影响子女健康成长。农民工婚姻的快速解体，给家庭成员带来痛苦与不幸，破坏了子女已经适应了的家庭环境，也产生了子女抚养教育责任弱化、单亲家庭关爱缺失等一系列后遗症，使子女的自信心、自尊心受到打击，生活规律和保障以及学业等受到严重影响，生活质量下降，使其心理上产生了挥之不去的阴影，并因心灵失衡而产生自卑与怨恨，使子女的健康成长受阻，有的甚至走上违法犯罪的道路。

3. 使妇女合法权益的保护受到冲击。当农村妇女一旦离婚，就会面临很多具体问题。一是财产分割权与生活保障问题。在我国农村，家庭财产一般掌握在男方或者男方家庭手中，在离婚时如果男方隐匿、转移财产的，女方往往无法提供证据来确认夫妻和家庭共同财产的实际状况。即便是诉讼离婚的情况下，在女方难以实际控制财产也无法申请财产保全时，往往就无法得到其应当得到

的那一部分财产。这样一来，在其离婚迁出男方家后，生活往往无法得到保障。二是土地承包经营权问题。中国自古以来就有出嫁女子从夫居的习俗，已婚妇女婚后一般将户籍迁入男方家，并从男方家所在地确定土地承包经营权。当其离婚后将户口迁出男方家时，就可能导致男方家承包的土地减少。因此，迁户口经常受阻。另一方面，由于农村土地资源的有限性，当嫁入外乡的农村妇女离婚时，即使其将户口重新迁回娘家，也很难再分到承包土地，其土地承包经营权得不到有效的保护，从而丧失了土地这一最基本的生存资料。三是对子女的探望权得不到保障。在一些离婚案件中，农村妇女往往因没有固定收入或者经济收入较低而把子女抚养权让与男方。当其探望孩子时，往往遭到男方及其男方家庭的阻挠与干涉。

4. 对社会道德造成一定的负面影响。少数农民工在流入地因各种原因组建了“临时家庭”“临时夫妻”或者“网络夫妻”，产生了婚外情，由此产生矛盾激化。有的甚至参与赌博、嫖娼等违法行为，破坏了社会道德和婚姻家庭秩序，严重败坏社会风气，引发了新的社会不稳定因素。

第三节　半流动农民工婚姻家庭问题的解决对策

要稳妥地解决好半流动农民工家庭的婚姻问题，增强半流动农民工家庭婚姻的稳定性，保障当事人的婚姻家庭权利，从而维护社会主义婚姻家庭秩序，需要国家有关部门、地方各级政府和社会组织多管齐下，形成合力，做好以下几个方面的工作：

一、完善公共政策支持，为维护家庭和谐稳定提供政策保障

（一）逐步实现城乡一体化

城乡二元结构在我国由来已久，而城乡一体化的要害就在于打破城乡二元结构。实现城乡社会保障同步、社会成员享有均等化是城乡一体化题中应有之义。其中，最引人关注的莫过于户籍制度改革问题。早在2011年，国务院办公厅就下发了《关于积极稳妥推进户籍管理制度改革的通知》，此后，国家发改委、人力资源和社会保障部等相关部门也先后出台了相关配套政策，有18个省（自治区、直辖市）出台了实施意见，有14个省（自治区、直辖市）探索建立了城乡统一的户籍登记制度，[1]初步为农业人口落户城镇开辟了通道。同时，2013年1月29日，我国住房和城乡建设部公布了我国国家智慧城市的90个首批试点城市名单。8月5日又增加了103个城市（区、县、镇）作为试点城市。当时推出“智慧城市”战略，实际上就是要解决城镇化的问题。城镇化

1　彭波、毛磊：《徐绍史向人大常委会三次会议报告：2012年达52.7%——我城镇化率与世界水平相当》，载《人民日报》2013年6月27日，第09版。

的核心理念是人的城镇化。当大量的农民工进入城市后，他维持生活所消耗的水、电等资源，为生存与发展所需要的住房、教育、医疗、子女就学和养老等一系列社会保障和可能带来的社会管理（包括交通、治安、计划生育、生态环保等）问题，都是需要所在城市政府解决的实际问题。其中最迫切最核心的问题是，农民工进城后，如何解决农民工和城市人口的就业问题。而建设“智慧城市”，被专家们认为是提高我国城镇化率，解决城市病的可行之路。[1]早在2012年9月，福建省晋江市在福建省率先出台人口落户新政策，放宽流动人口落户条件，允许户籍与房产脱钩，明确规定无房也可以在晋江落户。[2]2013年，福建省石狮市率先在全国和福建省稳步推进全域城市化发展改革试点。通过改革，将打破城乡二元管理模式，使村民变市民，外地人变石狮人。内容包括：全面推动人口管理、公共服务和社会保障等八个方面的一元化管理改革。其中，在户籍管理方面，逐步实行统一的居住证制度，所有常住人口均用居住证来进行管理。持有居住证者可以享受子女免费义务教育、就业扶持、按照规定购买经济适用房、社会救助等24项优惠待遇，并逐步实现本地居民与外来居民、城镇与乡村居民在公共服务与社会保障方面的均等化和全覆盖。[3]现在这些改革措施已经全面铺开。以上这些举措，逐步改变了城乡分治的二元结构，对于实现城乡社会保障同步、社会成员权利均等化无疑具有开创与示范作用。各级政府要引导农民工在实现自我价值的同时，积极为社会作出更大贡献。特别是要建立和完善面向农民工的社会保障体系。内容包括工伤保险、医疗保险、失业保险和养老保险在内的社会保障体系，从政策层面为农民工的婚姻家庭提

1 《旅伴》编辑部：《“智慧城市”就是要解决城镇化的问题》，载《旅伴》2013年第11期，第60页。

2 何金、何金海、陈文经：《落户之门，向无房外来人员敞开》，载《福建日报》2013年11月22日，第1版。

3 刘益清、林剑波、王丽雅：《城里人、农村人、外地人，待遇都要一样》，载《福建日报》2013年12月7日，第1—2版。

供保障，鼓励新生代农民工在务工地逐步实现城市化，最终实现农民工市民化。而推进人的城镇化重要的环节在户籍制度，加快户籍制度改革，是涉及亿万农业转移人口的一项重大举措。总的政策要求是全面放开建制镇和小城市落户限制，有序放开中等城市落户限制，合理确定大城市落户条件，严格控制特大城市人口规模，促进有能力在城镇稳定就业和生活的常住人口有序实现市民化，稳步推进城镇基本公共服务常住人口全覆盖。

值得高兴的是，为深入贯彻落实党的十八大、十八届三中全会和中央城镇化工作会议关于进一步推进户籍制度改革的要求，促进有能力在城镇稳定就业和生活的常住人口有序实现市民化，稳步推进城镇基本公共服务常住人口全覆盖，2014 年 7 月国务院印发《国务院关于进一步推进户籍制度改革的意见》。提出要全面放开建制镇和小城市落户限制，有序放开中等城市落户限制，合理确定大城市落户条件，严格控制特大城市人口规模，有效解决户口迁移中的重点问题，建立城乡统一的户口登记制度，建立居住证制度等一系列新的政策措施，各地也制定了实施办法来加以细化与落地落实，这些政策措施为进一步加快城镇化建设步伐，实现城乡一体化提供了有力的制度保障，并在实践中取得了良好的效果，收到广大农民工的欢迎。

（二）促进农村人口流动模式的转变

如前所述，农民工特别是新生代农民工举家流动的趋势越来越明显，许多农民工夫妻共同外出或者夫妻携子女到流入地居住生活的情况愈成为流动人口的主要特征之一，流动人口的家庭化程度大幅度提高。因此，我们在逐步实现城乡社会保障待遇均等化的同时，要努力促进农村人口流动模式的转变，实现农村人口以家庭为单位向城市流动（也称“家庭化”的流动模式）。农村人口家庭模式流动的内容包括农村流动人口举家在城市中居住、就业和就学等。这种流动形式优点很多。从个人与家庭角度来看，有利于农民工家庭生活的常态化，保障其实现居家生活的基本需求，实现夫妻之间的同步城市化和市民化，加深夫妻间的感情，促进婚姻稳定和家庭幸福。同时，也可以使他们的孩子能够与父母生活在一起，有利于对孩子的抚养教育，减少“留守儿童”所产生的一系列问题，使孩子们能够健康成长。从社会管理角度来看，有利于社会秩序的稳定，减少违法犯罪行为的发生。从经济发展角度来看，有利于调动农民工投身务工所在地经济建设的积极性和创造性，提高工作质量，创造更多财富。因此，政府要制定相关政策，创造条件，注重人性化管理，为农村人口流动模式的转变提供更广泛的空间。各个城市应敞开大门，加强人性化管理，多提供妇女与丈夫共同外出务工机会，给农民工以合理的生存空间，鼓励农民工特别是新生代农民工在务工地实现城市化和市民化。

（三）积极推进住房制度改革

农民工到城市后首先要解决的问题是居住。国家统计局统计数据表明，在2012年时，我国外出农民工在务工所在地自购房屋和独立租赁住房的比例分别为0.06%和13.5%，绝大部分农民工仍在雇主提供的宿舍中居住或与他人合租，但面积相对比较小。而对于部分原先想购买城市商品房的农民工来说，城市的高房价更让他们望而生畏。由于职业和收入的不稳定，一些有能力支付按揭首付款的农民工，每月的按揭还款成为他们头痛的事情。对此，各地人民政府想了很多办法来加以解决。例如，福建省石狮市自2012—2013年就给全市外来工配置了廉租房、公租房等各类保障房供4621套，同时，农民工还可以按照规定购买经济适用房。[1]这些政策的实施，为全国其他省份解决农民工住房问题提供了有益的参考。近年来各地不断加大住房补贴的力度和范围，加快公租房等各类保障房建设速度，为解决地区农民工住房问题提供了重要保障。

1　刘益清、林剑波、王丽雅：《城里人、农村人、外地人，待遇都要一样》，载《福建日报》2013年12月7日，第2版。

国家统计局发布的《2016 年农民工监测调查报告》显示，进城农民工的购房比例提高，居住困难的进城农民工占比下降，进城农民工居住条件总体有所改善。在进城农民工中，人均住房面积为 19.4 平方米，与上年基本保持一致。其中，租房居住的农民工占 62.4%，比上年下降 2.4 个百分点，其中租赁私房的农民工占 61%，比上年下降 1.9 个百分点。购房的农民工占 17.8%，比上年提高 0.5 个百分点，其中购买商品房的农民工占 16.5%，比上年提高 0.8 个百分点。单位或雇主提供住房的农民工占 13.4%，比上年下降 0.7 个百分点。以其他方式解决居住问题的农民工占 6.4%，比上年提高 2.6 个百分点。购买保障性住房和租赁公租房的农民工不足 3%。[1] 而国家统计局发布的《2017 年农民工监测调查报告》显示，进城农民工人均居住面积为 19.8 平方米，比上年提高 0.4 平方米。人均居住面积 5 平方米及以下居住困难的农民工户占 4.6%，比上年下降 1.4 个百分点。居住和生活设施进一步改善 60.1% 和 58.4% 的进城农民工户拥有电冰箱和洗衣机，分别比上年提高 2.9 和 3.0 个百分点；87.0% 的进城农民工户有自来水，比上年提高 0.5 个百分点；80.2% 的进城农民工户有洗澡设施，比上年提高 2.3 个百分点；71.4% 的进城农民工户有独用厕所，比上年提高 1.8 个百分点；89.6% 的进城农民工户能上网（计算机或手机），比上年提高 4.1 个百分点；21.3% 的进城农民工户拥有汽车（生活和经营用车），比上年提高 2.7 个百分点。[2] 推进住房制度改革的结果，能够为农民工家庭生活提供私人空间，保持其家庭的完整性，使其家庭生活正常化、常态化，在一定程度上缓解其家庭伦理危机，有力地促进了城镇化的全面推进、农民工生活水平提高和婚姻关

1　国家统计局：《2016 年农民工监测调查报告》，http://www.stats.gov.cn/tjsj/zxfb/201704/t20170428_1489334.html，访问日期：2018 年 11 月 15 日。

2　国家统计局：《2017 年农民工监测调查报告》，http://www.stats.gov.cn/tjsj/zxfb/201804/t20180427_1596389.html，访问日期：2018 年 11 月 15 日。

系的稳定。

二、加强道德与法制宣传教育，为维护家庭和谐稳定提供思想保障

随着我国经济的快速发展和社会经济结构的变迁，人们的婚姻价值观也正发生前所未有的变革。在“80后”“90后”群体中，一些人受拜金主义、自由主义、个人至上思潮影响，以利己的自我为中心的价值取向正在不断消解着以利他奉献为主旨的传统婚姻伦理精神，契约化的身份协议的适用越来越普遍，冲击着年轻一代的婚恋观。流动人口输出地和流入地的各级政府部门和工会、妇联、共青团等组织和社会团体应积极应对，利用各种网络平台与媒体，采用以例述德，以案释法等群众喜闻乐见的形式，广泛加强社会主义婚姻家庭道德教育和法制教育，普及法律知识，使之能够学法、知法、守法和用法，树立正确的权利观和自由观，倡导和谐幸福婚姻生活。要帮助农民工树立起对婚姻家庭应有的义务和责任意识，明确不履行义务和责任所应承担的道德与法律后果，认清其危害性，避免因草率结婚和草率离婚而引起的伤害，自觉抵制和纠正非婚（婚外）同居、婚外恋、重婚等行为，力求从根本上遏制少数农民工道德败坏、违法犯罪、破坏家庭、危害社会等不良行为，减少离婚案件发生的隐患。新闻媒体也应当注意多报道和宣传正确的婚姻家庭观念，多宣传报道和谐幸福婚姻生活方面的“正能量”。

三、加强对农民工的精神与人文关怀，为维护农民工家庭和谐稳定提供思想保障

各级政府部门和用工单位应当充分重视农民工特别是新生代农民工的生理和心理健康问题，千方百计创造条件丰富农民工健康向上的业余文化生活。

1. 在生活条件、娱乐设施、医疗卫生、体育场所等方面为农民工提供各种

服务。要重视和发挥城市街道、社区和乡镇等基层组织的作用，积极为农民工提供各种条件和场所（如农民工报刊阅览室、体育活动室、网吧、亲情电话室、微信公众号、微信群），组织开展形式多样、健康文明的文体、娱乐与相关培训、比赛活动，各级图书馆应向农民工开放，引导农民工进行健康的文化消费。企业之间、企业与社区之间也可以开展联谊活动，利用节假日、传统节日和晚上时间组织开展影视夜市、文艺演出、体育比赛、幸福家庭主题培训、卫生知识讲座等活动，调节与放松他们劳累与疲惫的身心，满足他们的精神文化需求，培育他们健全与理性的社会心态，提高他们的生活情趣、道德情操与社会情操。

2. 为农民工夫妻节假日或周末团聚创造必要条件。用工单位应当创造条件为农民工提供周末（假期）夫妻房或者夫妻公寓等，同时，由于我国劳动法律中还没有规定农民工的探亲权问题，有待于今后立法进一步完善。作为企业等用工单位而言，应当创造条件保障农民工享受探亲假，允许农民工每年能够带薪休假。

四、加强婚姻家庭立法和司法，为维护农民工家庭和谐稳定提供法律保障

（一）制定《农民工权益保障法》《户口登记法》

要从农民工的发展状况和落实城镇化战略布局，建设智慧城市的需要出发，结合实践中出现的问题，制定一部《农民工权益保障法》，明确农民工权益保障的内容、范围、责任主体、纠纷解决途径和法律责任等基本内容。同时，适时修订户籍登记法律法规。早在 2013 年 12 月 12 日至 13 日召开的中央城镇化工作会议上就为“新型城镇化”提出了发展方向与实践道路。其中，会议提出的全面放开建制镇和小城市落户限制，有序放开中等城市落户限制，合理确定

大城市落户条件，严格控制特大城市人口规模的思路，[1]这对于突破城乡居民身份界限和制度壁垒，放开落户限制，给农民工家庭在就业、教育、医疗、养老等方面以平等的待遇，有序推进农村转移人口市民化，无疑是提供了可靠的政策保障，下一步应当通过立法形式加以明确规定。

（二）加强婚姻家庭立法工作

要通过卓有成效的工作，统一离婚法律制度的法源，增强法律的可操作性，保障农民工婚姻家庭权益，有效减少农民工离婚持续走高的现象。重点做好以下两个方面的工作：

1. 在《婚姻法》中设立离婚冷静期制度。为了减少轻率离婚的发生以及切实保障未成年子女的权益，建议在制定《民法分则》“婚姻家庭编”时对申请离婚登记的主体范围进行必要的限制，并设置冷静期制度。[2]我国现行婚姻立法取消了原《婚姻登记管理条例》第16条中关于1个月的离婚登记审查期（实为协议离婚延缓期）的规定，实行当场办理离婚手续的做法。对此，有学者曾经指出现行离婚程序过于简化，不利于缓和当事人之间的矛盾，反而容易使当事人忽视婚姻双方的责任。[3]本书也赞成这一看法，并进一步认为，离婚虽然是公民个人的私事，法律应当尊重公民的私权和自由，但离婚问题不仅与婚姻当事人双方有关，还涉及子女的利益问题。这种离婚自由只能是在法律限度内的相对自由。法律在保护当事人的离婚自由权的同时，还应当维护家庭中弱势一方（包括子女）的合法权益，维护社会主义婚姻家庭秩序。[4]在国外，就有

---

1 佚名：《中央城镇化工作会议就新型城镇化形成多项共识》，http://news.sina.com.cn/c/2013-12-15/200728990841.shtml，访问日期：2013年12月15日。

2 2018年9月5日公布的《民法典各分编》（草案）“婚姻家庭编”第854条规定了冷静期制度，期限为1个月。

3 张伟：《转型期婚姻家庭法律问题研究》，法律出版社2010年版，第238页。

4 吴国平：《我国离婚登记程序的缺陷与立法完善》，载《上海政法学院学报》（法治论丛）

一些国家（如法国、比利时、瑞典、奥地利、美国、英国、巴西、阿根廷等）通过立法对当事人的离婚自由权给予一定的限制。例如《法国民法典》第 231 条第 2 款和第 3 款分别规定公民结婚未满 6 个月的不得申请离婚，如在 6 个月后夫妻共同要求离婚的，还须再经过 3 个月的考虑期才能申请。瑞典、奥地利、美国等许多国家则规定了 6 个月的考虑期。巴西、阿根廷还将别居作为申请离婚的前置条件。[1] 本书建议借鉴国外的立法经验，结合我国的实际，在制定《民法分则》"婚姻家庭编"时明确规定以下内容：第一，凡结婚未满一年或者生有未成年子女的夫妻，不得申请登记离婚。一方或者双方要求离婚者，须依照诉讼程序进行。这样就从立法上缩小了申请登记离婚的主体范围。第二，对于夫妻首次提出离婚的，须经过一定考虑等待期限后才可准予离婚。具体期限以 1 个月为宜。以上规定同样适用于流动农民工家庭或者半流动农民工家庭。未来条件成熟时，也可引进国外的别居制度，目的都是为了避免因当事人草率离婚所带来的不良后果。

2. 将司法解释逐步提升到法律层面。即将司法机关根据我国《民法总则》《民法通则》《婚姻法》《民事诉讼法》等相关法律的立法精神制定的婚姻家庭方面的司法解释进行归类整理，对其中经过实践检验证明比较成熟且行之有效的司法解释进行系统整理修订，吸纳到《民法分则》"婚姻家庭编"或者现行《婚姻法》和与婚姻家庭有关的法律中，为人民法院依法办案提供更充分的法律依据。

（三）完善我国家事诉讼法律制度

1. 采用人性化的地域管辖制度。为落实我国城镇化发展战略，适应我国流

2011 年第 5 期，第 32 页，中国人民大学书报资料中心《复印报刊资料·民商法学》2012 年第 5 期全文转载。

1　吴国平：《我国离婚登记程序的缺陷与立法完善》，载《上海政法学院学报》（法治论丛）2011 年第 5 期，第 32 页，中国人民大学书报资料中心《复印报刊资料·民商法学》2012 年第 5 期全文转载。

动人口不得增多，流动地域不断扩大（人口流动性不断增强）的发展趋势，建议国家立法机关和最高司法机关根据司法实践出现的案件受理难问题，有针对性地通过立法或者司法解释的途径，完善诉讼管辖制度，将硬性的地域管理改为更为灵活的选择性地域管理，[1] 建立更加人性化的地域管辖制度，使诉讼程序更加为民、便民和亲民，满足人民群众的诉讼需求。

2. 加大法官依职权调查取证的职能。在调查取证方面，除了进一步完善当事人举证措施外，还应当半流动农民工离婚案件的特殊性，加大法官依职权调查取证的职能。在当事人提供了夫妻共同财产的线索后，法官应当积极主动予以调查取证。同时，针对留守一方（主要是留守妇女）举证能力比较弱的实际，还可以实行举证责任倒置方式，强化有过错方的举证责任。例如：在一方提交书信、照片、录像等初步证据证明对方有“与他人同居”的事实时，如果双方不能证明自己不存在“与他人同居”等相关过错行为时，就应当推定其存在该过错。

3. 采取有效措施化解“四难”问题。在人民法院之间积极推行委托调查、委托取证、邮寄送达、委托送达、委托调解和委托执行等措施，从而缓解流动家庭夫妻离婚案件因当事人分居两地而产生的人户分离、人财分离造成的送达难、举（取）证难 、调解难和执行难等问题。[2]

（四）谨慎行使家事裁判权

1. 尽量做好诉前调解工作。首先，要合理配置审判资源，赋予婚姻纠纷承办法官更多自由裁量权，提高家事案件的审判质量和效率。其次，要充分发挥

1　王剑、许磊：《切实解决外出务工人员离婚案“三难”问题》，载《人民法院报》2014 年 1 月 12 日，第 7 版。

2　王剑、许磊：《切实解决外出务工人员离婚案“三难”问题》，载《人民法院报》2014 年 1 月 12 日，第 7 版。

各种调解组织的作用，加强对半流动家庭离婚案件的调解。人民法院应根据当事人的不同年龄段（如60后、70后、80后、90后等）和具体案情（如婚姻基础、离婚原因、分居时间长短、有无子女、离婚后所涉及的法律后果问题）等具体情况，考虑不同的处理方案，并注意吸收乡镇司法所、人民调解委员会、妇联组织、人民陪审员以及双方当事人亲属中具有较高威信的长辈或者朋友参与调解工作，尽可能使夫妻关系和好如初。

2. 认真做好调解工作。应准确把握案情，对于夫妻感情确已破裂的，也应尽量做好调解工作，争取能够达成离婚调解协议，使当事人能够“好聚好散”，使离婚时的财产分割、子女抚养和债务清偿等问题能够得到妥善处理。

3. 强化对弱势妇女的维权司法措施。在我国绝大部分农村地区，一般男主外，女主内，女性的经济收入都比男性低，但女性对家庭的付出与贡献是巨大的。而在农村离婚案件中，女方又往往处于弱势地位，离婚后容易造成“人财两空”。因此，第一，要注意加强对半流动家庭女方的保护。在离婚案件处理时应贯彻保护妇女权益原则和向妇女适度倾斜的原则，在处理财产分割（如房屋或者离婚后其居住房屋一定期限的居住权）、子女抚养等具体问题时应注意照顾女方，并给予适当的经济补偿（包括原居住房屋相应时间的房租、土地承包权分割时的收益补偿等），使其不至于因离婚而造成生活水平下降或者生活困难甚至陷入绝境。第二，对于因经济困难而无力聘请律师的农村留守妇女，人民法院除了依法给予诉讼费用减免之外，还应与当地法律援助中心联系，为其联系申请法律援助。在条件成熟时，应适当扩大法律援助的范围，直接将诉讼能力比较弱的留守妇女纳入法律援助的范围。第三，各级妇联要在对女性特别是弱势女性的维权工作中发挥重要作用，妇女维权组织和法律服务机构（如妇联权益部及其妇联法律服务中心、律师事务所和法律援助中心）要积极帮助她们出谋划策，排忧解难，提供必要的救助与庇护，使之成为广大农村女性的坚强后盾。

第四，要坚持“增人不增地，减人不减地”的农村土地政策，确保农村妇女离婚后未取得新的土地承包权以前，能够作为独立的民事主体享有其应有的土地承包权。

4. 注意加强对离异家庭子女权益的保护。特别是对未成年人子女的法律保护。一是对于具有一定识别能力（8 周岁以上）的未成年子女，在确定抚养归属等具体问题时，应注意征求其本人的意见。二是要对离婚后子女的抚养归属、抚养费的支付、未共同生活一方父母的探视权等具体问题作出细致妥善的处理。三是受案人民法院与农民工离异家庭、其子女就读学校建立定点挂钩制度，定期回访，了解当事人履行义务情况和子女生活学习情况，发现问题及时指导与处理。特别要与学校和有关部门加强联系与沟通，共同做好离异家庭子女教育与保护问题，对这些孩子应给予更多的关心关爱和关怀，避免和制止侵害未成年人子女权益的行为发生，并注意防止其子女因教育缺失而误入歧途。

5. 对触犯法律者应依法追究行为人的法律责任。运用道德规范约束婚姻，依据法律制裁重婚是制止婚姻关系中出现的不良行为的重要手段与有效途径。对于触犯法律，构成重婚罪的，人民法院应当依法追究犯罪嫌疑人的刑事责任。对于一方实施家庭暴力的，公安机关要及时出警，依法予以处理，并注意留取相关证据。对于因一方过错而导致婚姻关系破裂，给无过错方的造成精神损害的，人民法院应当依据《婚姻法》第 46 条的规定，支持无过错方的合理合法诉求，依法追究过错方的法律责任。要加大有过错方对无过错方的赔偿和补偿的力度。具体将在下一节中阐述。

（五）建立多元化调处化解婚姻纠纷的联动机制

一是要加强人民法院与当地党委政府及司法行政机关的协作力度，帮助农民工积极解决家庭生活中遇到的实际困难。二是加强家事纠纷诉前调解。农民工居住比较集中的社区应建立“家事调解室”和“家事调解员”队伍，及时化解农民工家庭矛盾；在纠纷进入司法程序后，积极配合人民法院做好当事人的思想工作。三是企业应积极介入家事矛盾化解工作。农民工所在企业也应当积极配合有关调解组织和人民法院作好当事人的外围教育工作，决不能把这只看作是农民工的个人私事。

第四节　离婚案件中半流动家庭留守妇女权益的法律保护

一、留守妇女产生的背景与原因

所谓留守妇女，是指丈夫在本县以外的地域务工或从事其他生产经营活动，外出时间超过6个月以上而留居在家中的农村已婚妇女。据2010年统计数据，全国农村留守妇女已达4700万人。[1]据保守估算，目前我国农村至少有超过5000万的留守妇女。[2]在我国一些省份（如陕西省），近几年留守妇女的数量呈上升趋势。为什么会产生夫妻一方外出打工，一方留守在家这样一种农村家庭模式呢？有的学者经研究认为，其形成背景取决于我国转型时期的社会现状，同时也是农民工家庭因经济压力而理性选择的结果。[3]本书也赞同这一看法。一方面，我国正处于经济社会转型发展的关键时期，许多大中城市尤其是东部沿海开放城市对劳动力的需求量不断增大，推动了劳务经济持续性、规模化的迅猛发展，加上2012年以来一些城市在用工、户籍、教育、医疗、社会福利和社会保障等方面的一系列制度改革，使人口流动更加便捷；另一方面，由于我国农村经济相对落后，一些农民家庭还处于贫困或半贫困状态等原因，许多

1　蔡敏：《统计称我国有4700万农村留守妇女精神负担重》，https://news.qq.com/a/20110307/002362.htm，访问日期：2011年3月7日。

2　黄粹：《农村留守妇女生存困境：身份认同与组织化发展》，http://www.ccrs.org.cn/list/details.aspx?tid=8331，访问日期：2018年9月25日。

3　杨立军：《半流动家庭中留守妇女的婚姻状况和家庭问题研究》，载《华章》2013年第30期，第1页。

农民为谋生或者提高经济收入而寻找外出赚钱机会，使劳务输出的规模日益扩大。应当指出的是，尽管目前城市壁垒已逐渐被打破，但由于城市房价居高不下，居家生活成本较高，使多数农民家庭难以承受，举家迁移的条件暂不具备。同时，受现阶段城市建设对劳动力的需求类型和素质的影响，再加上我国自古以来根深蒂固的“男主外女主内”社会性别观念和女子“相夫教子”的传统家庭观念（传统家庭分工）的影响，家庭协商的结果最终往往是妻子一方留下来坚守家园。于是，农村大量的富余青壮年劳动力（包括已婚男性）流向城市寻求赚钱机会，并常年在外，而已婚女性只能留守家里承担着家庭生计、照顾老幼和农业生产的重任，夫妻处于长期分居两地的状态，而且这种状态将成为我国的一种家庭独特模式而长期存在。据此，本书认为，流动家庭的形成是农民工家庭的策略性选择，打工收入是农民工家庭的主要经济来源，外出务工的主要目的是为了改善家庭经济，进而为家庭的生存和发展奠定更好的基础。从客观上说，夫妻一方外出一方留守在一定程度上也增强了农民家庭增加财富和抵御经济风险的能力。夫妻双方是站在整个家庭的立场上，以家庭为单位，为实现家庭利益最大化的共同目标来考虑问题的。应该说，这既是农民工家庭的一种无奈选择，也是农民工家庭的一种生活目标与价值的理性选择。[1] 但就婚姻关系而言，这种家庭模式就使得半流动家庭的婚姻关系本身受到前所未有的挑战。

二、留守妇女婚姻危机的主要表现与特点

伴随着半流动家庭的产生与发展，这种聚少离多的“牛郎织女”式的婚姻生活，使得大量的农村留守妇女陷入婚姻危机状态，其婚姻关系比过去显得脆弱。在一些地方，农民工离婚案件已占离婚案件的55%以上，且离婚率呈现

1　段塔丽：《性别视角下农村留守妇女的家庭抉择及其对女性生存与发展的影响——基于陕南S村的调查》，载《人文杂志》2010年第1期，第172页。

逐年上升的态势，尤其是青年农民工的离婚率比较高。据搜狐网报道，2015-2016年间，青年农民工离婚率达20%。[1]许多当事人的年龄都在30岁左右。同时，在双方能够达成协议的情况下，当事人更愿意通过协议离婚方式解除婚姻关系。

本书认为，导致其婚姻不稳定的原因是复杂多样的，但婚后因打工而导致夫妻长期分居两地，双方相互沟通少是造成半流动家庭婚姻危机的主要原因。换句话说，夫妻长期分居两地对婚姻的冲击和影响是巨大的。因为夫妻长期两地分居，无法进行家庭化的日常生活，导致婚姻家庭的许多功能都无法实现，夫妻间情感沟通与交流受到时空的限制，家庭经济开支也比较大，长此以往，容易导致夫妻之间感情淡化，身心健康受损或者精神空虚，婚姻家庭责任意识弱化，最终产生情感危机而导致婚姻危机直至婚姻破裂。这是我们不能不正视的现实问题。

（一）婚姻危机的主要表现

1. 交流减少，感情淡漠。由于长期分离生活，夫妻之间无法实现日常情感交流、心理沟通和生活照料，也不了解双方的工作、生活和身体健康状况，甚至相互间产生不信任。有的留守妇女不知道丈夫的打工情况和经济收入，有的夫妻甚至失去联系，导致夫妻感情逐渐淡漠。特别是近年来，在一些农村地区，"媒妁之言，父母之命"再度流行、"闪电式结婚"渐成农村新乡俗，一些青年农民工的婚姻是由"父母包办"确定的，结婚前认识时间短，结婚时匆匆忙忙，结婚后即各奔东西，婚姻基础比较差，婚后感情也比较脆弱，双方长期不在一起共同生活，平时只靠电话联系，其婚姻更容易亮"红灯"。

2. 精神空虚，责任淡化。对于留守妇女来说，因丈夫不在身边，要忍受独守空房之苦，安全感下降。反过来，许多外出打工的丈夫一方经常感觉工余时

---

1 佚名：《农民工10个里有2人离婚！除了异地还有这些原因》，http://www.sohu.com/a/129180169_627563，访问日期：2018年11月13日。

间无所事事，空虚寂寞。有的甚至只顾自己在外“潇洒”，对家里情况不闻不问，也按时不寄钱回家以履行养家义务，家庭意识和家庭责任淡化。

3. 面对诱惑，感情出轨。目前我国传统的婚姻家庭观念对于新生代农民工的制约力越来越弱，婚姻家庭问题的社会干预机制也有所减弱，而现代都市的生活方式、“婚外情”现象和婚恋价值观却对农民工特别是青年农民工有着重要影响。有的打工丈夫抵挡不住城市少数人不良思想和丑恶现象的诱惑侵袭而道德沦丧，见异思迁，在打工城市里寻找婚外情、婚外性，与其他异性过起了“临时夫妻”“家外有家”的生活，甚至进行嫖娼、赌博等违法行为。曾有专家学者做过调查，男性发生婚外情和婚外性行为的比率要远远高于女性。其中，男性发生婚外情的比率是女性的 2.3 倍，发生婚外性的比率是女性的 2 倍。[1] 在一些地方，因婚外情而提出离婚的男性农民工占男方提出离婚的 70%。

（二）婚姻危机的主要特点

1. 从婚龄情况来看，婚后 10 年左右为婚姻危险期。由于农村青年都有早婚早育的习俗，男女一般在 20 岁至 24 岁结婚，有的甚至还低于国家法定婚龄结婚。但在婚后夫妻双方还处于青年时期，由于部分夫妻的婚姻基础差，婚后外出打工改变了其婚姻观念，加上夫妻长期分居，又没有了“熟人社会”机制的约束，结婚 10 年左右往往成为离婚的高发期，且低婚龄化现象日益突显。

2. 从离婚原因看，夫妻情感不合居于首位。尽管在提出离婚时，当事人会提出双方性格不合、对方有婚外情等各种理由，但其背后的真正原因是夫妻双方缘分已尽，感情破裂，婚姻已经名存实亡了。

3. 从离婚态度看，留守妇女对离婚显得无奈与无助。在多数离婚案件中，男方去意已定，离婚态度坚决；而女方往往希望离家不分家，不愿离婚。即便

1　王进鑫：《当代青年农民工婚姻现状考察——基于成都市服务行业青年农民工的调查》，载《西南交通大学学报》（社会科学版）2012 年第 5 期，第 62 页。

是明知男方在外有家，和好无望，在经过一番激烈的争吵甚至暴力相加后，往往基于传统观念的束缚以及子女利益、家族利益和经济利益以及离婚后生活保障难、就业难、再婚难等因素的考虑，也不同意离婚。同时，由于我国目前法律制度设计上存在着一些缺陷，在客观上造成留守妇女举证难，获得离婚补偿难等问题，也使留守妇女对离婚望而生畏，顾虑重重。

4. 从离婚时间看，往往集中在某一段特定时期。因丈夫一方长期在外打工而不在本地，因此，离婚时间主要集中在春节等传统节日前后或者探亲期间。

此外，有的留守妇女还因离婚而遭遇家庭暴力问题，甚至产生家族间的矛盾。

三、审理农村留守妇女离婚案件遇到的主要问题

近年来，人民法院在审理涉及农村留守妇女离婚案件过程中遇到不少新问题，特别是留守妇女权益保障方面存在一些难题，也反映出相关法律在这方面的不足，主要体现在：

（一）实体方面的问题

1. 财产分割时所得财产少。目前，我国家庭夫妻权力主要体现在家务分工、家务决策和消费决策中。由于我国绝大多数农村家庭目前仍然沿袭着男主女从，男外女内的传统性别分工模式和“男强女弱”的性别观念，在农村家庭中，丈夫往往处于核心与支配地位，掌握着家庭重大事项（包括经济收入与财产支配）的决策权和决定权，而妻子则多半处于辅助或者服从的地位，承担着更多的家庭责任。尽管这种传统家庭分工模式因丈夫外出打工而有所改变，有一部分留守妻子也掌握了家庭事务的决策权，但由于男女性别、职业分工和经济收入差异等因素，妻子一般负责家庭日常生活与经济开支方面的事务，而丈夫则一般负责家庭重大事务的管理，其赚取现金收入的作用对农村家庭来说是重要且不

可替代的，实际上家庭主要财产一般仍然掌握在丈夫或者丈夫家族手中，如果女方在诉讼中没有申请财产保全，男方就有可能将共同财产转移或者藏匿，造成女方实际分得的财产数额不足。

2. 家庭共同财产举证难。依照我国《婚姻法》第 17 条的规定，在夫妻无特别约定的情况下，夫妻任何一方的收入均属于夫妻共同财产。但在夫妻分居两地的情况下，女方一般难以掌握男方在外打工经济收入和负债的实际情况，因此，往往无法提供能够证明家庭财产全部情况的证据。特别是在双方经济收入悬殊的情况下，加上女方留守家里操持家务，照顾老小和农业生产的价值目前很难完全按照市场化价值加以评估和量化，因此在实践中，往往因为夫妻共同财产、债务等方面的问题难以一一查证，人民法院一般判决不予认定。个别人民法院只判决离婚，对财产问题暂不予处理，这对女方更加不利。

3. 离婚过错赔偿举证难。在留守妇女离婚案件中，由于男方有外遇而导致夫妻感情破裂的不少，按照我国《民事诉讼法》规定的“谁主张谁举证”的原则，留守妇女应负责举证打工丈夫有过错，但由于夫妻分居两地，加上农村“从夫居”的婚嫁习俗，共同打工的男方家邻里基于各种原因往往也不愿作证，留守妇女很难掌握丈夫婚外情的直接证据，造成举证非常困难，更无法提出离婚过错损害赔偿的要求；即便是举证被人民法院采纳认定了，但由于当事人的经济承受能力有限，最终获得的赔偿数额普遍不高，造成人民法院在当事人的离婚权利与离婚损害赔偿权利法律保护两者之间的失衡，对有过错一方难以起到惩罚和威慑的作用，对无过错一方难以起到弥补和抚慰的目的。

4. 离婚补偿数额少。我国农村婚嫁多有“从夫居”的习俗，家庭房屋一般是男方婚前个人财产，而夫妻婚后共同财产并不多，一般也没有进行财产约定的习惯，再加上有的留守妇女举证能力有限，或者为了摆脱痛苦的婚姻而不得不在财产分割和损害赔偿上作出让步，因此在离婚时，留守妇女能够分得的财产往往不多，又几乎没有离婚补偿款，也没有了土地承包经营权，这对保护妇女权益是十分不利的。

（二）程序方面的问题

1. 留守妇女诉讼能力不足。在离婚案件中，原告相当一部分为留守妇女，但留守妇女往往由于缺乏应有的法律知识，也很少聘请律师代理，因此在如何主张自己的诉讼请求，如何收集并提交对自己有利的证据，如何运用法律保护自身权益等方面（例如，如何提出离婚过错损害赔偿、离婚时的经济帮助、土地承包收益分割等要求）缺乏经验与知识，也不懂得申请法律援助，时常举证不力，无形中增加了诉讼离婚和财产分割的难度。一旦败诉，往往片面地认为是人民法院处理不公而要求上诉。

2. 公告送达和缺席判决居多。在司法实践中，有的半流动家庭外出打工一方因某些原因与家里逐渐失去联系，既不给家里寄生活费，春节期间也不回家，下落不明。留守妇女在万般无奈情况下向人民法院起诉离婚，但无法提供被告的准确地址和联系方式，法院受理后只能采用公告送达方式。即使被告一方收到人民法院的应诉通知，由于身处异地而往往拒不到庭应诉，也不答辩。而人民法院为慎重起见，一般会先予以驳回起诉，即便是再次受理，由于夫妻共同财产与债务情况难以查清，法院无法对夫妻财产分割的诉求作出处理，只能先判决离婚。这既不符合法律规定，也损害了留守妇女的财产权益，无形中还增加了当事人的讼累，在一定程度上影响了留守妇女离婚自由权的行使与保障。

3. 调解工作的作用未能完全发挥。根据我国《婚姻法》第 32 条第 2 款规定，人民法院审理离婚案件时应当进行调解；如夫妻感情确已破裂，调解无效的，应准予离婚。但从实践情况看，因此类案件当事人分居两地这一特殊原因，有的法官对当事人有无和好因素与可能的分析以及调解和好工作本身重视不够，思想沟通与说服教育工作不够细致到位，因此调解和好的相对较少，调解离婚或者判决离婚的相对较多。究其原因，一方面是此类离婚案件因当事人双方不在一地，一方当事人往往拒不到庭或者下落不明，人民法院无法进行调解；另一方面，双方当事人感情破裂的背后原因比较复杂，起诉离婚一方往往“去意已定”，调解和好工作难度大，也影响人民法院调解和好的成功率。

（三）留守妇女离婚后产生的其他问题

1. 离婚后无处居住。由于多数留守妇女在经济上对丈夫的依赖性和“从夫居”的传统习俗影响，使得离婚后的妇女既不能继续住在夫家，又难以回娘家，也没有了生活来源，只能投亲靠友，居无定所，寄人篱下，容易陷入困境。由于离婚“代价”比较高，因此也有一些留守妇女宁愿维持婚姻现状，不同意离婚。

2. 丧失土地承包经营权。目前，虽然我国《农村土地承包法》第 30 条明确规定：“承包期内，妇女结婚，在新居住地未取得承包地的，发包方不得收回其原承包地；妇女离婚或者丧偶，仍在原居住地生活或者不在原居住地生活但在新居住地未取得承包地的，发包方不得收回其原承包地。”但在农村实际工作中，结婚与离婚都有可能失去土地。当女子嫁到外村后，其原有的土地承包经营权都可能被村委会强行收回，或者由其娘家主动退出，因此，嫁入夫家的妇女一般都在夫家承包土地。由于土地承包权具有特定性、期限性、连续性和长期性，在留守妇女离婚后，其在夫家承包的责任田又无法带走，其即使回到娘家也很难再分到土地。在离婚和未分得土地期间，留守妇女因失去了土地这一基本保障和立身之本，其离婚后的生活就很可能陷入困境。

3. 子女探视权难以保障。有的留守妇女在离婚时因经济收入低或者没有收入，生活没有保障而放弃子女的抚育权，在日后探望子女时常常遭遇对方的阻挠与干涉，使孩子自幼失去母爱，留下心理阴影。

4. 户口迁移难。农村男女结婚后，一般女方的户口迁至男方户口所在地。由于户口与当事人的土地承包经营、宅基地使用、医疗保障、养老保险等权益密切相关，如果女方离婚后将户口迁出，可能导致男方家土地承包经营权等受到影响。而女方家的村委会也往往因承包地、宅基地等资源的有限性而不愿接收其户口回迁，使离婚妇女基本权益保障遭遇新难题，生活风险增高。

四、强化离婚案件中留守妇女权益保护的法律对策

（一）进一步完善我国《婚姻法》中有关妇女财产权益保障的相关内容

1. 实行向妇女适度倾斜原则。保护妇女合法权益是我国《婚姻法》《妇女权益保障法》的基本原则。从性别视角来看，留守妇女相对处于弱势地位，离婚对于她们来说，所受到的伤害和影响相对较深。因此，我们应当正视现实社会男女两性存在的实际差异，认真贯彻保护妇女合法权益原则，追求“重视性别差异的男女平等”，对于妇女的某些婚姻家庭权益加以特殊的确认和保护。[1]例如在离婚分割夫妻共同财产和土地承包收益时，应根据案件具体情况，给予女方以更多的照顾。

2. 改革离婚经济帮助制度。经济帮助是由原婚姻关系派生出来的一种责任，并以一方在离婚时存在生活困难为前提，这是离婚效力的一种体现。因此，它与离婚经济补偿制度和离婚损害赔偿制度都不同。[2]《婚姻法》第42条规定的经济帮助制度对于离婚时生活困难的留守妇女具有特别的意义。特别是对离婚后无房可居和无经济收入的留守妇女而言，无疑是一种很好的救济方式。人民法院可以责令男方为女方在住房和生活方面给予适当的安排。对于住房的帮助，既可以是房屋的居住权，也可以是房屋的所有权。[3]但是，绝不能以经济帮助

1 吴国平、张影：《婚姻家庭法原理与实务》（第四版），中国政法大学出版社2018年版，第52页。

2 吴国平、张影：《婚姻家庭法原理与实务》（第四版），中国政法大学出版社2018年版，第265页。

3 吴国平、张影：《婚姻家庭法原理与实务》（第四版），中国政法大学出版社2018年版，第266页。

来取代夫妻共同财产的分割，两者不能混为一谈。此外，从时代发展的角度审视，本书赞成蒋月教授曾经提出的用离婚后扶养费给付制度取代经济帮助制度的主张。[1]离婚后扶养费的给付是以原配偶一方的经济协议为条件，取决于当事人的经济状况和其对婚姻家庭的实际付出或者贡献大小，旨在帮助当事人解决实际生活困难。接受扶养是受扶养人的权利，给付扶养费是给付者应尽的法律义务。它与经济帮助的区别在于：前者是夫妻扶养义务的延伸，而后者只是原婚姻关系派生出来的一种责任。美国、加拿大、澳大利亚、法国、保加利亚等许多国家法律都建立离婚后扶养费（或生活费）给付制度。建议适当借鉴外国的立法经验，从我国实际出发，在我国《民法分则》“婚姻家庭编”中对此作出规定。首先，规定扶养费给付的条件。其次，规定给付扶养费的依据。在确定扶养费给付时应当注意考量以下几方面的因素后作出综合判定：第一，双方的经济能力；第二，婚姻关系持续时间；第三，双方对婚姻作出的贡献；第四，离婚时分割所得财产情况；第五，抚育监护未成年子女情况；第六，双方的年龄、健康状况；第七，离婚前的生活水平和离婚后双方生活水平的差异程度；第八，双方的谋生能力和未来可以预见能够拥有或可能拥有的经济来源；第九，有无存在婚姻过错。[2]再次，规定离婚扶养费给付请求权提出时间、给付期限和终止条件等。

3. 完善离婚经济补偿制度。重点修订目前立法中有关承认家务劳动社会价值的适用条件，换句话说，就是立法不应当限定离婚经济补偿权的适用范围。家务劳动是家庭生活的重要组成部分，是留守妇女对家庭的隐形贡献。我国《婚

1　蒋月、庄丽梅：《应建立离婚后扶养费给付制度》，载李银河、马忆南主编：《婚姻法修改论争》，光明日报出版社 1999 年版，第 360—371 页。

2　蒋月、庄丽梅：《应建立离婚后扶养费给付制度》，载李银河、马忆南主编：《婚姻法修改论争》，光明日报出版社 1999 年版，第 369—370 页。

姻法》第40条已确认了家务劳动与社会劳动具有同等价值，但目前的规定仅限于夫妻双方实行约定财产制的前提下，在离婚时才能行使补偿请求权，[1]而我国农村家庭一般没有进行财产约定的习惯，也很少实行分别财产制，在适用本条规定时就会遇到障碍和困难。同时，由于留守妇女支持丈夫外出工作，而自己在打理家务和农业生产，养育子女和照顾老人等家务劳动中也付出很多，但往往又难以物化为财产收益，[2]在离婚时不予承认和补偿显然也是不公平的。因为婚姻本身不仅仅涉及性和情爱，还涉及利益及其分配。[3]本书建议我国立法上应当取消分别财产制的限制，不论当事人是实行夫妻共同财产制，还是实行分别财产制，也不论是否已经给予了离婚过错损害赔偿或者离婚后扶养费，只要一方在家务劳动中付出了较多的时间和精力，而另一方因此付出而获得了利益，在离婚时，另一方都应当给予经济补偿，作为对家庭做出贡献较多一方的补偿

4. 完善离婚损害赔偿制度。要进一步完善离婚损害赔偿制度的内容，以增强其针对性和可操作性。一是扩大离婚损害赔偿的法定过错范围，在现有的重婚、有配偶者与他人同居、实施家庭暴力、虐待或遗弃家庭成员四种法定情形基础上，将通奸、卖淫、嫖娼、与他人同居、赌博、吸毒或者配偶一方犯有强奸罪被判刑等行为而导致离婚的一并列入离婚损害赔偿的范围，并在《婚姻法》第46条规定的四种法定情形之后增加一条概括性规定：“其他导致离婚的重大过错。”二是拓宽侵害配偶权的责任承担方式，对于侵害配偶权但未造成受害

1　吴国平、张影：《婚姻家庭法原理与实务》（第四版），中国政法大学出版社2018年版，第264页。

2　吴国平、张影：《婚姻家庭法原理与实务》（第四版），中国政法大学出版社2018年版，第246页。

3　朱苏力：《用法的观点看婚姻》，http://www.civillaw.com.cn/article/default.asp?id=60324，访问日期：2014年2月10日。

配偶一方物质损害和精神损害的一般侵权行为，应责令加害人停止侵害、赔礼道歉、消除影响、恢复名誉；对于给配偶一方造成物质损害或者精神损害的严重侵权行为，则应同时适用《民法通则》规定的财产责任方式和非财产责任方式，即判令加害人除承担停止侵害、赔礼道歉、消除影响、恢复名誉等非财产责任方式外，还应当判令加害人承担赔偿损失的民事责任。

（二）完善离婚诉讼程序方面的法律规定

1. 对举证责任进行重新分配。在司法实践中，时常出现外出打工丈夫一方隐瞒收入的情形，针对留守妇女无法举证外出打工丈夫收入和生活情况的实际，建议未来立法规定实行举证责任倒置，强化有过错方的举证责任。例如，在一方提交书信、照片、录像等初步证据证明对方有“与他人同居”的事实时，如果对方不能证明自己不存在“与他人同居”等相关过错行为时，就应当推定其存在该过错。[1] 此外，建议未来立法放宽条件，在不违法和侵犯社会公共利益的前提下，对留守妇女委托私人取证的合法性予以确认。对诉讼能力不足的留守妇女，人民法院应指导其申请法律援助。

2. 加大法官依职权调查取证的职能。在调查取证方面，除了进一步完善当事人举证责任和举证措施外，还应当加大法官依职权调查取证的职能。在当事人提出申请或提供了夫妻共同财产的线索后，法官对认为确有必要的证据应当积极主动予以调查取证，以对当事人举证事实予以核查判定，并依法公正地对案件作出司法裁判。

3. 加强各地人民法院之间的司法协作。各地人民法院要树立全国法院一盘棋的理念，创造条件形成司法协作战略格局，积极采用委托调查、委托取证、委托调解、邮寄送达、委托送达、委托执行等多种措施，努力缓解流动家庭或

1　王昭霞：《农村留守妇女离婚案评析》，载《理论与改革》2013年第3期，第176页。

者半流动家庭夫妻离婚案件因人户分离、人财分离所产生的取证难、调解难、送达难和执行难等一系列问题。[1]

（三）认真执行保护妇女权益的相关法律规定

1. 依法加强对留守妇女土地承包经营权的保护。我国《婚姻法》第 39 条第 2 款规定："夫或妻在家庭土地承包经营中享有的权益等，依法应当予以保护。"我国《农村土地承包法》第 30 条规定："承包期内，妇女结婚，在新居住地未取得承包地的，发包方不得收回其原承包地；妇女离婚或者丧偶，仍在原居住地生活或者不在原居住地生活但在新居住地未取得承包地的，发包方不得收回其原承包地。"据此，在处理留守妇女离婚后的土地承包经营权问题时，应当注意以下几点：

（1）留守妇女离婚后，其所在的农村集体经济组织（村委会）应当注意保留其对原承包土地的合法使用权，并对原先由家庭共同使用和承包的土地予以划分和变更。

（2）留守妇女离婚后，其户籍迁移另地的，应由新户籍所在地（居住地）的农村集体经济组织（村委会）负责为其划分承包地。其在尚未新居住地未取得承包地的，原居住地的发包方不得收回其原承包地。

（3）夫妻关系存续期间从事的多种经营和承包责任田及粮田的当年收益，在离婚时应当作为夫妻共同财产予以分割。对夫妻共同承包经营尚无收益的养殖业、种植业等，离婚时应本着有利于发展生产、有利于经营的原则，予以合理分割；不能或不宜分割的应折价处理，以保障离婚妇女迁移另地的生活所需。[2]

---

1 王剑、许磊：《切实解决外出务工人员离婚案"三难"问题》，载《人民法院报》2014 年 1 月 12 日第 7 版。

2 吴国平、张影：《婚姻家庭法原理与实务》（第四版），中国政法大学出版社 2018 年版，第 253 页。

2. 加大有过错方离婚损害赔偿和补偿的力度。为减少"闪婚闪离"等不负责任的轻率婚姻行为的发生，并针对目前留守妇女离婚时分得的财产过少的实际情况，应当逐步改变目前婚姻家庭法领域禁止性条款多、处罚性条款少的现状，并加大有过错方离婚损害赔偿和补偿的力度，本书建议未来立法规定：第一，凡是结婚未满一年，并生有未满 8 周岁未成年人子女的，不得申请协议离婚，只能通过诉讼途径离婚。[1] 也可以借鉴国外的经验，通过立法设立离婚考虑期制度，这也是为了强化对未成年人的法律保护。第二，通过制定《婚姻法实施条例》和司法解释等途径明确离婚损害赔偿额的计算标准，例如按照家庭财产总额的 20%~30% 确定赔偿比例，具体授权法官根据具体案情加以综合考虑。第三，对外出打工丈夫一方在农村的个人房产（即留守妇女离婚前所居住的房屋）可通过调解方式分给留守妇女，以解决其离婚后的居住问题。如果因特殊情况无法分割该房屋的，则可确定留守妇女享有居住使用权的具体期限(如 1~3 年内)，或者补偿其一定期限的房租。[2] 第四，对于因男方过错而导致离婚的，在分割土地承包经营收益时，应当对留守妇女多分一些，以作为对留守妇女的经济补偿。对于男方过错性质恶劣，后果严重的，甚至应当取消其收益分配资格。这既体现了保护妇女权益、向妇女适度倾斜的原则，也体现了法律公平公正以及对过错行为的处罚。

3. 加强对未成年人子女权益的保护。人民法院在审理案件时，应当对父母离婚后未成年子女的抚养等问题作出妥善安排，并确保未与未成年子女共同生活的留守妇女对子女的探望权，尽量通过调解促使当事人达成协议。外出打工

1　吴国平：《我国登记离婚程序的缺陷与立法完善》，载《上海政法学院学报（法治论丛）》2011 年第 5 期，第 28 页，中国人民大学书报资料中心《复印报刊资料・民商法学》2012 年第 5 期全文转载。

2　王昭霞：《农村留守妇女离婚案评析》，载《理论与改革》2013 年第 3 期，第 176 页。

一方及其家人等负有协助执行的责任。如果当事人一方事后不予配合，甚至拒绝、阻扰留守妇女行使探望权的，人民法院可以按照妨害民事诉讼论处。对于情节恶劣的，人民法院应依法对行为人采取强制措施。

至于户口迁移问题，除了做好对当事人的思想教育和土地承包经营权的确权和收益分配工作、夫妻财产分割等工作外，人民法院还可以与有关公安派出所联系协调予以解决。

（四）加强对留守妇女离婚案件的调解工作

调解是人民法院审理离婚案件的必经程序。如果就夫妻感情状况本身而调解或者判决离婚，从法律上看似乎彻底解决问题了，但实际上离婚所带来的一系列后果（包括留守妇女离婚后所面临的各种现实困难与无奈）解决起来难度也不小。因此，应当充分运用好调解程序与调解手段处理留守妇女离婚案件，注意强化对弱势群体权益司法保护措施的适用，积极稳妥地解决离婚纠纷。

1. 尽量做好诉前调解工作。要积极发挥人民法院的社会管理职能，建立与当地村委会、民政等部门密切合作的“大调解网络”，[1]充分发挥各种调解组织的作用，注意吸收乡镇司法所、人民调解委员会、妇联组织、人民陪审员以及双方当事人亲属中具有较高威信的长辈或者朋友参与调解工作，并注重特殊群体庭前的法律援助和庭后的回访关爱。

2. 应准确把握案情，对于夫妻感情确已破裂的，也应尽量做好调解工作，争取能够达成离婚调解协议，使当事人能够“好聚好散”，避免矛盾激化，使离婚时的财产分割、子女抚养和债务清偿等问题能够得到妥善处理。

3. 在乡村建立“家事调解室”和“家事调解员”队伍，吸收乡镇司法所、人民陪审员、乡镇企业干部、农民中有经验的人员作为调解员，为农民工和留

1 王沁、马清：《遥远的婚变：外出务工群体离婚分析》，载《人民法院报》2014年11月10日，第8版。

守妇女免费提供婚姻家庭法律咨询服务，指导其掌握运用法律武器保护自己合法权益的途径与方法。对留守妇女家庭发生的婚姻家庭纠纷应及时介入与调解，适时化解其家庭矛盾，以减少离婚纠纷的发生。在纠纷经调解无效，进入司法程序后，应积极配合人民法院做好当事人的思想工作，力争纠纷能够得到妥善处理。

4. 留守妇女所在村委会也应当积极介入留守妇女家庭纠纷与矛盾的化解工作中，配合调解组织、司法所和人民法院做好当事人的外围教育工作，决不能把这只看作是留守妇女的个人私事。因为留守妇女家庭祥和稳定了，农村才能安定稳定。

5. 有条件的地方，留守妇女群体也可以建立自己的联谊会或者婚姻家庭调解组织，帮助解决留守妇女家庭所产生的婚姻家庭纠纷。留守妇女也可以在家乡依托妇联建立类似的组织，尽量化解矛盾，解决婚姻家庭纠纷。

第四章　离婚登记程序完善问题研究

第一节　我国法律关于离婚程序的有关规定及其缺陷

一、问题的由来

近年来，我国的离婚率居高不下是不争的事实，离婚率持续走高的原因是多方面的，但“离婚容易”是其中重要的原因之一。而我国司法实践中出现一些与离婚有关的问题，也恰恰充分暴露出我国有关离婚程序法律制度的设计上存在着一些缺陷和漏洞。我国《婚姻法》虽然对夫妻离婚的程序作出了明确规定，包括登记离婚和诉讼离婚程序，但目前的规定存在某些缺陷和漏洞，且立法上尚未建立离婚无效制度，在实践中给某些当事人钻了空子。下面通过两个案例来说明：

案例一：胡某与陈某于某年 12 月 25 日到民政部门办理离婚登记，婚生子陈乙由女方胡某抚养，陈某放弃夫妻共同财产，债务由陈某承担。双方离婚后，陈某即下落不明。次年 4 月 8 日，债权人张某因未找到陈某，故找到胡某要求其偿还在夫妻关系存续期间的债务，胡某以双方在离婚时已约定债务由陈某负担为由拒绝承担此债务。[1]

1　包华斌：《谈现行登记离婚制度的弊端及其完善构建》，http://fjfy.chinacourt.org/public/detail.php?id=9538，访问日期：2011 年 4 月 10 日。

案例二：赵某（男）与王某（女）于1998年结婚，婚后生有一子，2009年12月的一天，赵某在外地出车祸受重伤，不久就去世。后有一女子孙某找到王某，称其是赵某的妻子，王某感觉很惊诧，孙某称其于半个月前刚与赵某办理结婚手续，并要求继承赵某的全部遗产近100万元。王某遂去当地民政局查看婚姻登记档案，婚姻登记档案中显示赵某与王某早于2008年12月25日离婚，离婚协议上赫然写着王某的名字，并贴有照片，而照片上的女人显然不是王某。王某感到很气愤，离婚是必须夫妻双方亲自到场才行，而民政部门在自己不知情的情况下为他们办理了离婚手续，据此，王某以当地民政局为被告，将其告上法庭，要求撤销离婚证书，恢复其与赵某的婚姻关系。[1] 经人民法院查实："该离婚协议确属伪造，离婚当天死者赵某找了一位与王某长相比较相像的女人，再加上赵某与王某当年结婚时用的是第一代身份证，相片上的图像比较模糊，很容易就骗过了婚姻登记部门的工作人员，赵某提供一系列伪造证据骗过民政部门工作人员，取得离婚证书。"之后很顺利地与孙某办理了结婚登记。

在案例一中，陈某与胡某显然是事先已经合计好，以离婚来逃避债务。而在案例二中，赵某前后两个婚姻关系都是经过婚姻登记部门合法登记的，但前一婚姻的解除主要是由于赵某提供虚假资料和民政部门在办理时审查不严所造成的，并不符合法律要求，且双方都存在不同程度的过错，应由赵某与民政部门共同承担责任。而不知情的王某显然并没有任何过错。当然，孙某也是在不知情的情况下与赵某结的婚，也没有过错。对于一夫"两妻"这一尴尬问题，根据"两相害取其轻"的原则，应当首先保护王某的合法权益，撤销赵某与王某的离婚证书，恢复赵某与王某的婚姻关系。

1　麻鹏国：《一夫"两妻"面临的尴尬》，http://www.chinacourt.org/html/article/201104/26/449228.shtml，访问日期：2011年4月27日。

上述两个典型案例从一个侧面反映了我国某些地方在婚姻登记管理方面存在的实际问题。此外，在现实生活中还出现以下情形：一是在拆迁补偿、限价房或者经济适用房购置等过程中，有的夫妻为达到多得到补偿费用或者多申请住房的目的而假离婚；二是为了逃避计划生育，有的夫妻假借离婚，达到非法生育目的等；三是为了逃避债务而假离婚。而这些夫妻感情未破裂的离婚恰恰轻而易举地通过了婚姻登记机关的审查。有的双方当事人在拿到了离婚证之后，仍以夫妻名义共同生活在一起。

对于上述用合法的形式掩盖非法目的的离婚行为，本书暂且将其称之为“不当离婚行为”，这些规避法律的行为之所以能够得逞，主要原因在于我国现行登记离婚制度的不完善。换句话说，我国现行的离婚程序（特别是离婚登记制度）的法律设计存在明显漏洞或者缺口，给违法行为以可乘之机，完善立法势在必行。

二、我国《婚姻法》关于离婚程序的有关规定

在我国，依照《婚姻法》有关规定，离婚分为登记离婚和诉讼离婚两种程序。

（一）登记离婚

登记离婚也称为协议离婚，是指夫妻双方自愿离婚，并达成离婚协议后，经有关部门依法办理离婚手续的离婚方式。我国《婚姻法》第 31 条规定：“男女双方自愿离婚的，准予离婚。双方必须到婚姻登记机关申请离婚。婚姻登记机关查明双方确实是自愿并对子女和财产问题有适当处理时，发给离婚证。”对此，2003 年 10 月 1 日起施行的《婚姻登记条例》作了更为具体的规定。根据这些规定，登记离婚须具备以下条件：（1）双方须办理过结婚登记，具有合法的配偶身份。（2）双方当事人须具有完全行为能力。（3）双方确实自愿离婚。（4）双方对子女抚养和财产问题已达成协议。夫妻双方就离婚问题达成协议并

对子女抚养教育、财产问题等已有适当处理后，还必须依法到婚姻登记机关办理登记手续，取得离婚证，才能解除婚姻关系。根据《婚姻登记条例》的规定，办理登记离婚的程序须经过申请、审查、登记三个步骤。婚姻登记机关经过审查和询问相关情况后，对当事人确属自愿离婚，并已对子女抚养和财产、债务等问题达成一致处理意见的，应当当场予以登记，发给离婚证。

（二）诉讼离婚

诉讼离婚也称为裁判离婚，是指夫妻双方对离婚没有达成协议或双方对子女抚养及财产分割有争议，经人民法院审判、裁决的离婚方式。我国的诉讼离婚通常适用于以下四种情况：一是夫妻一方要求离婚，另一方不同意离婚；二是夫妻双方都同意离婚但对子女抚养和财产处理等问题不能达成协议；三是未依法办理结婚登记而以夫妻名义共同生活且为法律承认的事实婚姻；四是离婚当事人一方或双方为无行为能力或限制行为能力人。我国《婚姻法》第 32 条第 1 款、第 2 款规定："男女一方要求离婚的，可由有关部门进行调解或直接向人民法院提出离婚诉讼。人民法院审理离婚案件，应当进行调解；如感情确已破裂，调解无效，应准予离婚"。上述规定包含了诉讼离婚的程序和离婚的法定理由。诉讼离婚的程序包含两个步骤：一是诉讼外有关部门的调解，二是离婚诉讼的具体程序。离婚的诉讼程序包括提起离婚诉讼和受理、调解、判决三个阶段。其中，调解是人民法院审理离婚案件的必经程序。人民法院对于调解无效的离婚案件，则通过判决方式来解决纠纷。[1]

三、我国《婚姻法》关于登记离婚程序规定存在的缺陷

1. 离婚登记程序过于简化。现行《婚姻登记条例》第 11 条取消了 1994 年

1　吴国平：《婚姻家庭立法问题研究》，吉林大学出版社 2008 年版，第 324—332 页。

《婚姻登记管理条例》第 14 条所要求的“所在单位、村民委员会或者居民委员会出具的介绍信”和第 16 条“婚姻登记管理机关对当事人的离婚申请进行审查，自受理申请之日起一个月内，对符合离婚条件的，应当予以登记，发给离婚证，注销结婚证”的规定。民政部《婚姻登记工作暂行规范》（2003 年 9 月 23 日发布）第 47 条规定：“离婚登记按照初审—受理—审查—登记（发证）的程序办理。”这样，一方面大大简化了登记离婚的程序和手续，另一方面也降低了协议离婚的成本，[1]使得离婚更加便捷和快速。由于少了有关单位或组织的介入，现在当事人的离婚比过去来得简单快捷，在客观上也造成了草率离婚、“闪电”离婚行为的出现。当然，在法律上，“即使离婚登记后反悔，或因离婚而产生的其他问题。都应由当事人自行承担相应的责任。”[2]

2. 离婚登记审查内容过于简单。从我国《婚姻法》（2001 年修正案）第 31 条的规定来看，婚姻登记机关在办理离婚登记时所进行的审查只是形式要件审查，无须进行实质要件的审查。但这种形式审查又往往就是流于形式的。根据 2003 年《婚姻登记条例》第 13 条的规定，在办理离婚登记时，婚姻登记机关只“对离婚登记当事人出具的证件、证明材料进行审查并询问相关情况。对当事人确属自愿离婚，并已对子女抚养、财产、债务等问题达成一致处理意见的”，婚姻登记机关就当场予以登记，发给离婚证。据此，婚姻登记机关对离婚协议的审查主要是形式审查，而对于当事人感情是否破裂，是什么原因造成感情破裂，离婚协议是否出于真实意愿，有无欺诈、胁迫或重大误解等情形，内容是否公平，离婚后对子女的安排是否符合子女的最佳利益等方面均不作实质审查，在所不问。而这种流于形式审查的离婚登记制度明显存在以下问题：无法审查离婚协议内容的自愿性、合意性和合法性，无法审查当事人是否具有民事行为能力等

1 张伟：《转型期婚姻家庭法律问题研究》，法律出版社 2010 年版，第 237 页。

2 夏吟兰：《离婚自由与限制论》，中国政法大学出版社 2007 年版，第 120 页。

等。此外，根据 2003 年《婚姻登记条例》第 10 条第 1 款规定："内地居民自愿离婚的，男女双方应当共同到一方当事人常住户口所在地的婚姻登记机关办理离婚登记。"第 13 条的规定："婚姻登记机关应当对离婚登记当事人出具的证件、证明材料进行审查并询问相关情况。对当事人确属自愿离婚，并已对子女抚养、财产、债务等问题达成一致处理意见的，应当当场予以登记，发给离婚证。"根据以上规定，婚姻登记机关在实践操作上，往往将申请、审查，登记三阶段一次性完成，但三阶段工作的一次性完成无法阻止离婚的轻率性，反而造成了离婚的随意性，即一些离婚并非因感情破裂所致或者真正自愿，违背了我国《婚姻法》的立法宗旨，这也正是我国离婚率居高不下的原因之一。当然,也有一些当事人离婚后又选择"破镜重圆"或者离婚若干后又同居在一起，说明当时离婚系一时冲动或者过于草率。

3. 在离婚登记时限上没有任何限制。由于《婚姻登记条例》第 13 条明确规定对于协议离婚的，婚姻登记机关"应当当场予以办理，发给离婚证"。因此，当事人申请协议离婚可以做到"立等可取"。凡是婚姻登记人员经审查询问后认为符合法定条件的，当场即可办理。甚至出现当天结婚当天离婚，上午结婚下午离婚的情况，从而导致滥用离婚登记的现象层出不穷。其主要原因就在于现行立法取消了协议离婚延缓期（即离婚申请审查期）的规定，对离婚登记的办理时效未作规定。由于离婚条件过于宽松，程序过于简单，使一些感情并未完全破裂的夫妻由于一时冲动而草率离婚，造成不该离婚的离婚了，这不利于家庭的和谐稳定，不利于缓和矛盾，不利于保护妇女和儿童的权益。过去我们称之为草率结婚、草率离婚（简称"草结草离"），现在是闪电结婚、闪电离婚（简称"闪婚闪离"），婚姻关系的稳定性更差。有鉴于此，有的同志指出：

“我国是世界上离婚最自由的国家。”[1] 我国著名婚姻家庭法专家夏吟兰教授也曾指出：“新的《婚姻登记条例》是自由充分、限制不足。”[2]

4. 只有结婚无效制度，没有离婚无效和撤销制度。在我国，婚姻行为包括结婚、离婚与复婚等，婚姻自由包括结婚自由、离婚自由与复婚自由，婚姻登记也分为结婚登记、离婚登记和复婚登记，而无效婚姻与可撤销婚姻制度理所当然地也应当把离婚问题包括在内，但我国法律上目前只有结婚无效和撤销制度，没有离婚无效和撤销制度，这显然是不完整的，也不利于保护当事人中弱势的一方的利益。在理论研究方面，学者和实务工作者们对这一问题的研究还不够重视，成果很少。

5. 对意思表示不真实或者弱势一方缺乏法律救济手段。如前所述，登记离婚的最重要条件是双方确属自愿离婚。即双方当事人意思表示真实、自愿。而缔结离婚协议的当事人具有完全民事行为能力，双方意思表示真实并达成一致是协议有效的前提条件。[3] 在实践中，由于种种原因，确有一些当事人在离婚登记时的意思表示是不真实的。如一方或者双方当事人为限制民事行为能力或者无民事行为能力人；当事人一方因受欺诈、胁迫或重大误解而缔结离婚协议；当事人双方恶意通谋欺骗婚姻登记机关所作的虚假意思表示；当事人未亲自到场作出同意离婚的意思表示等。这些情况，如果婚姻登记机关没有或者不能及时发现，就会当场办理离婚登记并发给离婚证书。于是实践中不时出现夫妻双方共同办理离婚登记后，一方发现上当受骗后追悔不及而又无可奈何的情况。因为按照现行《婚姻登记条例》的规定，这一后果应由当事人自己承担责任。而对于此类情形，1994 年的《婚姻登记管理条例》第 21 条曾经规定：“申

1　王礼仁：《婚姻诉讼前沿理论与审判实务》，人民法院出版社 2009 年版，第 174 页。
2　夏吟兰：《离婚自由与限制论》，中国政法大学出版社 2007 年版，第 122 页。
3　夏吟兰：《离婚自由与限制论》，中国政法大学出版社 2007 年版，第 124 页。

请婚姻登记的当事人弄虚作假、骗取婚姻登记的，婚姻登记管理机关应当撤销婚姻登记，……对离婚的当事人宣布其解除婚姻关系无效并收回离婚证，并对当事人处以 200 元以下的罚款。”现行《婚姻登记条例》取消了这一规定，但却没有规定受欺骗或者受损害的一方可以通过哪些途径或者手段来寻求法律救济，以保护自己的合法权益。

6. 忽略了对未成年子女利益的保护。我国现行离婚登记制度忽略了对父母协议离婚中的未成年子女权益保护问题。尽管《婚姻登记条例》中强调“双方对子女抚养和财产问题已达成协议”，对直接抚养子女方、子女抚养费等问题要求必须在离婚协议中予以明确，但却既没有要求当事人所达成的有关子女抚养问题的协议必须符合子女的最大利益，有利于子女的健康成长，也没有要求婚姻登记人员对这一协议的内容进行合法性审查，更没有对该协议是否应反映或者考虑未成年子女的愿望作出规定。而在实际操作上，绝大多数父母只考虑他们自己的感情和利益，对子女的利益往往没有认真考虑，更不会征求子女的意见。[1]

1　夏吟兰:《离婚自由与限制论》，中国政法大学出版社 2007 年版，第 123—124 页。

第二节　国外离婚程序有关规定及其借鉴

一、国外离婚程序的有关规定

世界上许多国家在允许协议离婚的同时,对协议离婚也做了限制性的规定,目的在于防止轻率离婚。主要体现在以下四个方面：

1. 限制协议离婚的适用范围。《日本民法典》第 764 条中对协议离婚的适用范围作了明确的限定："第 738 条（禁治产人的婚姻）、第 739 条（婚姻申报）及第 747 条（欺诈、胁迫婚姻的撤销）的规定，准用于协议离婚。" 此外，其他原因引起的离婚均采用诉讼离婚。

2. 在一定期限内，限制离婚请求权的行使。即在结婚届满一定期限时，方可申请离婚。例如《法国民法典》第 230 条第 3 款规定："夫妻双方在结婚后 6 个月内，不得相互同意离婚。"《英国家庭法》第 7 条第 6 款规定："若以申请离婚为目的，则在结婚未满一年时作出的声明无效。" 墨西哥民法、荷兰离婚法均规定结婚须满 1 年后才能提出离婚。

3. 设置离婚考虑期。即提出离婚申请后须经过一定时间的考虑期，此后方可正式进入离婚程序。例如《法国民法典》第 231 条第 2 款和第 3 款分别规定："如夫妻双方坚持离婚意愿，法官应当指出，他们应在 3 个月的考虑期限之后重新提出离婚申请。""如在考虑期限届满后 6 个月内未重新提出离婚申请，原来的共同离婚申请即失去效力。"《比利时民法典》规定，夫妻双方提出离婚申请后 6 个月内，必须以同样程序重新提出一次，检察官必须查明当事人在 1 年内 2 次明确表示互相同意，并履行了所有法定程序后，才由法院核实后加以批准。奥地利、瑞典规定的考虑期也为 6 个月。在美国，即使最简单的离婚过程也需要 6 个月时间。英国要求双方若协议离婚，则从第一次声明之日起，要经过 9 个月的反省考虑期，才能再次申请离婚。《俄罗斯联邦家庭法典》第 19 条第 3 款规定，从提交离婚申请之日起满 1 个月的，户籍登记机关予以办理离婚登记并发给离婚证明。而巴西等国家则设置了别居为离婚的前置条件，《巴西新民法典》第 1574 条、第 1580 条分别规定，夫妻结婚超过 1 年，在法官面前相互同意的，法官可判决其别居；在判决别居后经过 1 年，或者能够证明事实别居超过 2 年的，夫妻一方或者双方均可向法院请求离婚。阿根廷也有类似的规定，所不同的是，申请别居的须结婚 2 年后，请求裁判离婚的须结婚 3 年后。1996 年的《英国家庭法》第 4 条第 1 款规定："在结婚两周年纪念日之前签发的分居令，到两周年纪念日之后才能转换为本条规定的离婚令。"[1]

4. 双方须无未成年子女。《俄罗斯联邦家庭法典》第 19 条第 1 款规定，没有共同的未成年子女的夫妻协议离婚时，在户籍登记机关办理。有未成年子女者须经诉讼程序离婚。《墨西哥民法典》也要求协议离婚的双方须无共同的未成年子女。

此外，有些国家还有些特别的规定。例如在德国，其法律根本不承认协议离婚，"即使双方都愿意离婚也要经过法院审查同意，且要求双方分居 1 年以上才可能申请无争议离婚。如果是一方申请诉讼离婚，则要求分居 3 年以上，且立法机关设法'增加离婚的难度'，一旦男方提出离婚，今后他必须将自己收入的一半给前妻"。瑞士法律的规定与德国相同。[2]《韩国民法典》虽然也规

1　蒋月：《英国婚姻家庭制定法选集》，法律出版社 2008 年版，第 231 页。

2　张伟：《转型期婚姻家庭法律问题研究》，法律出版社 2010 年版，第 241 页。

定了协议离婚和判决离婚两种离婚方式，但协议离婚方式还需法院的确认。《韩国民法典》第836条第1款规定："协议离婚，经家事法院确认，并根据《关于家族关系登记法》的规定申报而发生效力。"

二、国外离婚程序规定的启示

从世界有关国家对离婚的有关规定中，我们可以看出：第一，对离婚程序要求比较严格。绝大多数国家和地区对此均持慎重态度。这不仅体现在各国法律对离婚的实质要件比较严格，而且还体现在对离婚的程序要件也有严格要求，甚至规定了限制性条件，这有利于从立法上首先堵住缺口和漏洞，不给违法行为以可乘之机。第二，特别重视离婚效果。立法上力求做到既保护公民的离婚自由权利，又确保当事人达成的协议符合公平、公正原则，并有利于保护未成年子女的利益。第三，以适用司法程序为主。尽管越来越多的国家采用了协议离婚方式，但适用行政程序协议离婚的国家仍然较少，许多国家或适用司法程序的协议离婚，作为与裁判离婚并行的离婚程序，或只承认裁判离婚程序。[1]因为在他们看来，解除身份关系的法律行为对个人、对社会和对国家而言，都具有相当的重要性，只有受过专业训练的法官才可以确认身份关系的解除。这些立法理念和经验值得我们参考和借鉴。

---

1 夏吟兰：《离婚自由与限制论》，中国政法大学出版社2007年版，第123—124页。

第三节　完善我国登记离婚程序的立法建议

一、缩小离婚登记的适用范围

《婚姻登记条例》第12条规定："办理离婚登记的当事人有下列情形之一的，婚姻登记机关不予受理：（一）未达成离婚协议的；（二）属于无民事行为能力人或者限制民事行为能力人的；（三）其结婚登记不是在中国内地办理的。"这一规定意味着，凡是这三种情形之外的其他离婚，均可适用登记离婚程序。本书认为，该《婚姻登记条例》对可以适用离婚登记的范围规定失之过宽，导致某些当事人轻率离婚，"闪婚闪离"，滥用离婚权。建议参考日本的立法经验，对协议离婚的适用范围作出适当的限制，明确规定离婚登记程序只适用于下列情形：（1）婚姻关系已存续1年以上。（2）无未满8周岁未成年子女的离婚；凡是结婚不满1年者以及有未成年子女者，均须经诉讼程序而离婚。这样规定，一方面是为了防止或减少草率离婚的发生，另一方面是为了保护8周岁以下的未成年子女的利益，减少因父母离婚对他们带来的伤害和负面影响。

二、设立离婚无效制度

（一）设立离婚无效制度的必要性

所谓离婚无效，是指因违反法定离婚要件，而不产生离婚的法律效力。[1]它包括无效离婚和可撤销离婚两种情形。设立离婚无效制度，一方面是为了规

1　王礼仁：《婚姻诉讼前沿理论与审判实务》，人民法院出版社2009年版，第512页。

范离婚行为，防止规避法律的离婚行为发生，另一方面也是给制裁各种违法的离婚行为，并对违法协议离婚的受害人或者善意一方实施法律救济提供法律依据。

（二）离婚无效制度的立法模式——以日本为例

1. 日本法律的有关规定。从日本的立法模式来看，其对于离婚无效所采用的是准用结婚无效的模式。《日本民法典》第 749 条“离婚规定的准用”规定：“第 766 条至第 769 条（离婚的效果）的规定，准用于婚姻的撤销。”首先，关于协议离婚的适用，《日本民法典》第 764 条（婚姻规定的准用）规定：“第 738 条（禁治产人的婚姻）、第 739 条（婚姻申报）及第 747 条（欺诈、胁迫婚姻的撤销）的规定，准用于协议离婚。”其次，违反离婚登记程序的婚姻无效主要限于未进行离婚申报登记的情形。《日本民法典》第 743 条（婚姻的撤销）规定：“婚姻，非依第 744 条至第 747 条的规定，不得撤销。”其中，第 739 条（婚姻申报）规定：“（一）婚姻，因按户籍法规定所进行的申报，而发生效力。（二）前款申报，应由当事人双方及二人以上的成年证人，以言词或署名的书面进行。”从日本民法典的上述规定来看，因违反离婚申报程序的离婚行为应为无效。但根据《日本民法典》第 742 条（婚姻无效）的规定：“……申报只欠缺第 739 第（二）款所载条件时，婚姻不因此而妨碍其效力。”据此分析，在日本，违反离婚登记程序的婚姻无效主要是指没有进行离婚申报登记的情形，[1] 而登记程序要件上的瑕疵并不影响登记的效力。再次，关于离婚无效和撤销的具体情形，除了第 739 条的规定外，《日本民法典》第 747 条“欺诈、胁迫婚姻的撤销”规定：“（一）因欺诈、胁迫而结婚者，可以请求法院撤销其婚姻。（二）前款的撤销权，当事人发现其欺诈或可免胁迫后经过 3 个月或予以追认时，即行消

1　王礼仁：《婚姻诉讼前沿理论与审判实务》，人民法院出版社 2009 年版，第 553 页。

灭。”综上，日本民法典规定的离婚无效和撤销，其法定情形实际上只有以下三种：一是没有进行离婚申报登记的；二是因欺诈而离婚的；三是因受胁迫而离婚的。其中，没有进行离婚申报登记的属于离婚无效；因欺诈、胁迫离婚的，属于可撤销婚姻。[1]由此可见，日本民法对于离婚无效和撤销采用的是准用结婚无效和撤销的规定。

2. 我国立法应采用的模式。就我国而言，目前我国《婚姻法》《民事诉讼法》和有关《婚姻法》的司法解释均没有关于离婚无效的规定，但离婚无效与结婚无效均属于婚姻无效范畴，具有相同性质，因此，在现行法律条件下，离婚无效或撤销原则上可以准用结婚无效或撤销的规定。将来立法时，如果离婚无效的具体情形在结婚无效中已有对应条款，则可借鉴日本的立法模式，采用准用婚姻无效的立法形式；如果不能直接准用，则应采取直接规定离婚无效具体情形的立法形式。[2]

（三）离婚无效原因和划分标准及其具体情形的认定

1. 离婚无效原因。需要指出的是，离婚无效与撤销的具体情形（原因）与婚姻（结婚）无效与撤销的原因有重大区别，不能混为一谈。因为依照我国《婚姻法》第 10 条的规定，结婚无效的主要原因是当事人违反了结婚的实质要件，如重婚、有禁止结婚的亲属关系、未达法定婚龄等，不符合结婚实质要件的婚姻行为，在法律后果上就是无效婚姻；而离婚是对合法婚姻关系的解除，一般不涉及婚姻的实质要件合法与否的问题，而主要涉及当事人的离婚意愿和离婚程序问题。[3]本书认为，认定离婚行为是否无效，主要应当审查当事人离婚是否违背其真实意愿，离婚程序是否违法。最关键的是要抓住“双方确实自愿离

1 王礼仁：《婚姻诉讼前沿理论与审判实务》，人民法院出版社 2009 年版，第 553—554 页。

2 王礼仁：《婚姻诉讼前沿理论与审判实务》，人民法院出版社 2009 年版，第 554 页。

3 王礼仁：《婚姻诉讼前沿理论与审判实务》，人民法院出版社 2009 年版，第 550 页。

婚”这一核心条件。

2. 离婚无效的划分标准。关于离婚是否无效或撤销的划分标准，一般来说，是以违反法益的严重程度为标准的。在理论上，通常所说的婚姻无效包括绝对无效和相对无效两种。无效婚姻属于绝对无效，可撤销婚姻属于相对无效。而划分离婚无效的标准，可以参照结婚无效和撤销的划分标准，即以是否属于严重危害公共利益作为划分离婚绝对无效和相对无效（离婚无效与撤销）的标准。[1]对于违反离婚程序情节恶劣、后果严重的，可视为严重危害社会公共利益（如雇请假配偶冒名顶替离婚的）；对于仅仅侵害当事人个人权利，违背其离婚意愿而离婚的，可以作为可撤销离婚认定和处理。如因受胁迫而离婚的，可作为可撤销离婚认定和处理。如果因无效离婚而给善意一方当事人造成严重精神伤害的，法律应当赋予受害人一方可以要求对方给予精神损害赔偿的权利。

3. 离婚无效的具体情形。关于离婚无效或撤销的具体情形，有学者通过研究认为，从司法实践来看，涉及离婚是否无效或撤销的情形主要有以下 10 种：（1）他人代理或冒名顶替领取离婚证的；（2）无民事行为能力人协议离婚的；（3）严重违反离婚程序，或者弄虚作假离婚的；（4）胁迫离婚的；（5）被欺骗（或被欺诈）离婚的；（6）夫妻双方通谋虚假离婚的；（7）夫妻双方与婚姻登记机关共同通谋虚假离婚的；（8）违反离婚限制条件而离婚的；（9）违反公序良俗而离婚的；（10）心中保留和意思错误而离婚的。[2]夏吟兰教授依据《民法通则》的相关规定分析认为，可以根据《民法通则》规定的民事行为无效具体情形来认定协议离婚无效的情形，包括：（1）主体不适格；（2）意思表示有瑕疵；（3）当事人双方通谋欺骗婚姻登记机关，或提供虚假证明的。凡属以上情形，则离

1　王礼仁：《婚姻诉讼前沿理论与审判实务》，人民法院出版社 2009 年版，第 552 页。
2　王礼仁：《婚姻诉讼前沿理论与审判实务》，人民法院出版社 2009 年版，第 512 页。

婚登记无效。[1]

本书认为，离婚无效或撤销的法定情形可以规定为以下几个方面：(1)因受胁迫而离婚的；(2)因受欺诈而离婚的；(3)因误解而离婚的；(4)与无民事行为能力人、限制民事行为能力人协议离婚的；(5)违反离婚程序，在一方当事人不知情的情况下，通过违法手段办理离婚登记的。包括冒名登记离婚、一方当事人与婚姻登记机关相互串通而单方办理离婚登记的，等等。其中，前三类为离婚撤销的情形，后两类为离婚无效的情形。在理论上，对于因受欺诈和因误解而离婚的是否可以作为离婚无效的法定情形是有争议的。有的学者认为这些情形不能作为离婚无效处理。[2]但本书认为，因受欺诈等而离婚的，是一方当事人隐瞒真实情况或告知对方虚假情况，使对方陷于错误认识而与之离婚的违法行为。从表面上看，当事人解除婚姻关系的意思表示是一致的，但从本质上看，由于一方当事人的欺诈行为导致了对方当事人陷于错误的认识，并对今后的婚姻选择作出了错误的判断和决定，从而作出了愿意与对方离婚的错误的意思表示。这一系列错误使当事人的行为违反了我国《民法总则》规定的诚信原则和《婚姻法》关于离婚登记须“男女双方自愿”的规定，使善意一方当事人的身份利益等权益遭受损害。如果法律不予以救济，对受欺诈一方(弱者一方)是不公平的，也违背了婚姻家庭立法的宗旨。至于通谋离婚、虚假离婚，属于当事人双方自愿离婚(不论何种原因和动机)，双方离婚的意思表示是真实的，不能成为离婚无效或撤销的原因，其法律后果应由当事人自己承担。对于以离婚为手段，骗取公共利益的(如在拆迁补偿、限价房或者经济适用房购置等过程中，为达到多得补偿费或多申请住房的目的而假离婚)，可以直接宣告骗取的公共利益无效，或者依法追缴或者依法制裁即可，也不能作为离婚

---

1 夏吟兰：《离婚自由与限制论》，中国政法大学出版社2007年版，第128页。

2 王礼仁：《婚姻诉讼前沿理论与审判实务》，人民法院出版社2009年版，第550—551页。

无效处理。

4. 关于离婚无效适用的诉讼程序

（1）关于离婚无效诉讼程序的不同主张。关于离婚无效适用的诉讼程序，我国《婚姻法》和《民事诉讼法》均没有规定。夏吟兰教授认为应适用《民法通则》关于民事行为无效的规定。[1] 而王礼仁法官则认为可以准用结婚无效或撤销的规定。[2] 本书认为夏吟兰教授和王礼仁法官的观点没有根本性的冲突，因为结婚或者离婚行为均为民事行为，但从可操作性角度考虑，本书更赞成后者的观点。因为离婚无效与结婚无效均属于婚姻无效范畴，两者性质相同，且《婚姻法》和相关条例的规定比《民法总则》和《民法通则》的规定更为具体，建议我国未来立法可以参考日本的规定，规定离婚无效和撤销可以准用结婚无效或撤销的规定。

（2）关于离婚无效或撤销的宣告机关。如前所述，在现行法律条件下，离婚无效或撤销原则上可以准用结婚无效或撤销的规定。离婚无效应由人民法院宣告；离婚撤销，应由婚姻登记机关和人民法院分别行使。

根据 1980 年《婚姻法》的精神和 1994 年 2 月 1 日民政部《婚姻登记管理条例》的规定，婚姻无效和可撤销的程序为两个，即行政程序和诉讼程序，有权确认婚姻无效的机关是婚姻登记机关和人民法院。而 2003 年 10 月 1 日起施行的《婚姻登记条例》则取消了婚姻登记机关确认婚姻无效的行政程序的规定。依照最高人民法院《婚姻法司法解释（一）》第 10 条的规定，在我国，确认婚姻无效的机关只能是人民法院。换言之，我国现在实行的是依诉讼程序宣告婚姻无效的法律制度，作为行政单位的婚姻登记机关则不享有此项职权。[3] 而婚

1 夏吟兰：《离婚自由与限制论》，中国政法大学出版社 2007 年版，第 128 页。

2 王礼仁：《婚姻诉讼前沿理论与审判实务》，人民法院出版社 2009 年版，第 548 页。

3 吴国平：《婚姻家庭立法问题研究》，吉林大学出版社 2008 年版，第 126—127 页。

姻登记机关只能对符合《婚姻登记条例》第 9 条规定条件的因胁迫结婚（离婚）的进行撤销。

（3）离婚无效或撤销的申请人。无效离婚的请求权人可以是当事人、利害关系人、近亲属和婚姻登记机关。对于可撤销离婚，则应由婚姻关系当事人本人提出申请，第三人无权提出请求撤销他人的离婚行为。

（4）申请宣告离婚无效或撤销的期限

首先，申请宣告离婚无效或撤销的期限应与申请婚姻无效或撤销的期限有所区别。因为两者的法律后果不同,结婚的撤销一般不具有溯及既往的效力(结婚的无效例外)，而离婚的撤销则具有溯及既往的效力。[1] 如果当事人一方或双方在宣告离婚无效或撤销前已经再婚，则须在宣告离婚无效或撤销后重新办理离婚登记，或者诉讼离婚，否则构成重婚。即在当事人再婚的情况下，其前婚之离婚的撤销具有溯及力，从而导致重婚发生，而我国法律明确规定重婚是不受法律保护的，这对善意的后婚配偶一方十分不利。

其次，对于离婚无效或撤销的申请期限应当明确规定，且不能太长。根据我国《婚姻法》第 11 条规定：受胁迫一方撤销婚姻的请求，应当自结婚登记之日起 1 年内提出。被非法限制人身自由的当事人请求撤销婚姻的，应当自恢复人身自由之日起 1 年内提出。考虑到法律后果的不同，建议立法上将申请撤销离婚的具体期限规定为 6 个月内。

三、设立离婚冷静期制度

与 1994 年颁布的《婚姻登记管理条例》相比，2003 年的《婚姻登记条例》淡化了婚姻登记的行政管理色彩，突出了民事登记的特征，推进了我国登记离

1　王礼仁：《婚姻诉讼前沿理论与审判实务》，人民法院出版社 2009 年版，第 549 页。

婚程序的现代化进程。[1]具体而言，我国现行婚姻立法取消原《婚姻登记管理条例》第16条中关于1个月的协议离婚延缓期（即离婚登记审查期）的规定（且这只是上限，但未规定下限），实行当场办理离婚手续的做法，且不再对离婚协议进行实质审查，这从一方面看，反映了我国婚姻登记制度价值的变化和离婚登记立法理念上的变化，强调个人意思自治和“自己决定权”，但从另一方面来看，这不利于家庭的和谐稳定，也可能对妇女、儿童等弱势群体的权益保障产生不利影响。“现行法律制度对离婚登记的时限没有明确要求，不利于缓和当事人之间的矛盾，而离婚程序过于简化，容易使当事人忽视婚姻双方的责任。”[2]笔者认为，离婚虽然是当事人的私事，按照我国法律，当事人完全享有意思自治和离婚自由权，法律应当充分尊重公民的私权。但由于离婚本身不仅仅牵涉到当事人自身，在有的离婚纠纷案件中还涉及子女、他人和社会的利益。对待离婚问题，不应采取随意和轻率的态度，而应当认真慎重考虑。在我国，在宪法和法律的范围内，任何自由都不可能是绝对的自由，而只能是在宪法和法律限度内的相对自由。[3]我们在重视和尊重当事人意思自治，保护其离婚自由权的同时，也不能忽略维护家庭中弱势一方的权益保护，更不能忽略未成年子女的利益，以避免造成权利保护和利益均衡上的新的冲突与不平等。

从国外情况来看，如前所述，有一些国家法律规定在结婚届满一定期限时方可申请离婚，并且设置了离婚冷静期（也称为离婚考虑期）。例如法国规定公民在结婚后6个月内不得离婚，如在6个月后共同申请离婚的，还要有3个月的考虑期。本书建议参考国外的立法经验，明确规定以下内容：

1.设立离婚与结婚之间的时间限制。明确规定结婚后须达到一定期限后（如

1　夏吟兰：《离婚自由与限制论》，中国政法大学出版社2007年版，第116—117页。

2　张伟：《转型期婚姻家庭法律问题研究》，法律出版社2010年版，第238页。

3　夏吟兰：《离婚自由与限制论》，中国政法大学出版社2007年版，第116页。

1 年）才能提出离婚。

2. 规定提出离婚后须经过一定考虑等待期限后才能批准离婚。目前，我国实体法中没有规定离婚冷静期，但我国《民事诉讼法》第 124 条第 7 款规定："判决不准离婚和调解和好的离婚案件，判决、调解维持收养关系的案件，没有新情况、新理由，原告在六个月内又起诉的，不予受理。"这一规定中的"6 个月内"尽管没有被称之为"离婚冷静期"，但在客观上却起到了离婚冷静期的实际作用。美中不足的是，这一规定仅适用于诉讼离婚。2018 年 9 月公布的我国《民法典各分编》（草案）"婚姻家庭编"第 854 条规定："自婚姻登记机关收到离婚登记申请之日起一个月内，任何一方不愿意离婚的，可以向婚姻登记机关撤回离婚申请。""前款规定期间届满一个月内，双方应当亲自到婚姻登记机关申请发给离婚证；未申请的，视为撤回离婚登记申请。"这是该草案对离婚冷静期所作出的规定，具体期限为 1 个月。本书非常赞成在立法上规定离婚冷静期，并将适用范围扩大到登记离婚。同时，建议区别不同的离婚程序，将登记离婚的冷静期规定为 1 个月，将诉讼离婚的冷静期规定为 6 个月。这样规定的目的是给当事人提供一个情感矛盾的缓冲期，使他们有充分的时间慎重考虑，防止轻率离婚或者"闪婚闪离"，以减少离婚随意性、冲动性和盲目性所产生的不良后果。同时，也有利于婚姻登记机关认真审查，并作出正确和准确的判断。

此外，本书认为，我们还可以借鉴国外立法经验，在我国立法上设立别居制度（包括协议别居和裁判别居制度），[1] 明确规定别居期间的财产实行分别财产制，并对别居期间的夫妻人身关系、父母子女关系作出相应的规定。

1　王勤芳：《别居法律制度研究》，知识产权出版社 2008 年版，第 180 页。

四、设立离婚公示制度

有的学者提出增设离婚公示制度。理由是：由于登记离婚协议中常有非法目的，因此，设立登记离婚的公示有助于利用社会力量来监督当事人，同时也有助于排斥假离婚和具有胁迫性的离婚。[1] 本书也赞成这一建议，并在多年前就曾经提出要建立结婚宣誓和结婚公告制度，[2] 有的人赞成，但也有人强烈反对，认为"结婚要宣誓要公告，专家操的心太多了。"[3] 而事实上我国许多地方政府已经推行了结婚宣誓制度，[4] 但何时推出公告制度，这一问题比较复杂，需要一个过程。本书仍然坚持认为这两个制度的推出有其积极意义，这并不是要运用公权力干涉公民私权，而是为了从法律上维护当事人的合法权益。特别是结婚公告制度，一方面可以增加结婚审查的效力，发挥社会对婚姻成立的监督作用，另一方面促进当事人认真慎重对待结婚问题，防止草率结婚等行为的发生。这对于离婚公告问题也是具有同样的意义，可以减少"不当离婚"行为的发生。但从总体上说，这应当选择合适的时机。要考虑到国情民意、风俗习惯、民族文化和法律传统等因素。同时，离婚公示制度的推出应与结婚公示制度的推出相配套，甚至后者要先行一步，否则执行起来可能有一定阻力。必要时，可以在一定地区和范围内先进行试点，取得成功经验后再进行全面推广和铺开。

---

1 包华斌：《谈现行登记离婚制度的弊端及其完善构建》，http://fjfy.chinacourt.org/public/detail.php?id=9538，访问日期：2011 年 4 月 10 日。

2 吴国平：《婚姻家庭立法问题研究》，吉林大学出版社 2008 年版，第 66—71 页；陈丽平：《专家建议将结婚宣誓和公告制度写入婚姻法》，载《法制日报》2009 年 2 月 14 日，第 2 版。

3 陈旭：《结婚要宣誓要公告，专家操的心太多了》，http://news.xinhuanet.com/politics/2009-02/14/content_10818606_1.htm，访问日期：2009 年 2 月 21 日。

4 张潇丁、于建军、田颖：《结婚宣誓增强新人责任》，http://caijing.qingdaonews.com/html/2007-11/16/content_125507.htm，访问日期：2008 年 6 月 18 日。

五、赋予人民法院对转移财产、逃避债务行为的撤销权

在司法实践中，常常出现债务人为了逃避债务，以离婚为由，故意放弃其在婚姻关系存续期间的所有共同财产，而向其配偶和子女或者其他人无偿转让财产，这一行为势必影响债务人债务的按时履行，在客观上会给债权人造成损害，因此，债权人可以请求人民法院撤销债务人的行为。建议立法上明确规定：对于以逃避债务的离婚协议，当事人提出异议的，人民法院依法有权撤销。即人民法院对于夫妻双方通过离婚协议转移财产，逃避债务的行为，可以通过判决将双方婚姻关系存续期间的共有财产恢复至离婚前共同共有状态，或者依法追缴或者依法制裁，以保护债权人的合法利益。

此外，从关口前移的角度来看，还需要不断提高婚姻登记员队伍的法律素质和责任意识。从总体上说，我国婚姻登记机关工作人员的法律专业素养和水平还有待于提高，个别工作人员对立法精神、立法意图和民事法律知识的理解与把握有时还不够到位，这样势必影响执行法律的准确性和效果。因此，要进一步加强婚姻登记员队伍的业务培训，使他们能够熟悉相关法律法规，熟练掌握业务技能，不断提高婚姻登记员队伍的法律素质和责任意识，切实把好婚姻登记关。同时，对于婚姻登记人员的离婚审查过程中滥用职权、玩忽职守等造成离婚登记无效的，除应宣告离婚登记无效外，还应对负有责任的婚姻登记人员给予相应的处分。目前这方面的法律责任缺位的情况应当通过完善立法予以改变。

第五章 离婚精神损害赔偿问题研究

近年来，我国离婚案件数量不断上升，其中，因婚姻当事人一方重婚、与异性同居生活等违反夫妻忠实义务而引发夫妻感情破裂导致离婚的，已成为当前离婚案件的一种典型情况。与之相联系的是，在向人民法院起诉时，无过错方除了离婚诉讼请求外，往往还会涉及精神损害赔偿的问题。2001 年我国《婚姻法》（修正案）中首次以法律形式明确规定了离婚损害赔偿制度，司法解释也有更为细化的规定，为惩罚婚姻侵权行为提供了法律依据，但在精神损害赔偿制度方面的规定仍不完善，人们对此的认识也不一致，司法实践中离婚精神损害举证难、认定难和赔偿难的问题比较突出，需要进一步深入研究，提出解决对策。

第一节 婚姻不忠行为的特点及其危害后果

一、婚姻不忠行为的表现形式和特点

民政部社会服务发展统计公报中显示，2014 年全国共依法办理结婚登记

1306.7 万对，粗结婚率为 9.6‰，办理离婚 363.7 万对，粗离婚率为 2.7‰，离婚结婚比为每结婚 3.6 对，就有 1 对离婚。[1] 据媒体报道，2002 至 2014 年，我国离婚率已连续 12 年递增，2014 年有 360 万对夫妻离婚，这个数字是 2004 年前的两倍多；同期离婚率即每 1000 人中的离婚案数目也翻了一倍多。2016 年的离婚率已达 2.7，远高于大部分欧洲国家，接近于离婚最普遍的西方国家美国的水平。[2] 民政部公布的数据还显示，2018 年全国结婚登记人数为 1010.8 万对，离婚登记人数为 380 万对。[3] 总体上看，我国的离婚率继续持上升趋势。与此同时，专家分析称有五成离婚系因婚外情所致。[4]

1. 婚姻不忠行为的表现形式。本书在此将违反一夫一妻制的行为统称为“婚姻不忠行为”，它是指，有配偶者在婚姻关系存续期间与婚外异性发生性关系的行为。婚姻不忠行为主要表现为重婚、有配偶者与他人同居、“一夜情”、通奸、卖淫、嫖娼、找情人、换妻等多种形式。其中，有配偶者与他人同居是指，婚姻关系存续期间夫妻一方或双方与婚外异性保持稳定持续的共同居住的行为。该行为包括公开同居和秘密同居二种表现形式。其主要特点在于同居者双方均不以夫妻名义进行同居。“包二奶”和姘居是有配偶者与他人同居的主要形式。“包二奶”是指有配偶的男性以金钱、物质等经济利益为交换条件而与婚外异性同居生活或者保持较为固定的性关系的行为。姘居是指有夫妻任何一方与婚外异性共同居住生活的行为。对于姘居者而言，如果双方发展到公开以夫妻名

1　叶文振：《完善现代婚姻制度，推高青年结婚热情》，载《中国妇女报》2017 年 7 月 31 日 B1 版。

2　徐志文：《离婚率正在中国迅速攀升 超一半由女方主动提出》，http://news.sohu.com/20160124/n435648633.shtml，访问日期：2016 年 3 月 20 日。

3　佚名：《离婚大数据曝光：北京离婚率接近 50%！宁愿单身，也不想“英年早婚”！》，http://www.sohu.com/a/299644888_253327，访问日期：2019 年 3 月 7 日。

4　佚名：《中国统计离婚率 2015 揭秘离婚原因及婚内出轨占离婚率 5 成》，http://www.niubb.net/a/2015/12-06/1136181.html，访问日期：2016 年 3 月 20 日。

义同居生活，则构成事实重婚。如近年来的广东等沿海一带出现的农民工“临时夫妻”现象，正是有配偶者与他人同居的典型例子。1 上述种种行为，从本质上看，都是违反我国一夫一妻制婚姻制度，违背夫妻忠实义务的行为，也不符合社会主义道德的要求。其中的重婚行为，不仅损害婚姻当事人的个人利益，而且还是对社会公共秩序和公共道德的违背。

2. 婚姻不忠行为的主要特点。从总体上看，婚姻不忠行为具有以下特点：（1）男性为主。在因婚姻不忠而引发的离婚诉讼中，原告多为妻子一方，被指有婚姻不忠行为的当事人即被告多为丈夫一方。（2）形式多样。近年来婚姻不忠行为呈现多样化样态，除我国《婚姻法》明文规定的重婚、有配偶者与他人同居这二种法定情形外，“一夜情”、通奸、卖淫、嫖娼、找情人、换妻等其他婚姻不忠行为也不断出现和增多，甚至出现以认“干爸”“干女儿”为名的“婚外情”“地下情”形式，有的还生育了子女。（3）行为隐蔽。除了换妻行为以外，绝大多数婚姻不忠行为都具有私密性、隐蔽性，配偶与外人一般难以发现和察觉。（4）日渐多发。由于物质生活水平的提高，思想观念的变化，价值导向的错位和社会大环境的日渐宽松，婚姻不忠行为有日渐增多的趋势。（5）成因复杂。婚姻不忠行为的不断发生，既与行为人家庭责任意识淡化，道德品质堕落，个人私欲膨胀，法治观念淡薄有关，也与人们对婚姻家庭认知变化，社会舆论约束弱化，法律保障程度不够有关。有的行为人特别是男性在有了一定金钱、权力或者地位之后，为了追求个人享乐，满足私欲，便过上了变相的“一夫多妻”生活。在这些人中，利用上下级关系的有之，利用权力地位的有之，利用金钱诱惑的有之，利用把柄要挟的有之，也有的是互相利用，不一而足。而有的女性特别是年轻女性，为了贪图享受而一拍即合，也有个别女性是为了达到个人

1 吴国平：《论农民工重婚行为的法律规制》，载《广西大学学报》（哲社版）2014 年第 4 期，第 93—98 页。

某种目的而投怀送抱。不少人还不以为耻，反以为荣，甚至“羡慕”不已。以上种种行为表明，我国现行婚姻制度正受到严峻的挑战，配偶权受到侵犯的当事人更需要通过法律救济途径来捍卫自己的权益。

二、夫妻违反忠实义务产生的危害

婚姻不忠行为的产生，无论对夫妻双方还是子女都是一种严重伤害。具体体现在：

1. 伤害了夫妻感情。婚外性关系等婚姻不忠行为，是违反我国《婚姻法》规定的“一夫一妻”制的违法行为，也是对我国《婚姻法》规定的夫妻相互忠实义务的违背，更是对夫妻感情的一种背叛和伤害，因此，双方离婚是其必然的结果。

2. 给无过错方带来了精神痛苦。婚姻不忠行为的发生，粉碎了无辜的受害人一方对爱情的信任以及亲情和幸福生活期盼，给其造成了巨大的精神痛苦和心灵创伤，这种痛苦与创伤有时远远比单纯的财产损失后果更严重。

3. 给子女成长带来了不利影响。不仅对婚姻当事人双方所生子女带来了巨大的压力与打击，而且有的案件中，有过错方还与第三人生育了子女。作为这些子女而言，他们是无辜的。父母之间的矛盾冲突与相互关系的变化，使其生活保障和情感依赖受到威胁，也会给其精神上、生活上带来很大的影响。尤其是处于少年儿童成长时期的子女而言，也是一种间接伤害，对其健康成长不利，至少是给其幼小的心灵留下了阴影。

4. 给婚姻家庭秩序造成严重破坏。如前所述，婚姻不忠行为违背了我国一夫一妻制的婚姻制度，败坏社会风气，影响家庭稳定，损害了婚姻的社会功能，破坏了我国婚姻家庭秩序，由此还诱发了各种民事纠纷和刑事犯罪，影响社会和谐稳定。

综上所述，婚姻不忠行为的发生，对家庭与社会都造成了危害。它不仅是对夫妻感情与忠实义务的背叛和违反，直接导致婚姻关系破裂，而且还侵犯了受害人的配偶权与人格尊严。因此，在不少离婚案件中，当事人在提出离婚的同时，往往也会主张离婚损害赔偿，包括精神损害赔偿。

第二节　离婚损害赔偿制度概述

一、离婚损害赔偿制度的概念

离婚损害赔偿制度，也称离婚过错赔偿制度，它是指因夫妻一方的过错行为导致离婚时，无过错的另一方有权要求过错方给予损害赔偿的民事法律制度。[1] 当夫妻一方的行为构成离婚原因之一的侵权行为时，他方才可依法请求离婚损害赔偿。它是一种救济措施，也是一种民事责任。这一制度是我国立法机关 2001 年修正《婚姻法》时，根据我国婚姻家庭关系的现状，在借鉴其他国家和地区立法经验的基础上首次确立的。离婚损害赔偿法律制度的正式确立，填补了我国的一项立法空白。

二、离婚损害赔偿制度的功能

缔结婚姻是一种民事法律行为，男女双方缔结婚姻，就意味着他们承诺今后共同承担和履行婚姻家庭所承载的各种义务和责任。一方违背了婚姻义务和责任，就侵犯和损害了另一方的合法权益。当因一方的过错而导致婚姻关系破裂时，对他方造成物质上和精神上的损害，往往是不可估量的。对于无过错方来说，除了物质上的损害外，实际上，更多更大的损失和痛苦是来自于精神上受到的伤害。与此同时，一方违背婚姻义务的行为也损害了婚姻的社会功能，破坏了我国婚姻家庭制度和秩序。法律如果不对此作出相应的规范和保护，无

1　蒋月、何丽新：《婚姻家庭与继承法》（第四版），厦门大学出版社 2013 年版，第 205 页。

过错方的利益和损失就无法得到补偿和救济，这是违背民法公平原则的。因此，法律要求过错方对其违背婚姻义务的行为必须承担相应的损害赔偿的法律后果。这不仅体现了法律对婚姻社会功能的再强调，也是对法律制度的严肃和尊重，同时更是对无过错方受损权利的必要补偿和救济。离婚过错赔偿制度的确立，也是当代民法、亲属法公平原则和保护弱者道义在离婚问题上的体现，符合世界婚姻家庭立法的趋势。而实际上，离婚损害赔偿制度在现代各国离婚法律制度中已早有先例。例如《法国民法典》第266条规定："如离婚被判为过错全在夫或妻一方，则该方得被判赔偿损害，以补偿他方因解除婚姻而遭受的物质或精神损害。他方仅得在离婚诉讼之际请求损害赔偿"。《瑞士民法典》第151条也规定：因离婚致无过失之配偶，其财产权或期待权受损失者，有过失之配偶应予以相当之赔偿。

根据世界各国立法经验和我国《婚姻法》设置离婚损害赔偿制度的立法意图，其主要功能不外乎四个方面：一为补偿损失。这是离婚损害赔偿制度的最基本功能。即国家通过公力救助的方式，使得受害人的损失得到填补，受侵犯的利益得到恢复和救济，从而有效保障了无过错方的合法权益；二为精神抚慰。即对于无过错方受到的精神损害通过物质方式予以一定的赔偿，使其精神上得到一定的安慰，平抚精神上和心理上的创伤，从而使受害人在获得物质补偿的同时，也获得精神上的抚慰和心理上的慰藉。三为惩罚遏制。即通过运用物质赔偿方式使得违反法定义务的加害人为其实施的损害行为承担不利的法律后果，体现了法律对违法行为的制裁和惩罚。同时，也使加害人在经济上不仅没有得到任何好处，而且还要为自己的违法行为付出代价，从而彻底放弃实施违法行为的意念，这样有利于抑制重婚、有配偶者与他人同居、家庭暴力等违法犯罪行为的发生。四为警示预防。对于其他企图实施违法行为的人而言，也起到警示作用，从而发挥法律教育导向功能，减少和遏制违法行为的发生。

三、离婚损害赔偿的范围

离婚时的损害赔偿既包括财产损害（即物质损害）的赔偿，还包括精神损害的赔偿。

物质损害主要是指因过错方的过错行为而造成的无过错方实际财产利益的减少。如因家庭暴力行为致使无过错方身体受到伤害而支出的医药费、治疗费等。按照一般的财产侵权理论，财产损害赔偿实行全部赔偿原则。

精神损害主要是指因过错方的违法行为，给无过错方造成了一定的精神压抑和痛苦等精神利益的损害。精神损害赔偿的目的，不是弥补受害人的财产损失，而是为了抚慰受害人受伤的心灵。[1]由于精神损害的无形性及不可估价性，在确定精神损害赔偿数额的时候，应根据最高人民法院《关于确定民事侵权精神损害赔偿责任若干问题的解释》（以下简称《解释》）的有关规定，参考下列因素综合确定：（1）侵权行为人的过错程度；（2）侵害的手段、场合、行为方式等具体情节；（3）侵权行为所造成的后果；（4）侵权人的获利情况；（5）侵权人承担责任的能力；（6）受诉法院所在地平均生活水平。

四、离婚适用精神损害赔偿的理论和法律依据

在当今法治社会，人们的权利意识觉醒和维权意识的增强，使得人们对自身精神权益的维护和保障愈加重视，而案件的审理也涉及法律权威与司法公正问题。因此，在离婚案件时，精神损害赔偿问题是无法绕开和回避的。适用精神损害赔偿的目的在于通过责令加害人对受害人在经济（物质）上的赔偿以减

1　吴国平、张影：《婚姻家庭法原理与实务》（第四版），中国政法大学出版社 2018 年版，第 286 页。

轻或者化解其在精神上的创伤与痛苦，从而达到精神抚慰的效果。换句话说，就是通过这一法律救济措施，既惩罚违法行为人（加害人），也使受害人尽早从中解脱出来，开始新的生活。因此，本书认为，当事人提出的精神损害赔偿请求是有法理依据的，应当予以重视与支持。

1. 加害人的违法行为伤害了夫妻感情。我国《婚姻法》第 2 条明确规定我国实行一夫一妻制，《婚姻法》第 4 条还强调夫妻应当履行相互忠实的义务，而加害人的婚姻不忠行为，不仅违反了《婚姻法》的规定，而且直接背叛了夫妻感情，导致婚姻关系破裂。

2. 加害人的违法行为所造成的危害后果主要体现在精神损害方面。从受侵害的对象（客体）来看，婚姻不忠行为严重侵犯了夫妻另一方的配偶权，给配偶一方带来精神上、心理上的无法愈合的伤害。一些受害人为此遭受的巨大打击而造成精神痛苦、心理崩溃、情感折磨和绝望是可想而知的。当然，在有的案件中可能还附带侵害到受害人的名誉权和生育权，这些权利都属于自然人的人格权范畴。因此，受害人完全有权主张精神损害赔偿。

3. 受害人的请求符合我国《侵权责任法》《婚姻法》和相关司法解释的规定。我国《侵权责任法》第 22 条规定："侵害他人人身权益，造成他人严重精神损害的，被侵权人可以请求精神损害赔偿。"《婚姻法》第 46 条也规定因"有配偶者与他人同居"而导致离婚的，无过错的当事人一方有请求损害赔偿的权利。与之相配套，最高人民法院《婚姻法司法解释（一）》第 28 条明确规定，《婚姻法》所规定的损害赔偿，包括物质损害赔偿和精神损害赔偿两个方面的内容。涉及精神损害赔偿问题的，应适用最高人民法院《关于确定民事侵权精神损害赔偿责任若干问题的解释》的有关规定。[1] 根据该《解释》第 1 条第 2 款的规定，

1　最高人民法院《关于确定民事侵权精神损害赔偿责任若干问题的解释》第 1 条第 1 款规定：自然人因人格尊严权、人身自由权等"人格权利遭受非法侵害，向人民法院起诉请求赔偿精神损

受害人向人民法院提起离婚诉讼时，以对方当事人违反夫妻忠实义务为由同时向人民法院提出赔偿精神损失诉求的，人民法院应当受理。婚姻不忠这一违法行为应属于该条款规定的范畴。再退一步说，我国法律上并不否认夫妻间的侵权构成损害赔偿责任。即便是运用一般侵权法对无过错当事人进行司法救济，在法律上也并无任何障碍。[1]因此，受害人完全可以基于对方所为民法上的侵权行为而依法主张精神损害赔偿，这种主张是有法律依据的，同时也符合法理。

害的，人民法院应当依法予以受理。”第 2 款明确规定：“违反社会公共利益、社会公德侵害他人隐私或其他人格利益，受害人以侵权向人民法院起诉请求赔偿精神损害的，人民法院应当依法予以受理。”

1　马忆南、贾雪：《婚姻法第四十六条实证分析》，载《中华女子学院学报》2016 年第 1 期，第 5 页。

第三节 离婚损害赔偿现行法律规定适用之检讨

一、离婚损害赔偿的法律适用

目前，根据我国《婚姻法》第46条和最高人民法院《婚姻法司法解释（一）》《婚姻法司法解释（二）》和《最高人民法院关于适用〈中华人民共和国婚姻法〉若干问题的解释（三）》（以下简称《婚姻法司法解释（三）》）的相关规定，离婚时损害赔偿的法律适用主要涉及下列问题：

1. 离婚损害赔偿的权利主体。当事人在适用离婚过错损害赔偿制度主张损害赔偿时，须以自己无法定过错为前提。根据《婚姻法司法解释（三）》第17条的规定，当夫妻双方均存在法定过错情形时，一方或者双方向对方提出离婚损害赔偿请求的，人民法院不予支持。

2. 离婚损害赔偿的义务主体。按照目前的法律规定和司法解释，有过错的配偶一方是离婚过错赔偿的义务主体。

3. 离婚损害赔偿的提出。必须由无过错一方提出损害赔偿请求。其他家庭成员需要赔偿的，只能适用一般侵权损害赔偿。无过错一方没有提出离婚损害赔偿请求的，人民法院在处理离婚案件时不能主动干预和处理。而在婚姻关系存续期间，当事人不起诉离婚而单独提起损害赔偿请求的，人民法院则不予受理。

关于提出离婚损害赔偿的时间问题，根据《婚姻法司法解释（一）》第30条的规定，过错方的过错行为符合《婚姻法》第46条规定的四种情形并导致离婚的，应区别以下不同情况进行处理：

（1）无过错方作为原告，在提起离婚诉讼的同时，必须一并提出损害赔偿的请求，否则视为放弃；

（2）无过错方作为被告的离婚诉讼，如果无过错方不同意离婚也不基于《婚姻法》第46条规定的情形提出损害赔偿请求的，可以在离婚后一年内就损害赔偿问题单独提起诉讼；

（3）无过错方作为被告的离婚诉讼案件，一审时被告没有基于《婚姻法》第46条规定的情形提出损害赔偿，在二审期间提出的，人民法院应当进行调解，调解不成的，告知当事人在离婚后一年内另行起诉。

4. 离婚损害赔偿的告知。离婚过错赔偿适用当事人告诉乃论的原则，但人民法院在受理离婚案件时，有义务告知当事人享有要求损害赔偿的权利。

离婚时的损害赔偿是法律赋予无过错当事人的一项诉讼权利，而权利的行使与否完全取决于当事人。如果无过错方并未在离婚诉讼中提起损害赔偿的诉请，人民法院则不能主动就损害赔偿的问题做出判决。但是，人民法院在受理案件后，有义务以书面的形式告知当事人享有提出损害赔偿请求的权利。至于是否提出，则完全取决于当事人。

5. 离婚损害赔偿的适用范围。离婚过错赔偿，既适用于协议离婚，也适用于诉讼离婚。对于当事人在婚姻登记机关办理离婚登记手续后，以《婚姻法》第46条规定为由向人民法院提出损害赔偿请求的，人民法院应当受理。但当事人在协议离婚时已经明确表示放弃该项请求，或者在办理离婚登记手续一年后提出的，不予支持。在协议离婚时，双方可以就赔偿数额、给付时间、给付方式等问题协商一致后，写入离婚协议。如果协议不成时，则可向人民法院起诉，由人民法院依法进行调解或判决。

6. 离婚损害赔偿金的给付。离婚过错赔偿金应以过错方的个人财产来承担，原则上应一次性给付。如有困难的，可以分期给付，并提供相应的担保。

二、现行法律规定之不足

如前所述，离婚损害赔偿法律制度在我国《婚姻法》中的正式确立，填补了我国的一项立法空白，对保障当事人的婚姻家庭权益，维护社会主义婚姻家庭制度具有重要的现实意义。但从司法实践中遇到的问题来看，目前的离婚损害赔偿制度还存在以下几个不足：

1. 离婚损害赔偿过错行为的范围过窄。我国《婚姻法》第 46 条将承担离婚损害赔偿的行为限定为重婚、有配偶者与他人同居、实施家庭暴力或者虐待、遗弃家庭成员四种情形。除此以外的其他过错行为诸如“一夜情”、通奸、卖淫、嫖娼、找情人、换妻等其他婚姻不忠行为,均不能成为离婚损害赔偿的法定理由。

2. 离婚损害赔偿的主体限制过严。离婚损害赔偿的权利主体，按照目前的法律规定和司法解释，损害赔偿请求权的主体被限制在夫妻双方，子女不能主张离婚损害赔偿权。如果子女等其他家庭成员需要赔偿的，只能适用一般侵权损害赔偿；离婚损害赔偿的义务主体，仅限于有过错一方，无过错方不能要求“第三者”给予离婚损害赔偿，其求偿权受到限制，这不但有失公正，也不利于发挥法律在调整婚姻家庭关系中的作用。

3. 对主张离婚损害赔偿权的时间要求过高，目前只能在离婚时提出。

4. 没有规定离婚损害赔偿的范围。除了物质损害赔偿外，是否包括精神损害赔偿。尽管司法解释中已经明确规定包括物质损害赔偿和精神损害赔偿，但在立法层面上还不明确。

5. 没有规定过错相抵原则。在一般的损害赔偿案件中，若双方当事人均有过错的，依照我国《侵权责任法》第 26 条的规定，可以适用过错相抵原则来确定双方当事人各自应当承担的民事责任。但在离婚案件中是否适用，法律上未明确规定。

第四节　解决离婚精神损害赔偿难的法律对策

在我国司法实践中，追究当事人违反夫妻忠实义务法律责任的主要途径是通过离婚诉讼来解决的。因此，就当事人的诉讼权利而言，它不仅涉及离婚的诉讼请求权，而且还涉及离婚精神损害求偿权问题。

本书认为，要解决当前司法实践中出现的离婚精神损害赔偿难问题，必须从法律制度和审判机制入手进行改革完善，使立法意图能够在司法实践中得到贯彻落实，使法律救济措施更加具有可操作性，为当事人提供有效的法律保护。

一、进一步完善我国《婚姻法》的相关内容

1. 将夫妻忠实义务提升为法定义务。重婚、有配偶者与他人同居行为都是违反我国《婚姻法》所明文规定的“一夫一妻”制行为的典型表现形式，他们在本质上都属于违反夫妻忠实义务和侵犯配偶权的行为。而我国实行的是一夫一妻制的婚姻制度，我国《婚姻法》一方面在第 3 条中明确规定禁止重婚和有配偶者与他人同居行为，另一方面还在第 4 条规定了夫妻的相互忠实义务。这是从禁止性规定和倡导性规定二个不同角度对一夫一妻制原则的强调与补充。但是这些规定并没有实现我们制定《婚姻法》时的立法初衷。值得我们反思。因为我国《婚姻法》第 4 条的规定还仅仅是一条宣示性、倡导性的规定，对于夫妻忠实义务的具体内容、违反该义务所应承担的法律责任和后果等没有明确，加上最高人民法院《婚姻法司法解释（一）》第 3 条对当事人违反夫妻忠实义

务的可诉性的限制，[1]因此，使得现实生活中一些违反夫妻忠实义务的行为因有效责任追究机制的缺失而没有得到应有的处理，婚姻侵权法律救济不到位。目前我国法律对婚外同居等违法行为缺乏有效规制，导致一夫一妻制在实践中受到严重挑战。因此，为了使夫妻忠实义务能够得到很好地履行，并保护弱势一方的权益，有必要将该义务上升为法律义务，即以法律条文的形式予以具体明确。

2. 扩大重大过错行为的范围。我国《婚姻法》第46条规定的违反忠实义务的法定过错行为仅限于"重婚"和"有配偶者与他人同居"这二种情形。但在实际生活中，违反忠实义务的行为已远远突破了现有法律的规定。诸如"一夜情"、通奸、卖淫、嫖娼、换妻等婚姻不忠行为，也是对忠实义务的严重违背，也会伤害夫妻感情甚至导致婚姻关系破裂，给对方造成严重的精神损害和物质损害，其危害程度并不亚于重婚和与他人同居，已成为当前影响婚姻稳定与家庭和睦的重要因素。因此，建议立法上应将这些行为纳入婚姻不忠行为的范畴，扩大离婚损害赔偿的适用范围，或者在《婚姻法》第46条中增加一个兜底条款，即"因其他严重过错导致离婚的。"这种列举加概括的立法条文模式，既能够适应社会发展趋势的要求，更加全面有效地维护社会主义婚姻家庭秩序和当事人的权益，也能够增强法律的针对性和可操作性，预防和制裁上述破坏婚姻关系的违法犯罪行为。

3. 将精神损害赔偿作为婚姻侵权的救济措施。婚姻不忠行为是婚姻侵权的一种典型方式，而离婚纠纷是婚姻不忠行为的派生产物和必然后果，其中，精神损害赔偿是婚姻侵权法律救济的必然要求。因为配偶一方违背了夫妻忠实义务，就必然会侵犯和损害配偶另一方的合法权益，就应当受到法律的惩罚。本

1　最高人民法院《关于适用〈中华人民共和国婚姻法〉若干问题的解释（一）》第3条规定："当事人仅以婚姻法第四条为依据提起诉讼的，人民法院不予受理；已经受理的，裁定驳回起诉。"

书主张，对婚姻不忠行为应当区分罪与非罪的界限，对于构成重婚罪的，应当依法追究犯罪嫌疑人的刑事责任，但“包二奶”、姘居、通奸等多数行为毕竟不是犯罪行为，对其纳入刑事制裁的范畴，处之以刑罚，有惩罚过重之嫌，显然不合适。理智与正确的选择应当是运用我国离婚损害赔偿（包括精神损害赔偿）制度来加以制裁，即通过适用我国法律规定的损害赔偿（包括精神损害赔偿）制度予以司法救济。

根据最高人民法院《婚姻法司法解释（一）》的规定，离婚时的损害赔偿既包括财产损害的赔偿，也包括精神损害的赔偿。按照一般的财产侵权理论，财产损害赔偿实行全部赔偿原则。精神损害赔偿的目的，不是弥补受害人的财产损失，而是为了抚慰受害人受伤的心灵。由于精神损害的无形性及不可估价性，在确定精神损害赔偿数额的时候，应根据最高人民法院《关于确定民事侵权精神损害赔偿责任若干问题的解释》的有关规定，参考下列因素综合确定：（1）侵权行为人的过错程度；（2）侵害的手段、场合、行为方式等具体情节；（3）侵权行为所造成的后果；（4）侵权人的获利情况；（5）侵权人承担责任的能力；（6）受诉法院所在地平均生活水平。这些司法解释是我国人民法院审判实践经验的总结，应当以编纂民法典（制定《民法分则》“婚姻家庭编”）为契机，将其上升为国家法律，明确规定离婚损害赔偿既包括物质损害赔偿，也包括精神损害赔偿；既适用于诉讼离婚，也适用于协议离婚。在协议离婚中，无过错方提出损害赔偿请求的，男女双方应该将离婚损害赔偿问题与子女抚养、财产分割等一并同时达成协议。无法达成协议的，应向人民法院起诉。在诉讼离婚中，损害赔偿问题应在离婚案件审理过程中一并处理，不能允许当事人单独提起离婚损害赔偿之诉。对于当事人一方在离婚时不知对方有过错，在离婚后才发现的，也应允许其提起离婚损害赔偿，不应只限制于离婚时提出。

4. 扩大离婚损害赔偿的权利主体和义务主体范围。目前，我国法律和司法解释将离婚损害赔偿请求权的权利主体限制在夫妻双方范围内，从实际生活来看,这一范围显然偏窄,建议未来立法能够将权利主体适当扩大到未成年子女。[1]至于义务主体，目前的法律规定仅限于有过错的配偶一方，这是没有异议的。但是，无过错方能否要求“第三者”给予离婚损害赔偿呢？这就有不同意见。人们通常所说的所谓“第三者”，并不是一个法律概念，它一般是指明知对方有配偶而与其发生男女两性关系，进而同居甚至重婚的行为。由于“第三者”的插足，往往导致夫妻关系的破裂。在夫妻离婚时，无过错一方能否向“第三者”要求损害赔偿？对此问题，在《婚姻法》的修改过程中争论比较激烈。一种观点认为,应要求“第三者”承担损害赔偿的责任,并给予其严厉的法律制裁，理由是：因为“第三者”的插足，破坏了他人的婚姻家庭关系，其行为性质属于侵权行为，因此，“第三者”当然应对其侵权行为所造成的后果承担必要的民事赔偿责任。另一种观点则认为，感情是婚姻关系的基础，而每个人都应该有属于自己的情感空间。“第三者”的出现和插足，完全是当事者的感情原因，而法律是不以感情作为调整对象的。因而，对于“第三者”插足而造成夫妻离婚的，“第三者”并无任何法律责任可承担，充其量该问题属于道德调控的范畴。[2]

由于我国立法上没有对配偶权作出规定，也因对“第三者”概念的界定、办案中的取证困难、第三者与当事人婚姻破裂之间是否一定存在因果关系、如何介入诉讼、诉讼主体地位如何确定等一系列棘手问题的存在，最后，立法机关在2001年修改《婚姻法》时最终并未规定要求“第三者”承担损害赔偿的责任，受害配偶一方对实施侵犯配偶权行为的“第三者”请求损害赔偿缺乏法律依据。

1　参考陈德祥、黄金波：《试论离婚损害赔偿制度》，载万鄂湘主编《婚姻法理论与适用》，人民法院出版社2005年版，第292页。

2　吴国平：《婚姻家庭法新论》，法律出版社2005年版，第376页。

据此，受害人一方基于《婚姻法》第 46 条规定提起的损害赔偿请求目前还不能向配偶以外的“第三者”提出，由此在现实生活和司法实践中产生无数的无奈和痛苦。但从学术研究的角度来看，本书认为，追究“第三者”的法律责任是有法律依据的。在目前法律条件下，对于“第三者”问题而产生的人身和财产损害,无过错一方可以根据《民法通则》第 120 条的规定提起一般侵权之诉，即以侵害配偶权为由诉请人民法院责令侵权人（包括有配偶一方和与其有不正当关系的第三者）停止侵害、恢复名誉、消除影响、赔礼道歉等。因“第三者”插足行为造成配偶一方未能履行夫妻的同居、扶养、忠实等义务的，这就严重侵犯了合法婚姻关系一方的配偶权和其他婚姻家庭权益，破坏了家庭的正常生活秩序，无过错方可以依据《婚姻法》第 20 条、第 21 条的规定，要求有过错的配偶一方履行夫妻相互扶养和对子女的抚养教育等法定义务。对于配偶因与“第三者”的不正当关系造成的财产损失，无过错方还可以夫妻共同财产及自己可得利益受到不法侵害为由，要求“第三者”恢复原状、返还财产并赔偿损失。同时，建议未来立法应当对破坏婚姻关系的侵权行为与一般侵权行为予以区别对待。对于因“第三者”破坏他人婚姻关系的侵权行为，应允许无过错的配偶一方向“第三者”请求损害赔偿和提起诉讼。法国、瑞士等国家立法对此都有具体规定，日本、美国都已有类似的判例，我们可以参考和借鉴。

5. 确认侵害配偶权的责任承担方式。目前我国《婚姻法》第 46 条的规定被视为我国婚姻法对侵犯配偶权侵权责任形式的规定。从司法实践的实际效果来看，对于精神损害，采用金钱赔偿的方式虽然在一定程度上能够对受害人在精神上或者心理上起到抚慰作用，但非财产责任方式的作用同样不能忽视。因为只有同时采用停止侵害、赔礼道歉、恢复名誉、消除影响等非财产责任方式才能全面达到真正的救济目的。如杨立新教授指出的 :“侵害配偶权的行为，是一种民事违法行为，对其进行训诫、责令具结悔过、收缴非法所得、罚款或拘留，是可行的。”[1]因此，对于一般的侵害配偶权的行为未造成受害方配偶物质损害和精神损害的，人民法院可责令加害人停止侵害、赔礼道歉；对侵犯配偶权后果严重，给受害方配偶造成经济或者精神损害的，《民法总则》规定的财产责任和非财产责任方式可以同时并用，即人民法院可以判令加害人同时承担物质损害赔偿和精神损害赔偿责任。

6. 确认过错相抵原则。根据《婚姻法》第 46 条规定，只有无过错配偶一方才能成为离婚损害赔偿请求权的主体，而承担离婚损害赔偿责任的主体也只能是有过错的配偶一方。从法律规定的内容理解，有过错就是实施了四种法定的过错情形，而无过错也应理解为请求离婚损害赔偿的配偶一方未实施法定的四种过错情形。但在实际生活中，存在着配偶双方均有过错的情形，例如配偶一方有与他人重婚或者与他人同居的违法行为，而配偶另一方也有实施家庭暴力，或者虐待、遗弃配偶或者其他家庭成员而致使夫妻感情破裂的情况。按照《婚姻法》的规定，如果实施家庭暴力的一方请求离婚，并要求对方给予离婚损害赔偿，这应如何处理？如果责令有配偶而与他人同居的一方给实施家庭暴力的一方以离婚损害赔偿，这不是很荒唐吗？按照目前最高人民法院《婚姻法司法解释（三）》第 17 条的规定，当夫妻双方均存在法定过错情形时，一方或者双方向对方提出离婚损害赔偿请求的，人民法院不予支持。本书认为，这一规定没有区分产生双方过错的具体原因、情节和后果，也没有考虑当事人提出的赔偿范围与赔偿方式，一概不予处理显然不是很合适。因此，完善我国《婚姻法》中的离婚过错赔偿制度。即在适用离婚损害赔偿这一法律制度时，还要考虑离婚双方的过错情况，如果离婚是因双方的混合过错所致，则依据过错相抵原则，经济损失较大的一方仍可请求对方给予损害赔偿，但双方均不得要求对方给予

---

1 杨立新：《具体侵权行为的法律界定暨实例评析》，吉林人民出版社 1999 年版，第 457 页。

精神损害赔偿。此外，对于双方结婚时间的长短、无过错方对配偶和家庭尽的义务的大小、年龄、健康状况、谋生能力等因素也应根据案件的具体情况一并考虑。

二、进一步完善我国民事诉讼证据规则

目前,“婚外情”和“家庭暴力”是婚姻侵权的主要形式。2001 年我国《婚姻法》(修正案)规定的离婚损害赔偿制度，为惩罚婚姻侵权行为提供了有力的法律依据，但这一制度目前在司法实践中却陷入赔偿难的困境。特别是要证明配偶与“第三者”同居或存在出轨情况则更是难上加难。主要原因在于一方面，男女婚姻家庭生活属于公民个人隐私，他人负有禁止窥探的克制义务。[1] 作为住宅小区的物业管理公司，为了维护业主的隐私，其往往是守口如瓶。而邻居、朋友等则怕招惹是非，也不愿意作证。[2] 另一方面，有过错方与他人同居或者发生性关系大多采取比较隐秘的方式进行，或者为避免自身不利益，而事先隐匿、销毁对其不利的证据，而无过错方并不知情，也难以掌握（取得）证据。即便其有所怀疑而采用秘密跟踪、秘密拍照、录像录音、现场捉奸、聘请私家侦探“侦查”等方式取得了对方出轨、不忠的某些证据时，也因这些证据不具备合法性或者无法构成完整的证据链等原因而难以被法官采纳。[3] 而“举证难”也同时带来“认定难”“赔偿难”的司法难题。因此，在司法实践中，提起离婚精神损害赔偿而成功获得人民法院支持的案例并不多，使《婚姻法》所规定的离婚损害赔偿制度在实践操作层面并没有得到全面有效的执行。但从制度完

1　陈朝晖、翁德辉 :《困境与突破 : 离婚损害赔偿难的破解路径探究》，载《海峡法学》2015 年第 4 期，第 82 页。

2　张珊 :《论离婚案件中“不忠证据”的认定》，http://zxsfy.chinacourt.org/public/detail.php?id=1428#rd，访问日期 : 2016 年 3 月 7 日。

3　胡明玉 :《婚姻家庭法律问题专题研究》，法律出版社 2015 年版，第 182 页。

善的角度来看，离婚损害赔偿难的问题需要从制度设计上予以整体改革与完善。

1. 明确证据的范围与合法性要求。从实践来看，夫妻婚姻不忠行为的证据形式多种多样，概括起来主要有：（1）录音。即过错方与婚外第三人的通话记录，当事人在录音中提及出轨的事实。（2）录像。即过错方与第三人的不雅视频。（3）证人证言。即当事人及其亲朋好友、物业管理人员（含地下车库管理员）提供的有关过错方与婚外异性同居合作举止亲密的情形描述材料。（4）书证。即过错方与婚外第三人往来信件、QQ 聊天记录、通话记录查询单、过错方与婚外异性举止亲密的照片、过错方在出轨被发现后书写的保证书等。

关于证据的合法性问题，2015 年最高人民法院《关于适用〈中华人民共和国民事诉讼法〉的解释》第 106 条规定：以严重侵害他人合法权益、违反法律禁止性规定或者严重违背公序良俗的方法形成或者获取的证据，属于非法证据，不能作为人民法院认定案件事实的依据。因此，证据合法性的认定关键在于是否侵害了他人的权益、违反法律禁止性规定或者严重违背社会公序良俗。因此，人民法院对于当事人自行采集的证据，特别是采用私录、偷拍或者偷录等形式而取得的证据，会依法做出不同的效力认定。主要包括以下情形：（1）在自己住宅安装监控设施（例如录像录音设备等），是完全合法的，不构成侵权；（2）未经他人同意私闯他人住宅取得的证据，属于侵权行为，该证据不具有合法性；（3）在自己住宅内获得的证据是合法的，但如果在证据获取过程中对第三人进行了伤害，则构成侵权行为；（4）通过事先私自安装录音录像设备等非法手段在第三人住宅内获取的两人亲密照片、录音或录像的，不具有合法性；（5）在他人的办公室、住宅或者酒店、宾馆等地安装录音录像设备，不具有合法性，也属于侵权行为；（6）在公共场所拍摄过错方与第三人活动的录像或照片等是合法的，不构成侵权。[1]

2. 举证责任规则的调整与完善

（1）合理设置举证责任的分配。应适用举证责任转移或者举证责任缓和，通过合理设置举证责任的分配，适当减轻无过错方的举证责任。

首先，由于当事人起诉离婚或者正处于离婚诉讼过程中，这就涉及证明有过错方不忠的举证责任问题了。本书认为，要解决诉讼过程中离婚精神损害赔偿举证难的问题，最有效的办法还是要通过完善立法来解决，即立法上应当适用举证责任转移或者举证责任缓和，通过合理设置举证责任的分配，适当减轻无过错方的诉讼举证责任。在司法实践中，离婚损害赔偿案件作为一般民事案件，举证责任方面遵循的同样也是我国《民事诉讼法》规定的"谁主张，谁举证"的证据规则。在人民法院庭审中，如果无过错方认为配偶他方有婚姻不忠行为，则其应承担相关事实的举证责任。该当事人不仅须对案件事实的存在与否收集和提供证据，还要在案件事实真伪不明时独自承担全部败诉的法律风险。[2]但正如上文所分析，婚姻生活的私密性和婚外性行为的隐蔽性给无过错方自己取证带来很大的困难。因此，在无过错方证明确有困难时，应当适当减轻无过错方的举证责任。具体有两种途径可供选择：

第一，适用举证责任的转移。也称为举证责任的倒置。即先由受害人（无过错方）提供其配偶有法定过错行为的初步证明，由法官将举证责任转移给配偶他方，由其提出相关证据证明自己的清白；如果配偶他方无法证明的，则推定其有过错，由其承担损害赔偿责任；[3]或者只要无过错方有证据对配偶另一方

1　张珊：《论离婚案件中"不忠证据"的认定》，http://zxsfy.chinacourt.org/public/detail.php?id=1428#rd，访问日期：2016 年 3 月 7 日）。

2　张珊：《论离婚案件中"不忠证据"的认定》，http://zxsfy.chinacourt.org/public/detail.php?id=1428#rd，访问日期：2016 年 3 月 7 日）。

3　胡明玉：《婚姻家庭法律问题专题研究》，法律出版社 2015 年版，第 183 页。

提出其违反忠实义务的合理怀疑时（例如配偶另一方与婚外异性亲密接触的视频、QQ 聊天记录截图、照片、长时间与固定的婚外异性同居的录像视频和物业管理人员的证人证言等），则应由有过错方（即配偶他方）针对该怀疑提供修改证据予以反驳。

第二，由法官依职权进行调查。我国《民事诉讼法》第 64 条规定："当事人对自己提出的主张，有责任提供证据。当事人及其诉讼代理人因客观原因不能自行收集的证据，或者人民法院认为审理案件需要的证据，人民法院应当调查收集。人民法院应当按照法定程序，全面地、客观地审查核实证据。"2001 年最高人民法院《关于民事诉讼证据的若干规定》第 15—17 条的规定，在特定情形下，人民法院可以依职权或者依当事人的申请来调查和收集证据。其中第 70 条第 1 款第 3 项还规定，只要视听资料的获取不违反社会公共利益和社会公德，虽未经对方同意，也应当采信并作为定案的证据。因此，在离婚损害赔偿诉讼中，当受害人因某种原因自行收集证据确有困难，或者涉及加害人隐私时，可以依法申请人民法院进行涉案证据的调查收集。[1] 未来立法上应当考虑适当拓宽人民法院依职权调查取证的范围。这里需要指出的是：（1）人民法院依职权调查取证须限制在法律规定的范围内。这是人民法院在民事诉讼中所处的诉讼地位所决定的，也是司法公正的要求。（2）注意遵循"任何权利的行使都要尊重公共利益和他人权益"的原则。为了实现当事人之间举证责任的公平分担，以维护无过错方的利益，应当允许受害人以合法手段在必要范围内了解、获取或公开对方的隐私，这并不构成对他人隐私权的侵犯。但这以无损于他人和社会为限。至于受害人为维护自身权益，收集获取第三人（即与自己配偶同居或者发生性关系的"第三者"）破坏他人家庭致使自己的配偶权和夫妻

1 胡明玉：《婚姻家庭法律问题专题研究》，法律出版社 2015 年版，第 184 页。

忠实权利受到侵犯的证据时，也必须限定在必要且合法的限度内。对于所收集到的证据，只能提交人民法院作为证据使用，而不能私自传播或者透露给他人进行宣传报道或者扩散。否则，就会过错对“第三者”权益的侵犯。

其次，在条件成熟时，也可以通过立法来免除受害人精神损害的举证责任。只要有过错方实施了违反忠实义务的行为，法律就推定受害人精神损害的存在，唯有如此，才符合惩罚婚姻过错方的立法目的。[1]

（2）科学设置证据的认定规则

第一，降低婚姻侵权事实的证明标准。在司法实践中，目前人民法院实行的是“高度盖然性”的证明标准，这就实际上就要求法官应根据逻辑上的高度可能性来审查认定案件的相关证据与事实。[2]但由于当事人的婚姻不忠行为都具有隐秘性，难以为他人所察觉，因此，在离婚损害赔偿诉讼中，无过错方依靠个人力量一般是无法收集到有过错的配偶一方出轨的全部证据，原被告双方在诉讼力量上存在着天然性的差异。如果适用较高的证明标准，这对无过错方的权益保护明显不利。因此，为适度降低无过错方的举证责任要求，减轻处于弱势地位的无过错方的证明负担，[3]法官应从当事人双方诉辩能力的实际出发，对此类案件证据和事实的审查认定采用“较高程度的盖然性”的证明标准，并依职权对案件具体事实和当事人提交的证据的真伪进行综合判断与采纳。

第二，明确瑕疵证据的认定规则。如前所述，由于举证难度较大，无过错方在收集证明对方存在法定赔偿事由的证据时，经常会采用秘密跟踪、私录偷

---

1 张珊：《论离婚案件中“不忠证据”的认定》，http://zxsfy.chinacourt.org/public/detail.php?id=1428#rd，访问日期：2016 年 3 月 7 日。

2 陈朝晖、翁德辉：《困境与突破：离婚损害赔偿难的破解路径探究》，载《海峡法学》2015 年第 4 期，第 84 页。

3 陈朝晖、翁德辉：《困境与突破：离婚损害赔偿难的破解路径探究》，载《海峡法学》2015 年第 4 期，第 84 页。

拍等方式隐蔽方法进行取证。而这些证据可能因不具有合法性而成为有一定瑕疵的证据。有过错方的婚姻不忠行为和无过错方的取证行为均具有隐蔽和私密的特点。如何对待此类证据，是法官在处理离婚损害赔偿案件时经常遇到的一个问题。笔者认为，应采用“两权相害取其轻”的原则。对于无过错方获取的相关证据，虽然其取证方式手段不合法，但其可以成为证明有过错方不忠行为的直接证据。完全否定其效力，对保护无过错方权益不利，也影响案件的公正审理。如果完全肯定其效力，则在客观上会助长违法取证行为的滋生。[1]这需要法官在两者之间进行价值评估与权衡。正如有的学者所言：证据收集行为如果对我国《宪法》上所保护的权利特别是公民的人格权造成侵犯时，原则上应当否定其证据效力。但如果仅仅是违反我国实体法的规定，则其证据能力不应轻易地加以否定。[2]因此，法官在审查认定瑕疵证据时应按照以下规则进行操作：第一，积极效应大于负面效应的证据，应当予以采纳。即对在收集证据过程中，当事人只是轻微偏离应然程序标准而导致证据瑕疵，且在综合考量各种因素后认为采纳该证据的积极效应大于负面效应的，则应当采纳该证据；第二，严重侵权或者违反公序良俗的证据，应当不予采纳。即对于严重侵害他人人格权或者违反公序良俗而取得的证据，[3]例如私自在他人住宅内安装摄像头、窃听器等设备所获得的证据，应当予以排除适用。

三、审判实践中离婚精神损害赔偿规则的具体运用与完善

依照前文所述最高人民法院颁布的有关适用《婚姻法》的三个司法解释精

1　陈朝晖、翁德辉：《困境与突破：离婚损害赔偿难的破解路径探究》，载《海峡法学》2015年第4期，第85页。

2　郭美松：《视听资料的证据能力及采信规则》，载《现代法学》2004年第1期，第41—45页。

3　陈朝晖、翁德辉：《困境与突破：离婚损害赔偿难的破解路径探究》，载《海峡法学》2015年第4期，第85页。

神，在运用离婚时精神损害赔偿法律规则时应注意把握以下具体事项：

1. 离婚精神损害赔偿的权利主体。根据《婚姻法》和司法解释的规定，只有无过错方才享有离婚损害赔偿请求权，因此，当事人在离婚诉讼中依照离婚过错损害赔偿制度主张损害赔偿权利时，须以自己无法定过错为前提。[1]

2. 离婚精神损害赔偿的义务（责任）主体。按照目前的法律规定和司法解释，有过错的配偶一方是离婚过错赔偿之义务主体（即责任主体）。

3. 离婚精神损害赔偿请求权的行使。如前所述，离婚损害赔偿请求权归无过错一方享有。是否行使离婚损害赔偿请求权，由无过错方当事人自己决定。如果无过错一方并没有提出该项请求的，则人民法院不能主动干预和处理。如果当事人一方在婚姻关系存续期间不起诉离婚而单独提起诉讼要求对方当事人予以损害赔偿的，人民法院不予受理。

4. 提出离婚精神损害赔偿请求的时间。根据《婚姻法司法解释（一）》第30条规定，如果有过错方的过错行为符合《婚姻法》第46条规定的法定情形并导致离婚时，人民法院应区别不同情况而分别处理：（1）对于无过错方作为原告的，须在起诉离婚时一并提出损害赔偿的请求，否则视为放弃；（2）对于无过错方作为被告的离婚诉讼，若无过错方既不同意离婚，也不提出损害赔偿请求的，则可在离婚后一年内就损害赔偿问题单独提起诉讼；（3）对于无过错方作为被告的离婚诉讼案件，如果在一审时被告没有提出损害赔偿要求，但在二审期间才提出该要求的，人民法院应当进行调解。调解不成的，告知当事人可在离婚后一年内另行起诉。此外，根据《婚姻法司法解释（二）》）第27条

1　根据最高人民法院《婚姻法若干问题解释（三）》第17条的规定，当夫妻双方均存在法定过错情形时，一方或者双方向对方提出离婚损害赔偿请求的，人民法院不予支持。《婚姻法司法解释（一）》）第29条的规定，承担损害赔偿责任的主体是离婚诉讼当事人中的有过错方，且当事人的离婚是因一方的法定过错行为所致。

的规定，[1] 如果当事人以协议离婚形式解除婚姻关系，且在协议离婚时已明确表示放弃离婚损害赔偿请求，或者在办理离婚登记手续一年后才提出离婚损害赔偿请求的，人民法院不予支持。这一规定明确了协议离婚时损害赔偿的适用问题。但该规定在实际操作上会遇到一些实际难题：(1) 该条款规定的“一年”期间是除斥期间还是诉讼时效期间不明确。从该司法解释的文义来解释，这里的“一年”期间应为诉讼时效期间，而不是除斥期间。因为除斥期间的性质为不变期间，它仅适用于包括撤销权、解除权和同意权等在内的形成权。而诉讼时效期间是为债权请求权而设定的，而损害赔偿请求权就是一种典型的债权请求权，它只能适用诉讼时效规则。为避免理解上的分歧，建议将该条款修改为“当事人在婚姻登记机关办理离婚登记手续后一年内，以《婚姻法》第 46 规定的情形为由向人民法院提起诉讼要求损害赔偿的，人民法院应当受理。但当事人在协议离婚时已经明确表示放弃该项请求的，人民法院不予支持。”(2) 规范性文件相互间衔接不到位。体现在该条款和《婚姻登记条例》中均未规定婚姻登记机关对当事人的告知义务。即告知当事人在规定期限内及时行使权利的义务。这对协议离婚的当事人是不公平的。在实践中，由于许多当事人不了解司法解释的规定，很容易丧失行使权利的机会。而对于诉讼离婚案件，根据《婚姻法司法解释（一）》第 30 条的规定，人民法院在受理离婚案件时，应将《婚姻法》第 46 条等条款中有关当事人权利义务方面的法律规定以书面形式告知双方当事人，以方便当事人及时行使权利。至于是否提出离婚损害赔偿诉请，则完全取决于当事人。

因此，为了确保协议离婚的当事人也能够及时行使权利，建议参照司法解

1 《婚姻法司法解释（二）》第 27 条规定：“当事人在婚姻登记机关办理离婚登记手续后，以婚姻法第四十六规定为由向人民法院提出损害赔偿请求的，人民法院应当受理。但当事人在协议离婚时已经明确表示放弃该项请求，或者在办理离婚登记手续一年后提出的，不予支持。”

释有关诉讼离婚的规定，在《婚姻登记条例》中增加关于婚姻登记机关附加告知义务的规定，或者由最高人民法院与民政部共同发布规范性文件的形式加以规定，告知当事人在规定期限内享有要求损害赔偿权利的义务，[1]并明确当事人行使权利的法定期间，以便当事人作出选择，切实维护和全面保障当事人各项权益。

5. 离婚精神损害赔偿的赔偿范围。离婚损害赔偿范围包括物质损害赔偿和精神损害赔偿。物质损害是指因过错方过错行为所造成的无过错方实际财产利益的减少。如因家庭暴力行为致使无过错方身体受到伤害而支出的医药费、治疗费等。精神损害是指因过错方的侵权行为而给无过错方造成的精神痛苦和情感创伤等精神利益的损害。精神损害赔偿的目的就是为了抚慰受害人受伤的心灵。[2]根据一般侵权法理论，财产损害赔偿实行全部赔偿原则。精神损害赔偿由法官根据案件具体情况依法裁判。

6. 离婚精神损害赔偿金的给付。离婚精神损害赔偿金应由过错方从其个人财产中给付，且原则上应一次性给付完毕。如一次性给付确有困难或者有特殊情况的，也可以分期给付，但过错方必须提供相应的担保。

7. 离婚精神损害赔偿的责任形式。实行财产责任形式为主和全部赔偿的原则。由人民法院根据具体案情，从侵害一般人格权的角度判决婚姻不忠一方（过错方）赔偿受害人（无过错方）相应的精神损害抚慰金。对于个别案件性质比较恶劣，造成受害人名誉损失的，还可以一并适用赔礼道歉、消除影响和恢复名誉等民事责任方式。

1　吴国平、张影：《婚姻家庭法原理与实务》（第四版），中国政法大学出版社 2018 年版，第 286 页。

2　吴国平、张影：《婚姻家庭法原理与实务》（第四版），中国政法大学出版社 2018 年版，第 286 页。

8. 离婚精神损害赔偿的具体标准。一般而言，赔偿金额多少的确定，直接影响赔偿本身的法律效果。如果赔偿金额过高，可能会对加害人不公平，有的甚至导致加害人陷入生活困境，最终造成判决的无法执行。但如果赔偿金额过低，则在客观上无法起到抚慰的作用。因此，精神损害赔偿也应当有一个公平合理规范的参考标准。对此，国外民法典的规定给我们提供了参考的样本。在世界上最早规定离婚损害赔偿制度的法律是 1907 年《瑞士民法典》。该法典第 151 条规定："因离婚致无过失之配偶之财产权或期待权受损害者，有过失之配偶应予相当之赔偿。"在此之后，法国、德国、日本等也在立法上确认了这一制度。[1]《独联体成员国示范民法典》规定得更为人性化，该《民法典》第 1025 条第 1 款规定："精神损害以金钱形式赔偿。"第 2 款规定："精神损害赔偿的金额由法院根据给受害人造成的身体和精神痛苦的特点以及在过错作为赔偿依据的情况下致害人过错的程度确定。在确定精神损害赔偿的数额时应当考虑合理和公平的要求。""身体和精神痛苦的特点由法院斟酌造成精神损害的实际情事和受害人的个体特性进行评价。"同条第 3 款规定："精神损害赔偿独立于应当赔偿的财产损害。"[2] 这些规定很值得我们参考。

本书认为，法官在决定精神损害赔偿数额时，除了认定受害人受损害的实际情事外，还必须考虑加害人的侵权程度及其财产实际状况。其中，加害人侵权程度是法官认定精神损害后果的主要标准。在确定精神损害赔偿的具体数额时，应当区别不同情况，采用不同的标准，并赋予法官必要的自由裁量权，充分发挥法官的主观能动性，并结合不同地区经济水平的实际状况，确定赔偿数额的具体数额，以进一步规范案件的裁判，使受害人能够得到合理的赔偿，以

---

1 例如，《法国民法典》第 266 条规定："如离婚的过错全在夫或妻一方，则该方得被判赔偿损害，以补救他方因解除婚姻而遭受的物质和精神损害……"。

2 张建文译：《独联体成员国示范民法典》，法律出版社 2014 版，第 242 页。

解决赔偿难的问题。

（1）轻微级别损害。对于偶然发生的婚姻不忠行为只造成受害人轻微精神伤害的，应判决或者调解离婚，并责令加害人赔礼道歉、消除影响，不需要承担精神损害赔偿责任。（2）轻级别损害。对于婚姻不忠行为已造成受害人一般性精神损害结果的，应从侵害一般人格权的角度判决加害人承担一定的精神损害赔偿责任赔偿。最低赔偿数额应控制在0.5—1万元之间。（3）重级别损害。对于婚姻不忠行为已造成严重后果，但尚未构成犯罪的，应责令加害人赔偿受害人相应的精神损害赔偿抚慰金。最低赔偿数额应控制在1—3万元之间。（4）严重级别损害。对于个别案件性质比较恶劣，已构成犯罪，并造成受害人名誉损失的，最低赔偿数额应控制在3—5万元之间。除追究刑事责任、赔偿较大数额的精神抚慰金外，还可以一并适用赔礼道歉、消除影响和恢复名誉等民事责任方式。鉴于此类纠纷的复杂性，在适用以上最低赔偿数额标准时，应赋予法官上下浮动10%的自由裁量空间，以有效保护受害人的合法权益，维护我国婚姻家庭制度与秩序。

此外，法官在审理案件时，如果发现当事人之间签订了忠诚协议，对一方违反忠实义务的赔偿数额进行了明确的约定，则可以通过法定程序确认该协议的法律效力。因为当事人事先签订的忠诚协议，这本身就可以作为一项重要的证据。同时，由于该协议明确约定了赔偿数额，在客观上就为法官审理此类案件提供了一个行使自由裁量权的依据和标准。因此，采用协议形式事先约定赔偿数额，不仅对保护无过错方的权益十分有利，而且也减轻了法官审理案件的压力，应当从立法上予以确认。至于当事人约定的赔偿数额是否恰当，这应当由法官来作出最终裁判。

第五节 欺诈性抚养的认定及其侵权赔偿责任

近年来，因婚前性关系、婚外情等现象而引发的各种家庭纠纷日益增多。其中，因一方隐瞒真相而引起的欺诈性抚养纠纷案件有不断增多的趋势。有不少当事人到司法鉴定机构申请亲子鉴定，而“排除双方之间的亲子关系”或者“不支持双方之间存在亲生血缘关系”的鉴定结论，也常常造成当事人为此产生纠纷，甚至向人民法院起诉要求返还抚养费或者赔偿损失。当事人之间产生的究竟是何种性质的纠纷？受害人受到侵害的是人格权还是身份权？人民法院应当如何受害人的权益等，目前这些问题在我国法律上都没有具体明确的规定，给人民法院正确及时审理案件带来一定的困难。对此类纠纷应如何处理，人们的看法也各不相同，有必要进行研究与探讨。

一、问题的由来——从一起欺诈性抚养纠纷说起

首先，人民法院受理案件情况来看，目前比较典型的情形是：婚前性关系混乱或者具有婚外性关系的女方怀上“第三者”的子女并隐瞒真相，而无辜的男方却毫不知情而冤枉当上该孩子的“父亲”，并与女方共同抚养该子女。当男方发现后，双方为此离婚并发生追索抚养费和精神损害赔偿纠纷。最高人民法院 2015 年 12 月 4 日公布的婚姻家庭纠纷典型案例中的第 36 个案例就属于欺诈性抚养纠纷案件。该案情显示：蒋某与张某于 2004 年 3 月 4 日办理结婚登记手续。婚后第四年生育一子张某某。后双方因生活琐事经常发生争吵，致使夫妻感情不睦。张某于 2014 年 4 月 25 日委托某政法大学司法鉴定中心对张

某和张某某进行亲子鉴定。鉴定结果排除了张某与张某某之间的亲生血缘关系。张某遂向人民法院提起诉讼，请求依法判令张某与蒋某离婚，由蒋某承担张某养育张某某的抚养费 41387.5 元，并赔偿张某精神损害抚慰金 10 万元。某人民法院经审理认定夫妻双方感情确已破裂，并确认张某所述事实，遂判决准予原告张某与被告蒋某离婚；非婚生子张某某由被告蒋某抚养，被告蒋某支付原告张某养育张某某的抚养费 41387.5 元，被告蒋某赔偿原告张某某精神抚慰金 30000 元。后蒋某不服一审判决，向某中级人民法院提出上诉。该中院经审理认为原审人民法院对该鉴定结论予以采信并无不当；蒋某上诉称自己系遭受不法侵害，但并未提供证据证实，对其该项诉称理由不予采纳。蒋某的过错行为已严重伤害夫妻感情，原审人民法院判决准予离婚正确，判决蒋某向张某赔偿精神损害抚慰金也并无不当。张某某现经鉴定非张某的亲生子，张某对其并无法定抚养义务，因此，在婚姻关系存续期间张某为张某某所支付的抚养费，应由蒋某返还给张某。该中院据此判决：驳回上诉，维持原判。[1] 这是一起非常典型的欺诈性抚养案件，人民法院的处理是非常公正的，但此类案件是什么性质的案件，人民法院应当保护的是当事人的何种权利，什么情况下可以适用精神损害赔偿等问题，仍然存在争议且值得探讨。

其次，从相关数据中，我们也可以看出欺诈性抚养关系纠纷正呈现逐年增多的特点。据媒体披露，近年来当事人因落户、离婚、移民、领养孤儿、被拐卖儿童认领等各种原因而要求做亲子鉴定的越来越多。早在 2004 年，曾代表中国承接泰国海啸遇难者 DNA 检测工作的中科院北京基因组研究所北京华大方瑞司法物证鉴定中心就做了 600 多例亲子鉴定，其中 15.6%的鉴定结论为“否”；2005 年和 2006 年该鉴定中心又分别做了 3000 多例和 4000 度例亲子鉴

1　李艳波：《最高人民法院 12 月 4 日公布婚姻家庭纠纷典型案例》，http://www.court.gov.cn/zixun-xiangqing-16211.html，访问日期：2015 年 12 月 4 日。

定，其中分别有22.6%和28%的鉴定结论为“否”。[1]这一情况曾引起社会关注。另据福建省厦门正道司法鉴定所透露，截至2014年10月22日，该所接受亲子鉴定委托共计950例，平均每天3例以上，80%以上为公民个人委托。而2013年才开始开展亲子鉴定业务的正泰司法鉴定所，2014年的鉴定委托数量比2013年增加了四成左右，平均每两天1例。而鉴定结果显示，其中大多数为亲生，但有5%为非亲生。[2]尽管绝大多数人是因各种社会事务的需要而到司法鉴定所做亲子鉴定的，因“怀疑”孩子非自己亲生而做鉴定的案例不多，但发现该子女为非亲生后而发生抚养费纠纷乃至精神损害赔偿纠纷为数不少，且有上升趋势。因此，从客观上看，亲子鉴定结果的否定率的增长必然造成欺诈性抚养纠纷的同步上升，而我国目前在有关欺诈性抚养关系立法规制方面的空白或者缺失状态，不仅不利于当事人纠纷的及时解决和民事权益的有效维护，而且也不利于社会主义婚姻家庭秩序的稳定，影响法律的权威性。完善立法，已势在必行。

二、欺诈性抚养关系的界定

(一)欺诈性抚养关系相关概念辨析

1. 抚养的法律含义。在法律上，特定的亲属之间具有法定的扶养义务和权利。而扶养具有广义和狭义之分。广义上的扶养，是指具有经济能力的自然人，基于亲属身份关系而产生的相互供养扶助的法定权利和义务。它包括抚养、扶养和赡养三种形式，其中，父母等长辈对子女等晚辈的供养扶助称为抚养，夫

1 转引自吴海强：《论欺诈性抚养的法律救济》，http://www.chinacourt.org/article/detail/2008/02/id/288098.shtml#rd，访问日期：2015年9月2日。

2 香卉辉、李方芳：《厦门亲子鉴定数平均每天在3例以上 5%非亲生》，http://fj.qq.com/a/20141023/007243.htm，访问日期：2014年10月23日。

妻或兄弟姐妹相互之间的供养扶助称为扶养（即狭义的扶养），晚辈对长辈的供养扶助称为赡养。[1]法国、德国、意大利、瑞士、日本、俄罗斯联邦、英国、美国等国外大多数国家立法采用广义说。[2]狭义上的扶养，是专指夫妻之间或兄弟姐妹等平辈亲属之间相互供养扶助的法定权利和义务。保加利亚、波兰等东欧的部分国家立法采用狭义说。在我国，现行《婚姻法》也采用狭义的概念，将长辈对晚辈的抚养教育义务称为抚养（也称为抚育），将夫妻或兄弟姐妹之间的供养扶助义务称为扶养（即狭义的扶养），将子女、孙子女、外孙子女等晚辈对父母、祖父母、外祖父母等长辈的供养扶助义务称为赡养。[3]但我国《刑法》《民法通则》《继承法》中采用的是广义说，并未作具体的区分表述，而统一使用“扶养”这一总称。[4]本书在此探讨的是父母对子女的抚养问题，为说明问题的方便，根据目前多数学者的界定与习惯用法，本书在此使用“抚养”一词。

本书认为，抚养是指父母对子女在经济上的供养和生活上的照料。如负担子女的生活费、教育费、医疗费及其他必要的费用。[5]它既是父母对子女应尽的法定义务，也是子女享有的一项法定权利。因此，抚养关系是父母子女之间的一种特定的法律关系。

2. 欺诈性抚养的含义。目前，对于什么是欺诈性抚养？人们的认识并不一致。第一种观点认为，欺诈性抚养是指婚姻关系存续期间乃至离婚以后，妻子一方在明知其所生之子女为非婚生子女的情况下，却采取欺诈手段未告知丈夫，

1　吴国平：《有扶养关系的继父母子女关系的认定及其继承权问题》，载《中华女子学院学报》2015 年第 5 期，第 10 页。

2　陈苇：《外国婚姻家庭法比较研究》，群众出版社 2006 年版，第 511—563 页。

3　吴国平：《有扶养关系的继父母子女关系的认定及其继承权问题》，载《中华女子学院学报》2015 年第 5 期，第 10 页。

4　陈苇：《外国婚姻家庭法比较研究》，群众出版社 2006 年版，第 563 页。

5　吴国平、张影：《婚姻家庭法原理与实务》（第四版），中国政法大学出版社 2018 年版，第 156 页。

而使丈夫承担该非婚生子女的抚养义务。[1]在理论上，非婚生子女是指没有婚姻关系的男女所生的子女。它包括未婚、离婚后同居（即离婚不离家）男女所生的子女以及已婚男（女）与第三人发生性行为所生的子女。[2]第一种观点中所指的非婚生子女，依本书作者的理解，并不是指男女在婚前或者离婚后同居所生的子女（这两种类型的子女与当事人双方均有血缘关系），而是指女方（妻子）在婚外与第三人发生性关系而怀孕所生的子女，该子女与男方（丈夫）没有血缘关系。第二种观点强调当事人在主观上还应加上重大过失这一要件，即欺诈性抚养是指在婚姻关系存续期间，或者非婚姻关系存续期间（包括离婚后），男女一方明知其所生之子女为非婚生子女，但却采取欺诈手段未告知真情，或男女一方存在重大过失，使另一方承担了对该子女的抚养义务。持这种观点的人认为，男女一方故意欺诈是主观方面的主要表现形式，但主观过失的后果也构成欺诈，即配偶一方不知所生子女并非配偶对方的婚生子女，经过亲子鉴定才知道不是对方的亲生子女，这虽然不是故意所为，但是其后果仍然构成欺诈，当事人也应当承担侵权的后果责任。第三种观点认为，所谓欺诈性抚养是指因女方主观上的过错致使男方将女方所生子女误认为是对方与自己所生而为抚养所产生的权利义务关系。[3]

上述三种观点的主要分歧在于：第一，欺诈者的主观要件不同。第一种观点只要求女方主观上具有欺诈之故意，第二种观点强调男女一方（即生母或其丈夫）存在故意或者重大过失也可构成，而第三种观点主张女方主观上有过错，无须以女方“明知”为前提。第二，行为主体范围不同。第一种和第三种观点

1 杨立新：《民法判解研究与适用》，中国检察出版社 1994 年版，第 375 页。

2 吴国平、张影：《婚姻家庭法原理与实务》（第四版），中国政法大学出版社 2018 年版，第 166 页。

3 吴海强：《论欺诈性抚养的法律救济》，http://www.chinacourt.org/article/detail/2008/02/id/288098.shtml#rd，访问日期：2015 年 9 月 2 日。

只限于生母一方即女方，第二种观点扩大至男方。第三，欺诈性抚养关系发生的期间不同。第一种观点要求发生在婚姻关系存续期间和离婚之后，第二种观点要求发生在婚姻关系存续期间和非婚姻关系期间（包括离婚后），而第三种观点主张“并不一定需要婚姻关系的存在”，因此其在定义中不强调当事人的夫妻身份关系。第四，受骗的主体范围不同。第一种和第三种观点要求只限于男方，而第二种观点要求男女双方均可。很明显，第二种观点主要基于目前社会上男女关系多元化，即婚姻关系与同居关系并存，且非婚同居、婚外性关系以及非婚生子女情况有所增多这一现实情况而考虑的。但是，如果按照第二种观点进行认定，在具体操作时，则欺诈性抚养的主体和时间范围将明显扩大，这也是不科学的。理由是 :第一，子女是否是自己亲生，作为具有“十月怀胎，一朝分娩”生育机能的母亲（女方）是最清楚的,即她不可能成为受骗的主体，而男方则相反。第二，欺诈性抚养只能发生在婚姻关系存续期间乃至离婚后。非婚姻关系当事人所生育的子女为非婚生子女，生父母具有抚养子女的法定义务，生母有权要求生父承担抚养义务。如双方协商不成而发生纠纷者，可通过诉讼途径解决。至于男女同居期间女方因性关系混乱而发生抚养关系纠纷的，可由人民法院根据亲子鉴定事实进行抚养归属的认定和损害赔偿责任的处理。这里需要特别指出的是，第一，男女同居关系所生子女本身即为非婚生子女，与本书中所述的非婚生子女并不是一个概念。即不是本书中所述的女方在婚姻关系之外与他人所生之子女。第二,根据原国家卫生部于 2001 年颁布实施《人类辅助生殖技术管理办法》的规定，我国目前禁止实行代孕技术，严格禁止各种代孕行为，[4] 只允许采用人类辅助生殖技术通过妻子的子宫进行怀孕。因此，未婚女子通过异质卵子和异质精子使自己成为代孕母亲的行为是违法的。

4　胡浩 :《全面两孩落地在即 代孕等问题受关注》,载《人民法院报》2015 年 12 月 26 日，第 6 版。

综上所述，本书认为，所谓欺诈性抚养是指在婚姻关系存续期间以及离婚后，妻子一方明知其所生之子女为非婚生子女，但却隐瞒事实真相而未告知丈夫一方，或者因疏忽大意而误认，从而使丈夫一方承担该非婚生子女抚养义务的行为。

（二）欺诈性抚养的法律特征

根据本书对欺诈性抚养概念的界定，欺诈性抚养具有以下几个主要特征：

1. 欺诈者主观上具有欺诈之过错。在主观态度方面，女方具有欺诈的故意或者过失，表现形式为采用隐瞒真相的手段而使男方不知所抚养的子女并非自己所生，或者女方误以为该子女系与男方所生，经亲子鉴定后才知不是，这种情形虽不存在主观故意，但其后果仍然构成欺诈。

2. 欺诈者为非婚生子女的生母与生父。在非婚生子女的生母有过错（即非婚生子女的生父并不知情）的情况下，欺诈者为生母（即女方）。与之相对应，受害人为承担该非婚生子女抚养费的生母的丈夫（即男方）。如果非婚生子女的生父也知情，则其与该子女的生母属于共同欺诈，构成共同侵权行为，生母与生父应负侵权连带责任。当然，退一步说，非婚生子女的生父是否纳入欺诈者的主体范围，并不影响受害人对欺诈者即非婚生子女的生母主张权利，但在救济手段的行使和赔偿权利的实现方面，将非婚生子女的生父纳入其中，对保护受害人权益显然是有利的。

有人认为女方也可以作为受骗的主体，[1] 本书认为，这一观点值得商榷。理由是：第一，如前所述，子女是否是自己亲生，作为母亲（女方）一般是最清楚的，她不可能受男方的欺骗，受害人（男方）也不可能去骗女方。第二，规范性文件已经排除了这种可能性。1992 年 4 月 2 日最高人民法院下发了《关

1 转引自蔡军如：《欺诈性抚养关系的法律界定及其处理原则》，http://court.gmw.cn/html/article/201309/23/137886.shtml#rd?sukey=fc78a68049a14bb25b5118f6b98e39ae83014 6e7d6fa757c722b81af7a601bbeb273887758529ec32904371e262bccbc，访问日期：2015 年 9 月 2 日。

于夫妻离婚后人工授精所生子女的法律地位如何确定的复函》（以下简称《复函》），该《复函》指出："在夫妻关系存续期间，双方一致同意进行人工授精，所生子女应视为夫妻双方的婚生子女，父母子女之间权利义务关系适用《婚姻法》的有关规定。"根据该《复函》精神，即便是通过人工授精方式生育子女，也须夫妻双方一致同意才能进行。这就排除了妻子一方受欺骗的情形。如果妻子一方为他人代孕，则在目前法律条件下，代孕行为是违法的，且代孕母亲在主观上是明知的，不存在受欺骗的可能。

3. 欺诈发生的时间具有特定性。在时间方面，只能发生在婚姻关系存续期间和离婚后。在司法实践中，有些欺诈行为还延续至离婚后，男方在离婚后方才知悉所抚养的子女为非婚生子女。目前不宜将时间范围扩大至不具有夫妻关系的同居者同居期间等，以避免社会秩序的混乱和司法实践中法律适用上的困难。因为我国《婚姻法》目前只调整婚姻关系和家庭关系，至于如何应对目前日趋多元化的两性关系所带来的新问题，因这一问题比较复杂和难以把握，还需要专家学者和实务工作者进行深入系统的研究，提出富有针对性的对策建议。

4. 受害人实际承担了抚养义务。在行为后果上，男方实际承担了非婚生子女的抚养义务。在有些案件中，这种义务一直延续到非婚生子女独立生活时为止。

5. 对受害人造成实际损害后果。一方面，由于女方的欺诈行为使男方无端履行了在法律上并不存在的抚养义务，在经济上遭受损失，而负有抚养义务的非婚生子女的生父在客观上推卸和未履行法定抚养义务。仅就其财产损失而言，这只是其因履行了本不存在的抚养义务所造成的直接损失；另一方面，在知道事实真相后，对男方在精神上的巨大打击是可想而知的，这不仅扰乱了其家庭抚养关系和情感期盼，其所付出的心血与汗水有可能由此而付之东流，而且在精神上遭受了难以想象与估算的痛苦与伤害。因此，欺诈性抚养这一侵权行为已严重侵害了男方的人格尊严和抚养利益。

三、欺诈性抚养关系性质的认定

对欺诈性抚养关系性质的认定，直接涉及对男方的救济手段问题，是对欺诈性抚养进行法律救济的理论基础。但由于法律和司法解释对此均无明确规定，目前学术界对欺诈性抚养关系的法律性质问题更多的是从抚养费返还请求权的定性上进行推导的，且分歧较大。1992 年 4 月 2 日最高人民法院下发了《关于夫妻关系存续期间男方受欺骗抚养非亲生子女离婚后可否向女方追索抚育费的复函》(〔1991〕民他字第 63 号，以下简称《复函》)，该《复函》指出："在婚姻关系存续期间，一方与他人通奸生育了子女，隐瞒真情，另一方受欺骗而抚养了非亲生子女，其中离婚后给付的抚育费，受欺骗方要求返还的，可酌情返还；至于在夫妻关系存续期间受欺骗方支出的抚育费用应否返还，因涉及的问题比较复杂，尚需进一步研究"。根据这一《复函》精神可以看出，该《复函》只对被欺诈方就"离婚后"所支付的抚养费的返还问题作出了明确规定，但对"婚姻关系存续期间"所支付的抚养费的返还问题没有作出规定，同时，对主张欺诈方返还抚养费的法律依据也没有涉及，加上我国法律上也没有非婚生子女的否认与认领制度，导致人民法院处理起来于法无据，人们的看法也有较大的分歧。

(一)学界关于欺诈性抚养关系性质的不同观点

归纳起来，目前在学界对欺诈性抚养关系（欺诈性行为）性质的认定主要有否定说和肯定说两种观点之争。否定说主张：因我国实行夫妻共同财产制，在婚后夫妻共同生活期间，女方与他人发生性关系而生育子女，但对男方隐瞒真相，使男方无法定义务而抚养了他人的子女的，如双方无特别约定，则夫妻婚后所得为双方共同财产，但其各自所支出的抚养费金额难以区分与计算，因此男方无权主张返还婚姻关系存续期间所支出的抚养费用。而肯定说认为不论实行何种夫妻财产制，在离婚时对夫妻婚前、婚后财产和共同债务都应当作出公平合理的分割与处理，其中对于子女抚养费是可以根据夫妻经济收入、家庭生活情况和当地人民群众的生活水平来进行评估与计算的。在司法实践中多采用肯定说，但所持理由各不相同，对抚养费返还请求权的性质认定也大相径庭，存在行为无效说、无因管理说、不当得利说和侵权损害赔偿说等不同观点。

1. 行为无效说。该观点认为，因女方隐瞒与他人发生性关系而生子的真实情况，致使男方在违背自己真实意思的情况下承担了不应承担的抚养义务，符合我国《民法通则》第 58 条第 1 款第 3 项的规定，属于无效民事行为。男方有权请求女方返还已支出的抚养费。[1]

2. 无因管理说。该观点认为，男方无法定或约定义务而为他人抚养子女，构成无因管理，抚养义务人应返还无因管理人已支出的抚养费。[2]

3. 不当得利说。该观点认为抚养费返还请求权是基于民法上的不当得利行为而产生的。无抚养义务人承担了抚养义务人应履行的抚养义务，应参照德国、日本民法的规定，认定这种抚养义务的付出对于抚养义务人而言就是不当得利，抚养义务人应予以返还。

4. 侵权损害赔偿说。该观点认为抚养费请求权是基于非婚生子女的生父母共同对被欺诈人（男方）的一种民法上的侵权行为。侵权人是非婚生子女的生父母；违法行为是侵权人逃避了法定抚养义务，并使受害人无法定或约定义务

1　转引自李健：《欺诈性抚养关系的法律认定》，http://www.chinacourt.org/article/detail/2012/07/id/535020.shtml#rd，访问日期：2015 年 9 月 2 日。

2　转引自吴海强：《论欺诈性抚养的法律救济》，http://www.chinacourt.org/article/detail/2008/02/id/288098.shtml#rd，访问日期：2015 年 9 月 2 日。

而承担了抚养义务，从而在财产上造成了损失；其行为符合侵权行为的一般构成要件，即行为人具有主观过错、有损害结果发生，行为与损害结果之间具有因果关系。

（二）本书观点——赞成侵权损害赔偿说及其具体理由

本书赞成肯定说，并支持侵权损害赔偿说。理由如下：

首先，前三种学说均存在一定的局限性，不能有效地保护受害人的人身和财产权益。“行为无效说”忽略了抚养是一种基于一定身份关系而产生的法定义务，即便是在拟制血亲关系中（如收养关系、形成抚养关系的继父母子女关系），也是基于其特定的身份关系和当事人的主观认可，不存在当事人合意的问题；而缺乏当事人合意的行为只能导致行为的可撤销或者效力待定，自不存在行为无效的问题，且如果认定为无效行为，则受害人就无法主张精神损害赔偿，只能主张返还抚养费，这对受害人明显不利。而“无因管理说”要求管理者主观上有为他人管理的意思，即为他人谋求利益的意思。而欺诈性抚养中的男方显然在主观上不符合这一要求，这是其一；其二，欺诈性抚养中的男方抚养他人子女是事出有“因”，而不是无“因”的，这个“因”就是因受欺诈而误将非婚生子女当作自己亲生子女进行抚养；其三，适用无因管理规则，受害人只能请求返还抚养费，不能提出精神损害赔偿要求，对保护受害人权益不利。而“不当得利”说仅从财产的损失的角度考虑，指出了行为后果的性质，但没有对生母的主观态度进行否定性评价，也无法揭示出行为的性质。再退一步讲，如果认定为不当得利，则在追究法律责任时，也无法将受害人的精神损失考虑在内，对男方明显不利。

其次，本书认为，对当事人提出的精神损害赔偿请求应当予以重视与支持。理由是：第一，侵权人的违法行为伤害了夫妻感情。我国《婚姻法》第 2 条明确规定我国实行一夫一妻制，《婚姻法》第 4 条还强调夫妻应当履行相互忠实的义务，而侵权人的婚外性行为和欺诈行为，是法律所禁止的行为，它不仅违反了《婚姻法》的规定，背叛了夫妻感情，导致婚姻关系破裂，还严重侵犯了夫妻另一方的配偶权，给配偶一方带来精神上、心理上的无法愈合的伤害。第二，侵权人的侵权行为所侵害的对象（客体）是受害人的人身权益，即抚养利益。从受侵害的对象(客体)来看,欺诈性抚养所侵害的表面上是受害人的财产，即造成受害人财产的实际损失（即支出了不应支出的抚养费），但实际上侵害的真正对象（客体）是受害人的抚养利益。这种抚养利益实质上是一种人身利益。这种人身利益包含着抚养人的意愿、情感与精神满足，体现着抚养人的人格尊严。侵害其抚养利益，不仅仅是造成抚养人的财产损失，这只是其表面现象（表征），正如有的学者所指出的：受害人的财产损失，仅仅是侵权人侵权目的实现过程中的副产品而已。[1]更为重要的是,当受害人知道配偶与他人有染、孩子非自己亲生的真相后，所遭受的巨大打击而造成的精神痛苦、心理崩溃、情感折磨和绝望,甚至名誉受损,实质上就是侵犯抚养人的人格尊严。换言之,其侵犯的就是受害人的一般人格权，当然，在有的案件中可能还附带侵害到受害人的名誉权和生育权，这些权利都属于自然人的人格权范畴。因此，受害人完全有权主张精神损害赔偿。

第三，侵权人的侵权行为给受害人造成的危害后果主要体现在精神损害方面。受害人数年十几年甚至更长时间里含辛茹苦把“孩子”养大,所付出的时间、精力、心血更是难以精确计算，到了年纪稍大的某一天突然知道孩子非自己所生，这一夜之间发生的巨变，对于一个蒙在鼓里的人的打击是多么残酷啊！其在精神上遭受的打击与痛苦有时是难以想象与估算，而其财产上的损失只是其人身利益损失的附带结果，这种精神损害有时甚于财产损失，且无法弥补。如

1　吴海强：《论欺诈性抚养的法律救济》，http://www.chinacourt.org/article/detail/2008/02/id/288098.shtml#rd，访问日期：2015年9月2日。

果仅仅从财产权受到侵害的角度进行救济，责令侵权人返还受害人所支出的抚养费，这样处理就可能使受害人的精神痛苦得不到抚慰，从客观效果上看，侵权人还是没有因其违法行为而得到应有惩戒，这对受害人是不公平的。只有定性为侵权行为才能够有效地保护受害人的人身和财产权益。

第四,受害人的请求符合我国《婚姻法》和相关司法解释的规定。我国《婚姻法》第 46 条规定“有配偶者与他人同居”而导致离婚的，无过错方有权请求损害赔偿。最高人民法院《婚姻法司法解释（一)》第 28 条规定，婚姻法第 46 条规定的“损害赔偿”，包括物质损害赔偿和精神损害赔偿。涉及精神损害赔偿的，适用最高人民法院《关于确定民事侵权精神损害赔偿责任若干问题的解释》(以下简称《解释》) 的有关规定，该《解释》第 1 条第 2 款明确规定：违反社会公共利益、社会公德侵害他人隐私或其他人格利益，受害人以侵权向人民法院起诉请求赔偿精神损害的，人民法院应当依法予以受理。欺诈性抚养这一违法行为属于该条款规定的范畴，因此，受害人完全可以基于对方所为民法上的侵权行为而依法主张精神损害赔偿，受害人完全有权依法主张精神损害赔偿，这种主张是有法律依据的，同时也符合法理。

四、欺诈性抚养侵权赔偿责任的承担

（一）欺诈性抚养案件的性质

如前所述，关于欺诈性抚养案件的定性问题，目前我国法律没有规定。最高人民法院曾在 1992 年对类似问题曾作出过《关于夫妻关系存续期间男方受欺骗抚养非亲生子女离婚后客人否向女方追索抚养费的复函》([1991] 民他字第 63 号，以下简称《复函》)，但该司法解释也没有对欺诈性抚养关系的认定与处理作出明确的规定。面对现实生活中不断出现的欺诈性抚养纠纷，从长远来看，加强对欺诈性抚养予以法律救济的立法工作，或者制定相关司法解释，为人民法院正确审理此类案件，为当事人依法维权提供法律依据已经是一项十分紧迫的任务。就当下而言，对于案件的处理，曾有人主张应当定为抚养费纠纷来处理。[1]本书主张，在案件的定性上，用侵权责任法的相关理论来认定欺诈性抚养关系的性质是最为准确与合理的。这也为人民法院适用《侵权责任法》和相关司法解释审理案件提供了法律依据和理论支撑，也为未来进一步完善立法铺平了道路。在相关立法修订完善之前，人民法院可以根据我国《侵权责任法》和相关司法解释的精神和侵权损害赔偿说的理论来指导具体案件的审理工作，将案件作为损害赔偿纠纷来处理。当事人主张损害赔偿的法律依据就是我国《侵权责任法》和相关司法解释。当事人如果还主张精神损害赔偿的，则适用《侵权责任法》中侵害一般人格权的有关规定和法理对案件进行审理。

（二）欺诈性抚养的构成要件

根据上述分析，我们不难得出结论，欺诈性抚养是一种侵害自然人人格尊严的复合型侵权行为，侵权行为的主体是非婚生子女的生母与生父；违法行为是欺诈者采用欺骗手段或者因过失而误以为该子女系与男方所生，使受害人误认非婚生子女为自己的婚生子女而为之承担了抚养义务，而其自己却逃避了法定抚养义务的行为；损害结果是受害人因“履行抚养义务”而遭受财产损失和精神损失。而实质上欺诈性抚养损害的是受害人抚养利益，具体体现为对受害人人格尊严的一种侵害。在有的案件中可能还附带侵害到受害人的配偶权、名誉权和生育权等；欺诈者的欺诈行为与受害人（男方）受到损失之间具有因果关系；欺诈者具有欺诈的主观过错（包括欺诈的故意或者过失），因此，欺诈性抚养完全符合一般侵权行为的责任构成要件。

1　吴海强：《论欺诈性抚养的法律救济》，http://www.chinacourt.org/article/detail/2008/02/id/288098.shtml#rd，访问日期：2015年9月2日。

（三）欺诈性抚养侵权赔偿责任的范围和形式

1. 侵权赔偿责任的范围。如前所述，欺诈性抚养构成侵权行为，侵权行为人应当承担民事赔偿责任。赔偿范围包括受害人已支付的抚养费（包括生活费、教育费、医疗费等）；对于侵权行为情节恶劣、后果比较严重，受害人要求予以精神损害赔偿的，侵权行为人应当予以赔偿。人民法院可以根据案件的具体事实（包括侵权行为人的主观过错程度、侵权行为的情节与后果、影响等）和受害人的诉求，在充分考虑我国目前处于法律空白地带的非亲子关系事实引发的利益平衡问题的基础上，依据《侵权责任法》、最高人民法院相关司法解释和侵权责任法相关理论予以公平公正地处理。鉴于此类案件的特殊性，人民法院在审理时应当注意变偏重财产利益保护、抚养费返还为全面关注当事人身份利益、人格利益、财产利益、情感利益和安全利益。特别是要注意加强对受害人人格尊严和情感利益的保护。[1]同时，采用合理有效的司法对策，对精神损害赔偿标准与损害后果评价标准的适用、依职权调查取证范围的拓宽等方面的问题进行探索研究，破解当前司法实践中出现离婚损害赔偿难、案件判赔率低的司法难题，充分利用法律赋予的司法权力维护受害人的权益，避免受害人一方在法庭上的二次伤害，[2]以实现保护弱者利益的法律公平与社会正义。

2. 侵权赔偿责任的形式。实行财产责任形式为主和全部赔偿的原则。侵权赔偿责任形式主要为财产损害赔偿责任，包括赔偿受害人支出的全部抚养费（包括生活费、教育费和医疗费等）损失及其抚养费的利息损失。而赔偿精神损失则作为次要的赔偿责任形式。在司法实践中，有的案件只判决被告赔偿原告的

---

1 王春霞、罗书臻：《家事审判改革为相关立法提供实践依据》，载《人民法院报》2016年3月3日，第1版。

2 陈朝晖、翁德辉：《困境与突破：离婚损害赔偿难的破解路径探究》，载《海峡法学》2015年第4期，第78—87页。

抚养费损失，而未将抚养费的利息损失考虑在内是不妥当的。如果受害人主张精神损害赔偿的，人民法院应当予以支持，并根据具体案情，从侵害一般人格权的角度判决欺诈者赔偿受害人（男方）相应的精神损害抚慰金，以保护受害人的合法权益，维护我国婚姻家庭制度与秩序。对于个别案件性质比较恶劣，造成受害人名誉损失的，还可以一并适用赔礼道歉、消除影响和恢复名誉等民事侵权责任方式。

（四）处理欺诈性抚养案件需要注意的具体问题

1. 连带赔偿责任的具体适用。在审理欺诈性抚养案件中，对于侵权责任主体的认定，如果欺诈者是明确的，即非婚生子女的生母与生父都是明确的，则受害人（男方）可以将这二个人作为共同被告一并起诉，要求他们承担连带赔偿责任。理由前面已经阐述过，这里不再重复。但如果非婚生子女的生母说不出孩子的生父，或者由于某种原因无法查出具体是谁，则应当允许受害人以非婚生子女的生母为被告，要求其承担全部赔偿责任。如果非婚生子女的生父确实不知情，无欺诈的故意，则应由生母独自承担赔偿责任。换言之，属于侵权人一方有过错的，由一方承担侵权赔偿责任；属于侵权人双方均有过错的，则属于双方共同致人损害，由侵权人双方承担连带赔偿责任。这样处理，有利于裁判结果得到执行，对保护受害人的利益有利。

2. 计算赔偿损失的时间范围。即赔偿损失计算的起止时间。受害人请求欺诈者赔偿财产损失的时间范围是从当事人缔结婚姻关系时开始至离婚时止，还是从当事人离婚后开始计算，目前人们的认识并不一致。有的人认为从离婚后开始计算是因为我国实行夫妻共同财产制，在婚姻关系存续期间，双方的财产为夫妻共同财产而无法计算，因此无须返还。[1] 本书赞成从婚姻关系存续期间

1 蔡军如：《欺诈性抚养关系的法律界定及其处理原则》，http://court.gmw.cn/html/article/201309/23/137886.shtml#rd?sukey=fc78a68049a14bb25b5118f6b98e39ae83014 6e7d6fa757c722b81af7a601bbeb2

开始计算的观点。具体而言，就是从婚姻关系存续期间抚养该非婚生子女时开始计算。因为不论是实行夫妻共同财产制，还是约定财产制，对子女的抚养教育义务是不能免除的，换言之，在侵权行为和损害结果已被人民法院依法予以认定的情况下，也就意味着损害结果是从抚养该非婚生子女之时开始发生的，赔偿责任计算的时间范围自然而然应当从抚养该非婚生子女时起算，至离婚时止。如果发现事实真相是在离婚后，则时间范围可以延长至离婚后。当然，从诉讼的角度看，男方在主张自己的权利时须负举证责任。

3. 男方与所抚养的非婚生子女关系的处理

（1）男方与所抚养的未成年非婚生子女的关系。在男方（受害人）与配偶（欺诈者一方）离婚后，其与原先所抚养的非婚生子女已无任何亲属关系，也无法律上的任何权利义务关系。该非婚生子女应由其生母和生父负责抚养。从完善法律的角度来看，为了稳妥地解决好欺诈性抚养关系所派生出来的法律问题，我们应当借鉴大陆法系国家的立法经验，建立婚生子女的否认制度和非婚生子女的认领制度。

（2）男方与所抚养的成年非婚生子女的关系。这个问题比较复杂，应当根据不同情况，区别处理。首先，男方与所抚养的成年非婚生子女在长达十多年的共同生活中，已经形成了事实上的抚养教育关系，即事实收养关系。如果男方在知道事实真相时，要求与女方（非婚生子女的生母）离婚并要求赔偿抚养费的，人民法院应当尽量予以调解解决。如果调解成功，可要求当事人另行办理收养手续，该非婚生子女有赡养扶助男方（养父）的法定义务。经调解无效者，则应当依法判决离婚，并对侵权赔偿责任问题予以公平公正的处理，而当事人之间的权利义务关系也随之解除。其次，在婚姻关系存续期间，男方与非

73887758529ec32904371e262bccbc，访问日期：2015年9月2日。

婚生子女的生母共同把非婚生子女抚养成人，应当认定男方与非婚生子女之间形成了事实收养关系。在该子女成年后，男方起诉离婚并要求欺诈者（即非婚生子女的生母）赔偿损失的，人民法院应当慎重处理。目的是为了维护家庭和谐与社会稳定，也是为了平衡各方当事人的权益。如果夫妻感情破裂，调解无效，或者双方当事人已协议离婚，只是对财产分割问题无法达成协议的，人民法院在审理时应当注意根据《婚姻法》和相关司法解释的有关规定，在保障欺诈者一方基本生活费用的前提下，从保护男方（受害人）的利益出发，对欺诈者一方可以不分或者少分财产。对于男方（受害人）提出精神损害赔偿要求的，由人民法院依法审理后作出裁判。

第六章 继父母子女关系的法律规制问题研究

在我国《婚姻法》和《继承法》等民事法律中，因亲生父母再婚所形成的继父母子女关系是父母子女关系中的一种类型，其源于亲生父母双方离婚或者一方死亡后，另一方与他人结婚之情形。在现代社会，由于疾病、交通事故等天灾人祸、因失踪被宣告死亡、离婚等原因，当事人再婚现象比较普遍，再婚家庭也随之增多，并产生了继父母子女这一特殊社会关系。可以说，继父母子女关系已成为当今我国家庭中的一种常见的亲属关系。虽然我国《婚姻法》中已对继父母子女的法律地位和权利义务作出了原则规定，但相关内容还比较粗略，许多问题在立法上还不明确。特别是我国社会现正处于转型发展时期，再婚家庭的稳定与当事人权益法律保障面临着新的挑战，亟待从法律上予以有效指引、规范与保障。目前，我国《民法总则》已经颁布实施，《民法分则》“婚姻家庭编”的制定工作正在进行中，我们应当以此为契机，进一步完善继父母子女关系的相关规定。

第一节　继父母子女关系的形成与类型

一、继父母子女关系的形成

继父母子女关系一般是因父母一方死亡或者父母双方离婚后又再婚，子女与生父或生母的再婚配偶之间形成的一种亲属关系。因此，继父母子女关系是基于再婚行为而产生的，再婚家庭成员之间的亲属关系首先是基于姻亲关系而引起的。具体包括法律拟制直系血亲和直系姻亲二类亲属关系。对于单纯的姻亲关系而言，当事人只是一种名义上的亲属关系，他们相互之间不存在法律规定的权利义务关系（包括抚养教育、赡养扶助、继承遗产等）。只有基于抚养教育的事实而形成的拟制血亲关系，才属于我国《婚姻法》调整的范围，当事人之间才具有法律上的权利义务关系。

二、继父母子女关系的类型

长期以来，在审判实践中，人民法院裁判案件主要以“共同生活”为标准来认定的,而学术界也普遍认为继父母子女关系可分为“名分型”“共同生活型”和“收养型”三种，其中“名分型”的继父母子女关系只是纯粹的直系姻亲关系，当事人相互间没有法律上的权利义务；“共同生活型”的继父母子女视为形成了抚养关系，属于拟制血亲，且继子女与生父母、继父（母）之间形成了双重权利义务关系；而“收养型”的继父母子女关系也属于拟制血亲，且该继子女与不在一起共同生活的生父（母）一方的权利义务归于消灭。[1]而对于共同生活型的继父母子女关系，理论上也有三种判断标准（观点）：（1）继父（母）负担了继子女的全部或部分生活费和教育费；（2）继父（母）负担了继子女的全部或部分生活费和教育费，并与继子女共同生活，对继子女进行了教育和照料；（3）只要继父（母）与继子女在一起共同生活，即使继父（母）未负担相关抚养费用，也应认定他们相互间形成了事实上的抚养教育关系。[2]这三种观点各有侧重，但不够全面，特别是无法囊括现实生活中出现的新情况。

本书认为，由于家庭生活方式的多元化，近年来，继父母子女关系也有了新的变化，其类型实际上已不止这三种。由于现实生活中的继父母子女关系比较复杂，本书在此依据现行法律和司法解释的有关精神，以是否形成抚养关系为衡量标准（依据），对继父母子女关系作出以下分类：

（一）基于姻亲关系而形成的"名义型"继父母子女关系

这一类型的继父母子女关系可细分为以下二种：

1. 生父或生母再婚时，继子女尚未成年或未独立生活，不与继父（母）共同生活，继父（母）未提供生活上的照料或经济上的帮助。

2. 生父或生母再婚时，继子女已成年并独立生活，不与继父（母）共同生活，继父（母）未提供生活上的照料或经济上的帮助；在继父（母）年老时，继子女也未承担赡养扶助义务。

（二）基于抚养教育行为而形成的"抚养型"继父母子女关系

这一类型的继父母子女关系又可细分以下两种：

1. 生父或生母再婚时，继子女尚未成年或未独立生活，与继父（母）共同

---

1 巫昌祯：《婚姻与继承法学》（第四版），中国政法大学出版社 2007 年版，第 204 页；马忆南：《婚姻家庭继承法学》（第二版），北京大学出版社 2011 年版，第 192 页。

2 陈苇：《婚姻家庭继承法学》，法律出版社 2002 年版，第 245 页。

生活，继父（母）提供生活上的照料或经济上的帮助。

2. 生父或生母再婚时，继子女尚未成年或未独立生活，不与继父（母）共同生活，继父（母）也未提供生活上的照料，但提供了经济上的帮助，包括提供生活费和教育费等。即继父（母）为继子（女）支付了抚养费。

此种类型的继父母子女在法律上视为“有扶养关系”的继父母子女，适用《婚姻法》第 27 条第 2 款的有关规定，且在此类继父母子女关系中，继子女与生父母和继父（母）之间同时具有法定的权利与义务，具有双重民事法律关系和亲属身份。

（三）基于收养行为而形成的“收养型”继父母子女关系

这是指继父或继母经继子女的生父母同意，通过收养程序收养已形成扶养关系的继子女为其养子女，将继父母子女关系转化为养父母子女关系。

（四）基于赡养扶助行为而形成的“赡养型”继父母子女关系

这是指生父或生母再婚时，继子女已成年并独立生活，不与继父（母）共同生活，继父（母）未对继子女进行抚养教育。但在继父（母）年老时，继子女自愿承担了赡养扶助义务。需要说明的是，对于这种情形是否可以认定为形成抚养教育关系的继父母子女关系，目前法律上并不明确。本书将在后面内容中探讨。

从上述分析中，我们不难看出，生活中的继父母子女关系相对比较复杂。本书认为，上述四大类型中，除“名分型”继父母子女关系属于姻亲关系，当事人相互间不具有法律上的权利义务关系外，其他三种类型的继父母子女关系均属于法律上的拟制血亲关系，当事人相互间具有法律上的权利义务关系。

第二节　我国关于继父母子女关系的立法现状及存在的主要问题

一、关于继父母子女关系的立法现状

我国《婚姻法》第 27 条规定："继父母与继子女间，不得虐待或歧视。""继父或继母和受其抚养教育的继子女间的权利和义务，适用本法对父母子女关系的有关规定。"根据这一规定，"有扶养关系"的继父母与继子女之间，属于拟制血亲关系；而没有扶养关系的继父母子女关系，则属于姻亲关系，这是由生父与继母，或者继父与生母婚姻关系所派出来的一种亲属关系。因此，继父母子女关系最基本的内涵是子女与生父或生母的再婚配偶之间的身份关系。《继承法》第 10 条明确规定继子女有继承继父母遗产的权利，但主体范围非常明确，只限于与继父母形成抚养关系的继子女。由于继父母子女生活在再婚的家庭中，或多或少会存在着一些情感上的隔阂，相互间权利义务关系也比较复杂，容易产生人身关系（如抚育、赡养等）和财产关系（如家庭财产权的配置与行使）方面的纠纷与矛盾。《婚姻法》第 10 条的规定明确了抚养教育是判断与确立继父母子女之间权利义务关系的基础与依据，但这一规定过于原则，而我国《继承法》和其他相关法律法规、司法解释中亦未对"形成抚养教育关系"的认定标准作出明确的规定。由于"抚养型"和"赡养型"继父母子女关系比较特殊，继子女与其生父母和继父（母）间具有双重权利义务关系，因此，在实践中，往往容易发生矛盾与纠纷。因此，本书在此主要针对"抚养型"和"赡

养型”继父母子女关系问题进行重点探讨。

二、关于继父母子女关系立法规定存在的主要问题与相关争议

（一）立法规定存在的主要问题

我们结合前述有关继父母子女分类，就可以发现目前我国法律上还有一些规定不明确、不完善。主要体现在：

1. 对于继父（母）在抚养教育关系形成前是否应当履行抚养教育义务不明确。现行《婚姻法》没有规定当事人再婚后至扶养关系确立前这一特殊阶段的继父母子女之间的权利义务。在生活中，有的当事人再婚后，常常因继父或继母不愿主动承担继子女抚养教育义务而影响再婚夫妻关系和继父母子女之间的关系。

2. 形成抚养教育关系的认定标准不明确。是采用共同生活标准、抚养费标准，还是共同生活标准与抚养费标准应同时具备？这几种标准的具体要求是什么？形成抚养教育关系是否应当有当事人之间的合意？继子女与继父生母或继母生父共同生活，但抚养费是生父或生母提供的，能否认定继父母与继子女已形成了抚养教育关系等，均不明确。

3. 形成抚养教育关系的时间标准不明确。即判断继父母与继子女之间形成抚养教育关系是否要有时间上的要求？需要多长时间才能确定为已形成抚养教育关系？

4. 成年继子女赡养继父（母）后是否能形成有扶养关系的继父母子女关系不明确。在生活中，有的当事人再婚时，其与前妻或前夫所生育的子女已经独立生活，不需要继父或继母的抚养教育。但当继父或继母年老时，该继子女主动对继父或继母履行了赡养扶助的义务。虽然在继父或者继母死亡时，该继子女可以以“继承人以外的对被继承人扶养较多的人”的身份依法分得死者适当

的遗产（《继承法》第 14 条的规定），但这与以继承人身份参与遗产继承和分配所产生的结果是完全不一样的。

5. 继父母子女关系解除的法定事由（情形）和解除后果不明确。当生父（母）一方死亡，或者生父与继母、生母与继父离婚时，继父母与继子女已经形成的抚养教育关系是否可以自然终止？根据《最高人民法院关于继父母与继子女形成的权利义务关系能否解除的批复》的答复，已经形成抚养教育关系的继父母与继子女关系不能自然终止。如果一方当事人起诉要求解除关系的，人民法院应视具体情况作出是否准许解除的调解或判决。但在实际操作中，由于法官在裁判时并没有明确具体的标准或者依据，就可能产生法官自由裁量空间过大，甚至同案不同判的结果，对维护当事人的合法权益十分不利。

（二）学界对继父母子女“扶养关系”认定标准的相关争议

“有扶养关系”的继父母子女关系是基于继父或继母对继子女扶养的事实行为而发生的，[1] 但我国《婚姻法》和《继承法》中对“有扶养关系”的继父母子女关系的认定标准并没有作出规定，实践中的具体情况也相对复杂，人们在认定标准的把握上分歧比较大，归纳起来，主要有下列标准：

1. 继父或继母与继子女共同生活持续 3 年以上的。[2]

2. 继父或继母对继子女抚养教育达 5 年以上的。[3]

3. 继子女与继父或继母共同生活，继父或继母对继子女承担了全部或部分生活费和教育费，或者成年继子女对继父或继母进行了长期赡养扶助的。[4]

4. 继子女与继父或继母共同生活，继父或继母对继子女给予生活上的抚养

---

1 余延满：《亲属法原论》，法律出版社 2007 年版，第 432 页。

2 王利明：《中国民法典学者建议稿及立法理由——人格权编·婚姻家庭编·继承编》，法律出版社 2005 年版，第 397 页。

3 王歌雅：《扶养与监护纠纷的法律救济》，法律出版社 2001 年版，第 89 页。

4 巫昌祯：《婚姻家庭法新论》，中国政法大学出版社 2002 年版，第 245 页。

与照料，或者继子女虽没有与继父或继母共同生活，但继父或继母承担了其生活费、教育费的一部或全部，或者成年继子女继父或继母予以长期赡养扶助的。[1]

5. 继父或继母承担了继子女全部或部分的生活费和教育费；继父或继母与未成年继子女共同生活，虽未在经济上直接承担其抚育费用，但对其进行了教育和生活上的照料的。[2]

6. 继父或继母对继子女承担了全部或部分生活费和教育费，且不论是用夫妻共同财产，还是用继父或继母的个人财产来承担该费用。[3]

本书基本赞成第四种观点，但发现上述观点只强调评判的客观标准，忽略了评判的主观标准。同时，鉴于“有扶养关系”的继父母子女关系的复杂性与多变性，有学者进一步提出应当区分抚育关系和赡养关系进行认定，[4]本书亦赞同这一主张，认为对这一特殊法律关系的认定，应当区分抚育关系和赡养关系而适用不同的标准，但在具体标准内容的把握上仍有深入探讨的必要。

1　杨遂全等：《婚姻家庭法新论》，法律出版社 2003 年版，第 171 页。

2　王洪：《婚姻家庭法》，法律出版社 2003 年版，第 240 页。

3　余延满：《亲属法原论》，法律出版社 2007 年版，第 432 页。

4　房绍坤、郑倩：《关于继父母子女之间继承权的合理性思考》，载《社会科学战线》2014 年第 6 期，第 204 页。

第三节 完善我国继父母子女关系法律制度的理论思考

继父母子女关系是我国家庭关系中的重要类型。为了改变我国《婚姻法》《继承法》对继父母子女关系规定过于原则、简略和滞后的现状，我们应当以《民法分则》的制定为历史契机，抓紧修改完善相关内容。本书认为，重点应围绕以下几个方面进行：

一、准确界定和使用“扶养”的概念

关于“扶养”的含义，通说认为，法律上的“扶养”一词是广义词，它包括抚育、狭义的扶养和赡养三方面的内容。其中，长辈对晚辈的抚养教育为抚育，也称为抚养；夫妻或兄弟姐妹等平辈之间的供养扶助为狭义的扶养；晚辈对长辈的供养扶助为赡养。而再婚家庭涉及生父母、继父（母）、生子女、继子女、继兄弟姐妹等多方民事主体。在涉及当事人权利义务时，法律上有不同的用语。例如：我国《婚姻法》第27条规定继父母子女之间的义务时，采用的是“抚养教育”的提法。而我国《继承法》中第10条规定中分别采用了“有扶养关系的继子女”“有扶养关系的继父母”和“有扶养关系的继兄弟姐妹”的表述，用的是“扶养”二字。这里实际上就包括了长辈对晚辈的抚育、平辈（也称为同辈）之间的扶养和晚辈对长辈的赡养三种具体扶养方式。我国《继承法》第13条规定：“对被继承人尽了主要扶养义务或者与被继承人共同生活的继承人，分配遗产时，可以多分。有扶养能力和有扶养条件的继承人，不尽扶养义务的，分配遗产时，应当不分或者少分。”第14条规定：“对继承人以外的依靠被继承人扶养的缺乏劳动能力又没有生活来源的人，或者继承人以外的对被继承人扶养较多的人,可以分给他们适当的遗产。"《继承法》第 13 条中提到的“扶养”，也是泛指继承人对被继承人所尽的扶助供养义务。第 14 条确立了继承人以外的人与被继承人之间的扶养继承关系（即遗产分配关系），并确立和强调了继承人的权利义务对等原则。由此可见，我国《继承法》中规定的“扶养”是在广义上使用这一概念的。

本书认为，就法律内涵而言，抚养与扶养是有区别的，涉及的主体也是不同的。如果不加以准确界定，在实践中很容易产生歧义。本书认为，广义上的扶养，泛指一定范围内的亲属间所具有的相互供养与扶助的法定权利和义务。它包括长辈对晚辈的抚养、晚辈对长辈的赡养、夫妻之间和兄弟姐妹等平辈之间的扶养等具体形态。我国《刑法》中规定的“遗弃罪”就涉及扶养法律关系，刑法意义上的扶养也是泛指家庭成员之间的扶养责任。为了更好地适应调整再婚家庭成员的法律关系，建议《民法分则》“婚姻家庭编”和“继承编”均采用广义上的扶养概念，使其更具有广泛的适用性，能够涵盖再婚家庭成员中的各种关系。具体而言，扶养就涵盖了继父（母）对继子女的抚育、继子女对继父（母）的赡养、继兄弟姐妹间的扶养等形态。鉴于法律目前还没有修改，为了说明问题的方便，本文在后续的论述中未特别指明的，均采用广义的“扶养”概念。

二、明确形成扶养关系的认定标准

（一）扶养关系的客观标准

目前，学界对扶养的表现形态始终是有争议的。从理论上说，继父母子女共同居住，继父或继母对继子女提供了生活费和教育费，并对继子女进行生活照料和知识教育等，是最为完整和圆满的扶养表现形态。[1]但现实生活中的情况往往无法如此理想，继父母子女关系的复杂性和多变性确实给亲子关系和财产继承制度的设计与完善带来极大的难度。由于我国法律上目前没有规定具体的认定标准，在实践中一般是依据继父（母）与未成年继子女共同生活，对继子女予以生活上的照料，思想品德、学业上予以教育培养，包括对继子女在知识传授、技能训练、思想品德培养、身体和智力发展等方面的帮助、教育、保护和支持，或者继父（母）对继子女在经济上支付了抚养费（包括给付继子女生活费、教育费的一部或者全部），[2]均应视为继父（母）对继子女扶养的重要标志。但我们应当看到，由于生活观念与方式的多元化，家庭共同生活的形式也在发生变化。但无论如何变化，共同生活是我们判断是否形成扶养关系的基本标准。共同生活既包括继父母子女相互间物质上的给予，也包括其相互间在生活上的照料、精神上的沟通交流。在一般情况下，继父母子女在一起共同生活，且继父（母）给付了抚养费（即抚育费，下同），这是常态，认定其形成扶养关系自无问题。

但在实践中，由于家庭生活的理念与形式的变化，也有一些非常态的情形存在。主要有：

（1）继父母子女在一起共同生活，但继父（母）未支付抚养费，继子女的生活费和教育费是由该子女的生父（母）提供的。

（2）继父母子女未在一起共同生活，但继父（母）一方支付了抚养费。如：有的继子女判归生父（母）一方，但由于某些特殊原因（如住宅拆迁、工作调动、外出做生意或打工等），该继子女与自己的祖父母在一起共同生活，但继父（母）

1 李政辉：《析离婚后继父母子女间继承关系》，载杨立新、刘德权、杨震：《继承法的现代化》，人民法院出版社2013年版，第174页。

2 马忆南：《婚姻家庭继承法学》（第二版），北京大学出版社2011年版，第192页。

却提供了全部或者部分生活费和教育费。

（3）继父母子女未在一起共同生活，但继子女对继父（母）履行赡养扶助义务。

（4）继兄弟姐妹未在一起共同居住生活，但继兄姐对继弟妹履行了支付扶养费的义务。特别是在生活中，不与继父（母）长期共同生活的未成年继子女和成年继子女对继父母的赡养义务等一般都是通过支付赡养费的形式来履行的。这些情形是否可以认定双方已形成了扶养关系？目前，这在立法上都是不明确的。

特别是对于第一种情形，即对于共同生活是否应作为独立的认定标准，人们就有不同的认识。有的学者认为，继父母子女共同生活只能作为扶养义务认定的标准之一，它还必须与承担生活费、教育费共同作为认定标准之一，[1] 即两者是并列标准。

本书认为，根据我国家庭生活的实际情况，在制定《民法分则》“婚姻家庭编”时，可以采用“基本标准”+“辅助标准”的客观标准予以判断和认定。即以共同生活为认定的基本标准，以支付抚养费为认定的辅助标准。当继父（母）与继子女在一起共同生活，继父（母）以共同财产（收入）来支付继子女抚养费的全部或者大部分（实行夫妻共同财产制前提下），或者以生父与继母、生母与继父的共同财产（收入）来支付继子女抚养费的全部或者大部分（实行夫妻约定财产制前提下），就符合“形成扶养关系”的客观条件。对于上述四种非常态的特殊情形，均应当认定当事人之间形成了扶养关系。其中，对于第一种特殊情形，即继父（母）与继子女在一起共同生活，但继父（母）未支付抚养费的，本书认为，继父（母）与继子女在一起共同生活，特别是在夫妻实行

1 房绍坤、郑倩：《关于继父母子女之间继承权的合理性思考》，载《社会科学战线》2014年第6期，第205页。

共同财产制的情况下，大家在同一个家庭里共同生活，朝夕相处，具有生活居所的同一性和生活内容的一致性，经济关联度更高，不可能没有付出。同时，继父（母）对未成年继子女还承担了实际监护人的责任，对继子女进行思想品德教育、学业帮助指导，以及生活上的共同照料，也付出了心血、精力和时间，其艰辛与重要程度并不亚于甚至超过生父（母）。而尽管继子女的生父（母）支付了子女的抚养费，但其数额往往很有限，有的甚至是一次性给付，往往无法满足子女的实际需要。特别是当日后子女需求变化和物价变动时，之前所付费用往往不足以满足其子女生活和教育费用的日常需要，更不用说子女生病或者出现其他重大事由。因此，只要继父（母）与继子女在一起共同生活，继子女受到继父（母）的照料和帮助等，就应认定其相互间形成了扶养关系。这既符合我国家庭生活的实际状况，也有利于平衡各方的利益关系，减少矛盾与纠纷，更重要的是有利于未成年子女的身心健康。对于第二种特殊情形，本书认为从立法上应予以肯定和确认。只要当事人有明确书面约定的，可以作为认定扶养关系的辅助标准。这对继子女的健康成长有利。对于第三种和第四种特殊情形，这在生活中也具有典型性，支付扶养费（含继子女支付给继父（母）的赡养费和继兄弟姐妹间支付的扶养费）也应当作为“形成扶养关系”的重要认定标准。

至于继父（母）再婚后，在扶养关系形成前是否应当履行扶养义务的问题，本书认为，这可以由当事人自行约定。因我国《婚姻法》并未规定当事人再婚后至扶养关系确立前继父（母）应当履行扶养继子女的义务，这一阶段中继父母子女之间的权利义务还未确定。从法律上来说，此时的继父（母）和继子女还没有形成扶养关系，相互间并无法律上的权利义务关系。如果当事人有约定，或者当事人自愿履行扶养义务的，则视为其相互间已形成扶养关系。如果能够实现“无缝对接”，对未成年子女的健康成长是有利的。如果当事人之间没有约定，或者需要与生父（母）协商确定的，在结果形成之前（即扶养关系形成之前），继父（母）在法律上无抚扶养义务。法律应当尊重当事人的意思自治。当然，当事人自愿履行的不在此限。

（二）形成扶养关系的时间标准

在实践中，对于继父（母）与继子女在一起共同生活多长时间，才能被认定为“形成扶养关系”，这在法律上目前也是不明确的。有的学者提出继父或继母扶养继子女应达到 5 年以上才能认定其形成扶养关系。[1] 而王利明教授主持起草的《民法典学者建议稿》第 508 条则主张继父或继母与继子女共同生活持续 3 年以上即可。[2] 最高人民法院《婚姻法司法解释三（草案）》中曾提出过相关的认定标准，[3] 从内容来看，该草案针对不同的家庭情况作出了不同的规定，包括 2 年至 5 年不等的具体时间要求。但由于实践中的情形比较复杂，颁布该标准的时机还不成熟，因此，最后颁布该司法解释时这一条被删除。而本书认为，最高人民法院该司法解释草案提出的时间标准还是有一定的实践基础的。因为共同生活本身就应该包含时间要素。从理论上说，继父母子女关系的认同与融合是需要时间与空间条件的，双方都需要磨合一段时间才能增进互动与孕育情感，实现身份与情感的最终转换。而作为认定标准的共同生活时间，如果时间

1 陈苇、胡平：《婚姻家庭继承法学》，重庆大学出版社 2002 年版，第 245 页。

2 王利明：《中国民法典学者建议稿及立法理由——人格权编·婚姻家庭编·继承编》，法律出版社 2005 年版，第 398 页。

3 最高人民法院《婚姻法司法解释三（草案）》中曾提出形成扶养关系的认定标准，即：(1) 继父（或继母）和享有直接抚养权的生母（或生父）与未成年继子女共同生活三年以上，承担了全部或部分抚育费，付出了必要的劳务，并且履行了教育义务；(2) 继父或继母因工作等非主观原因，无法与未成年继子女共同生活，但承担了全部或部分抚育费五年以上；(3) 未成年继子女的生父母一方死亡，继父或继母与未成年继子女共同生活两年以上，并承担了本条第一款的相关义务。此外，若上述各款情形涉及的未成年子女为残疾或智障人士的，共同生活时间的认定标准可适当降低。

定得太短，则不利于继子女的日常生活与健康成长的需要，在判断上也比较困难；时间定得太长，则不利于再婚家庭关系的和谐稳定。在立法上，可以考虑参照前述的最高人民法院司法解释草案曾经作出的规定，根据不同情形，设置3~5年的时间下线，作为认定“形成扶养关系”的时间下限。

（三）形成扶养关系的主观标准

立法上应尊重当事人的同意权（也称为选择权），这是认定当事人是否“形成扶养关系”的主观标准。在法律地位上，形成扶养关系的继父母子女关系属于拟制血亲，它具有可选择性和可解除性。但一旦确立，继父（母）与继子女间的权利义务就适用法律对父母子女权利义务的有关规定，当事人就要受到法律的约束。因此，是否建立有扶养关系的继父母子女关系，应当充分尊重当事人的同意权。首先，对于继子女而言，最高人民法院《关于人民法院审理离婚案件处理子女抚养问题的若干具体意见》第5条规定：父母离婚时，对于10周岁以上未成年子女抚养归属问题有争议时，应当充分考虑该子女的意愿。目的在于促进未成年子女的健康成长和家庭的和谐稳定。根据《民法总则》第19条关于8周岁以上未成年人为限制民事行为能力人的规定，同样道理，在是否接受继父（母）的抚养教育，也应当充分尊重未成年继子女的选择权，特别是8周岁以上的未成年人。对于成年子女而言，应当充分尊重他们自己的意愿。而对于夫妻而言，目前我国绝大多数夫妻实行的是夫妻共同财产制，无论生父与继母，还是生母与继父，他们为与其共同生活的继子女所提供的抚养费，应当说，基本上用的都是夫妻共同财产。有的再婚夫妻顾及夫妻感情对此未提出异议，但并不表明继父或者继母一方愿意承担对继子女的扶养义务；有的继父（母）虽然也扶养了继子女，但内心里未必真正愿意与该继子女形成父母子女法定权利义务关系。因此，继父（母）的主观意愿很重要，他们同样也应当享有同意权。其次，对于履行了扶养义务的继父（母）而言，在其年老体弱，需要他人赡养时，他们有权利要求继子女履行对其的赡养义务，当然，他们也可以放弃这一权利。同理，对于对继父（母）履行了赡养义务的成年继子女而言，他们也有选择权。即他们可以放弃对继父（母）遗产的继承权，而仅仅保留名义上的继父母子女关系。法律应当尊重当事人的自由选择权，当事人自己达成一致，对当事人各方都有益处。只有这样，才能有利于再婚家庭关系的和谐稳定与持久持续，有利于继子女的健康成长和继父（母）合法权益的维护。

三、增设不完全收养制度

所谓不完全收养，是指养子女被他人依法收养后，与生父母未完全终止亲子关系，相互间仍保留一定的权利义务的一种收养形式。[1]我国澳门地区称之为简单收养。在此类收养关系中，养子女可以不受年龄的限制，且养子女与生父母之间的法定权利义务并不因收养关系的成立而消灭，可以依然保留。这是不完全收养的一个特点和优势。目前在当今世界，只有中国、日本、阿尔巴尼亚等少数国家的立法只承认单一的收养形式即完全收养，而法国、保加利亚、阿根廷、罗马尼亚等国家和我国澳门地区都同时规定了完全收养和不完全收养制度，并把不完全收养作为收养成年子女的途径之一。[2]反观我国，目前立法上还不承认不完全收养制度，从收养实践和发展趋势来看，我国《收养法》的规定已显得有些落后，不适应我国已步入老年型社会的实际与社会发展的需要。

如前所述，在形成扶养关系的继父母子女关系中，继子女与生父母和继父（母）之间形成了双重亲属关系，继子女既与生父母相互间享有法律上的父母子女间的权利义务，又与形成扶养关系的继父（母）相互间享有法律上的父母子女间的权利义务；反之，形成扶养关系的继父（母）继子女和自己的生子女

1　吴国平：《婚姻家庭立法问题研究》，吉林大学出版社 2008 年版，第 238 页。

2　宋豫、陈苇：《中国大陆与港、澳、台婚姻家庭法比较研究》，重庆出版社 2002 年版，第 293 页。

相互间也具有双重亲属关系（即权利义务关系）。但如果按照我国现行的《收养法》规定，如果继父母子女间建立了收养关系，则继子女与其生父母就必须终止相互间的亲属关系及其权利义务关系。如此一来，就会带来很多问题。一方面，在生活中，由于继父母子女关系的不确定性，有的继父（母）对继子女的扶养是临时性的，或者时断时续，[1] 如何判断当事人是否"形成扶养关系"，有时有一定难度。另一方面，由于我们国家目前实行的是完全收养制度。继子女一旦被继父（母）所收养，在办理收养登记手续后，就与继父（母）形成养父母子女关系，而与自己的亲生父母脱离了父母子女关系。特别是在计划生育（"一孩"生育政策）时期，一对夫妻只能生育一个孩子，即便因为父母离婚，未成年子女只能与父或母一方共同生活，但父母子女的血缘关系依然存在。即便是因生父母再婚而被继父（母）收养，子女与生父母仍然有着千丝万缕的联系，人为地隔断其亲情联系与血缘关系，既不现实，也有悖于人之常情。这事实上也不利于继父母子女（养父母子女）关系的稳定。而建立不完全收养制度，既有利于继子女权益的保障，使他们得到更多关爱与照顾，也有利于使他们更自然愉快地融入重组后的新家庭，使继父母子女关系的稳定性大大增强。现在，随着收养制度的"养老"功能在世界各国的逐步复兴与运用，加上我国"少子化"与人口老龄化的双重压力下，为稳定婚姻家庭关系，顺应我国人口老龄化的需求，特别是维护老年生父母与继父（母）的合法权益，对老人们给予特别的关爱，有必要在吸收国外立法经验与结合我国实际情况的基础上，在我国立法上增设不完全收养制度，进一步扩大收养范围，以满足老百姓多元化的收养需求，并优化收养制度"育幼"与"养老"功能，实现"为子女利益的收养"与"为养亲利益的收养"并重，全面建立适应社会发展需要的现代收养制度。

---

1 杨立新：《家事法》，法律出版社 2013 年版，第 194 页。

综上，为了鼓励继父（母）与继子女之间建立起拟制血亲关系，在立法上应当引入不完全收养制度，并使之不仅适用于成年收养领域，而且也适用于继父（母）收养未成年继子女的情形。本书建议制定《民法分则》“婚姻家庭编”时，应明确规定继父（母）可以依不完全收养的法定形式收养继子女，并规定在不完全收养情形下，该继子女可以与养父母和生父母同时建立并保持亲子关系，并在法律上享有亲子关系方面的双重权利与义务。至于不完全收养适用的主体范围，建议限定为：第一，被收养人为成年人或者三代以内同辈旁系血亲的子女或者已满 14 周岁不满 18 周岁的未成年人。第二，单身公民收养未成年人。[1]这样，既有利于未成年继子女的健康成长，不影响继子女与生父母之间的关系，尤其是因离婚后未与子女共同生活而又不愿意失去亲子关系的父母另一方的关系，又有利于继父或继母与继子女关系的和谐发展。当发生财产继承时，此类继子女在法律上享有双重继承权。

四、规定继父母子女关系终止（解除）的法定事由及效力

对于已形成扶养关系的继父母子女关系能否终止（即解除，下同）的问题，我国《婚姻法》并未作明文规定，也需要在制定《民法分则》“婚姻家庭编”时一并考虑。

在司法实践中，对此一般都区分不同情况分别认定与处理。首先，在再婚关系存续期间，对于尚未成年的继子女与继父（母）的关系，原则上是不能解除的。其次，在继父母子女一方死亡、继父母离婚、双方协议解除、诉讼解除等情形下，继父母子女关系可以终止。[2]对于未形成扶养关系的继父母子女而言，他们之间的姻亲关系随之解除。而对于已形成扶养关系的继父母子女而言，本

1　王歌雅：《中国现代婚姻家庭立法研究》，黑龙江人民出版社 2004 年版，第 343 页。
2　杨立新：《家事法》，法律出版社 2013 年版，第 195 页。

书认为，可以产生以下效力：

第一，生父与继母或者生母与继父离婚时，根据最高人民法院《关于人民法院审理离婚案件处理子女抚养问题的若干具体意见》第13条的规定，对曾受其抚养教育的继子女，如果此后继父或者继母不同意继续扶养的，则仍应由该继子女的生父母扶养，继父母子女关系由此解除。但如果继父（母）愿意继续扶养，且该继子女的生父母同意的，则可以允许其继续扶养。[1]继父母子女关系不解除。值得指出的是，当继父母子女关系依法解除时，继父（母）无权要求继子女或其生父母返还曾经支出的抚养费。因为双方之前形成了拟制血亲关系，继父（母）据此对继子女进行了扶养，这乃是一种法定义务，[2]不存在返还费用的问题。

第二，与继子女共同生活的生父或生母一方死亡的，继父（母）仍应继续扶养继子女。除因继子女的生父母要求领回扶养且继父（母）同意的以外，继父母子女关系不能自然解除。

第三，一般情况下，已由继父（母）扶养成人且独立生活能力的继子女，其与继父（母）所形成的拟制血亲关系不能因生父与继母或者生母与继父离婚而自然解除。该继子女应当承担赡养曾经抚养教育过他们的继父母的义务。当然，如果双方关系恶化，经双方协议或者一方请求，可以由人民法院解除其拟制血亲关系，但即便如此，成年继子女仍然须承担丧失劳动能力、生活困难的继父母的赡养义务。

第四，已由继父（母）扶养成人且具有独立生活能力的继子女，在生父母

1 曹贤信：《婚姻家庭与继承法》，厦门大学出版社2013年版，第130页。

2 何丽新：《婚姻家庭与继承法》，厦门大学出版社2012年版，第149—150页。

死亡时，无论继父母子女关系解除与否，均应当承担对继父（母）的赡养义务。

五、加强对双重（多重）有扶养关系的继父母子女关系的法律调整

如前所述，“形成扶养关系”的继父母子女是父母子女关系中的一种特殊类型，“形成扶养关系”的继子女与生父母和继父（母）之间会形成双重亲属关系。此外，由于一些当事人的婚姻状况的复杂性（即多次结婚），在现实生活中，还存在多重有扶养关系的继父母子女关系。即有的当事人有过多次婚姻关系，先后与多个继子女形成并保持有扶养关系的继父母子女关系，于是出现了多重有扶养关系的继父母子女关系。我国法律目前对双重亲属关系的规定还比较原则，对多重亲属关系的法律规制作尚处于空白状态。特别是对于独生子女家庭而言，如果生父母一方或者双方多次结婚，未成年子女随生父或者生母一方与继母或者继父共同生活，形成了多重继父母子女关系后，虽然他们在未成年时期受到生父母和继父（母）的悉心照料，后长大成人并具有了独立生活能力，甚至已经独立生活，但随着我国人口老龄化和老年社会的到来，将来他们可能要承担非常繁重的赡养四位甚至多位老人的重任。就双方的负担而言，一对夫妻抚育一个孩子，与一个孩子或者一对夫妻赡养二位老人，甚至是四位以上的老人，应当说后者的任务更加艰巨。在养老制度还在逐步完善过程中的今日中国，对于此类特殊类型的当事人来说，是一个严峻的挑战。此外，在继子女与继父（母）形成拟制血亲的情况下，还可能出现“名义型”继兄弟姐妹和“抚养型”继兄弟姐妹等复杂情况。如果子女随多次重组家庭的生父母共同生活，可能还会形成多个“名义型”继兄弟姐妹和“抚养型”继兄弟姐妹。这是重组家庭所带来的新问题。立法上如何平衡双重甚至多重继父母与继子女、继兄弟姐妹间的利益，有效调整双方甚至多方当事人的权利义务关系，将是立

法机关面临的一个新课题与新挑战。当然，在下列几种情况下，不会形成多重亲属关系：一是生父与继母或者生母与继父离婚时，经双方协商，继父或者继母同意离婚后仍由其继续扶养该未成年继子女的，则原有的已形成的扶养关系仍然继续存在；二是生父与继母或者生母与继父离婚时，继子女的生母或者生父领回自己扶养或委托父母（即孩子的祖父母或者外祖父母）扶养的；三是生父母一方死亡时，继父（母）不愿意继续抚养继子女的，由孩子的祖父母或者外祖父母领回扶养的。在上述情况下，即便是该子女的生父或者生母随后又再婚，该子女也不会与“新继母”或者“新继父”形成新的有扶养关系的继父母子女关系。[1]但是，在生父母死亡，继父（母）又愿意扶养该继子女，且再婚后继父（母）的新配偶愿意共同扶养该继子女的情况下，该继子女就会与“新继父”或者“新继母”形成新的有扶养关系的继父母子女关系。本书认为，对于此类问题，除了采用继父（母）继续直接扶养未成年的继子女、由生父母领回扶养、由祖父母、外祖父母领回扶养外，还可以由当事人通过自行协商或者诉讼解除前一个继父母子女关系等具体办法，以尽量避免双重甚至多重继父母子女关系的产生外，在未来立法上也应当对双重和多重有扶养关系的继父母子女关系予以必要的限制与规范，以减少错综复杂的家庭关系的产生。为了有效应对这种比较复杂的法律关系，建议在制定《民法分则》“婚姻家庭编”时，应对这一问题应当予以重视，组织专门力量进行广泛调研和深入研究，提出内容全面的有效解决对策，为立法设计和完善我国重组家庭方面的法律规范贡献智慧。

1　何丽新：《婚姻家庭与继承法》，厦门大学出版社 2012 年版，第 150 页。

第七章　老年人养老权益法律保障问题研究

第一节　老年人赡养权益的法律保障

赡养制度是我国婚姻家庭制度的重要内容之一。我国《宪法》第 49 条第 3 款规定："成年子女有赡养扶助父母的义务。"我国《民法总则》《老年人权益保障法》《婚姻法》对此也作了细化的规定。长期以来，在我国多数家庭中，子女都能够自觉履行这一法定义务。进入 21 世纪后，特别是进入社会转型的新的历史时期后，我国老年人的赡养保障遇到了人口结构、家庭结构、经济、精神方面的诸多新问题新挑战，也折射出我国老年人赡养法律制度仍不完善。在现实生活中，由于种种原因而导致老年人晚年生活保障不力，甚至出现在身体、精神或心理上虐待老人等恶性事件时有发生，这不能不引起我们的高度关注。而从法律层面来看，目前我国关于老年人赡养制度的法律规定还存在内容不够具体，标准不够明确，条件还不够人性化，在执行上还缺乏可操作性的问题，不能适应新时期老年人赡养权益保障的各种需求。

一、我国老年人权益的主要内容

一般而言，老年人的基本生活需求不外乎经济需求、生活需求和精神需求等三个方面。根据我国《老年人权益保障法》的相关规定，老年人依法享有我国公民所享有的一切权利，包括政治权利、人身自由权、宗教信仰权、社会经济权、文化教育权、受赡养扶助权、财产所有权、婚姻自由权、房屋居住权、财产继承权和诉讼权等基本权利。就《老年人权益保障法》的立法本意而言，老年人的权益主要涉及私法意义上体现老年人特殊要求的权益，包括人身权益和财产权益，具体侧重在以下几个方面：一为受赡养扶助权。老年人享有受子女等赡养义务人或者其他扶助人赡养扶助的权利。赡养是指子女在物质上、经济上为父母提供必要的生活费用和条件。扶助是指子女给予父母精神上的安慰和生活上的照料。权利内容包括经济供养、生活照料、精神慰藉等。二为私有财产权。老年人享有其个人合法财产所有权,可以对自己的财产依法行使占有、使用、收益和处分的权利。包括立遗嘱依法处分其个人财产，将其个人合法财产指定给遗嘱继承人继承，或者遗赠给国家、集体组织或者法定继承人以外的人；也可以与他人签订遗赠扶养协议。当然，老年人也有权依法继承配偶、父母、子女等亲属（继承人）遗产的权利，享有接受赠与和遗赠的权利。三为医疗保障权。老年人享有在疾病预防、疾病治疗和身体康复等方面得到保障与照顾（方便）的权利。四为社会活动权。老年人享有根据自己身体健康状况而自主参与政治、经济、社会和文化生活的权利。五为自我发展权。老年人享有为自身身心健康发展而继续学习的权利。六为精神文化权。老年人享有参与和享受适合老年人特点的各种群众性文化体育养生娱乐等活动的权利。七为诉讼权。当老年人的合法权益受到侵害的，被侵害的老年人或者其代理人有权依法向人民法院提起诉讼。

以上这些权利都是老年人应当享有的，也体现了老年人权益的特殊性。其中，赡养扶助、医疗保障、财产私有是老年人的生存权，社会活动、自我发展与精神文化是老年人的发展权。这些权利都得到国家法律的承认与保障，并为依法行使和保护老年人权益提供了法律依据。

二、我国家庭赡养存在的主要问题与困境

2019 年 01 月 21 日，国家统计局发布最新的人口数据：2018 年末，中国大陆总人口（包括 31 个省、自治区、直辖市和中国人民解放军现役军人，不包括香港、澳门特别行政区和台湾省以及海外华侨人数）139538 万人，比上年末增加 530 万人。其中，我国 60 周岁及以上人口 24949 万人，占总人口的 17.9%，比 2017 年增长了 859 万，增长了 0.6%；65 周岁及以上人口 16658 万人，占总人口的 11.9%，比 2017 年增长了 827 万，增长了 0.5%。人口自然增长率为 3.81‰。[1] 预计今后每年还将新增 800 万老年人，到 2050 年时将达到 4.3 亿人。届时，我国大陆老年人将占总人口的三分之一。同时，我国人口还具有"未富先老"的特点，这在世界上是独有的，这一特点又决定了现阶段我国老年人的养老问题还是以家庭养老这种"反哺"式养老方式为主。而家庭养老就要依靠子女或者其他家庭成员。我国《民法总则》第 26 条第 2 款规定："成年子女对父母负有赡养、扶助和保护的义务。"与《老年人权益保障法》和《婚姻法》相比较，《民法总则》在赡养的内容上有所扩大，即子女对父母的赡养义务的内容除了过去强调的赡养和扶助之外，还包括保护的内容，这是我国立法对赡养内容的新发展，值得肯定。

就当下而言，我国老年人在赡养保障问题上所面临的问题与困难主要体现在：一是社会服务体系不完善。随着我国人口老龄化时代的到来，庞大的老年人群体由于其身体机能、活动能力和社会资源的减退，活动范围与社交圈子的逐渐缩小，而失落感与孤独感剧增，对政府和社会的养老服务、医疗护理、心

1　佚名：《权威发布：2018 年末我国 60 岁以上老年人口 24949 万人，占总人口的 17.9%，老龄化加深！》，https://www.lrtxw.cn/PageDetail.html?ID=577，访问日期：2019 年 1 月 22 日。

理咨询、权益维护等方面的需求日益增大且非常迫切，而政府与社会对此还没有建立完善的社会服务体系来加以应对。二是家庭养老功能的减退。与过去相比，我国家庭结构的核心化与小型化造成家庭赡养功能的弱化，家庭养老正面临着赡养主体独生子女化的严峻现实，与老年人赡养需求与养老压力不相适应。一方面，我国现阶段的家庭代际关系已从过去的纵向父子轴为中心向横向夫妻关系轴为中心变动。在核心家庭中，年轻夫妻往往更注重自己的小家庭和孩子的抚养教育保护，这种向下迁移的家庭代际关系的变化，使得他们没有足够的时间和精力悉心照顾自己日渐年迈的父母；另一方面，在独生子女家庭中，一对夫妻要赡养四位老年人的任务也颇为艰巨，而孝道的日益衰弱也使得不少老年人对自己的养老问题充满忧虑。三是社会化照料不足。我国目前还没有关于老年人长期照护（照料）方面的法律规定。我国《社会保险法》（2013 年起实施）虽然对基本养老保险、基本医疗保险问题作出了规定，使有关养老方面的经济保障和急性医疗护理问题有了依据，但对老年人特别是高龄老年人的日常生活照料、康复保健、医疗护理乃至临终关怀等问题没有相应的规定。特别是在广大农村地区，老年人最低生活保障尚未达到全覆盖，有不少老年人还无法通过社会养老来解决养老问题。四是子女提供的精神慰藉不到位。绝大多数子女能够尽量在物质上和生活照料方面满足老年人的需求，但对赡养老人缺乏全面的认识，往往容易忽视老年人的精神需求，或没有尽到精神赡养的责任，使老年人精神上的幸福感和满足感没有得到充分地实现。体现在精神慰藉不够经常及时，精神慰藉方式单一。只有少数子女会经常与父母沟通交流、带父母观光旅游、参加家庭聚会等。近年来，由于老人独居情况增多，不少高龄老人、空巢老人、失能老人和失独老人虽然吃喝不愁，但精神赡养方面的需求无法得到保障，反映在情感交流和心理慰藉等精神和心理方面的日常需求得不到满足，时常会感到孤独、失落和焦躁不安。特别是子女外出打工的农村老人，精神领域权益保障问题更加突出。五是人身安全侵害事件偶有发生。在个别家庭中，一些老年人因种种原因而常常遭到子女的辱骂，极个别的则由于矛盾激化而遭到子女的殴打。六是一些子女不尽赡养义务。在农村地区，有些子女缺乏赡养老人的法律意识，把赡养父母当作一种负担，不主动积极提供赡养费，使老人的日常生活受到影响。在城市的个别家庭中，由于身患疾病、家庭解体（夫妻离异）或者收入较低等原因，反而是老年人出钱出力替子女抚养下一代。在实践中，一些老年人即便是通过司法救济途径打赢了官司，但在胜诉之后，老人们需要面对的一个很现实的问题就是：赢了官司，输了感情，双方心里始终有隔阂，权利保障无法落地。一些子女并没有履行自己的承诺，或者实际履行打折扣，老人们的生活状况只是短期内有所改善，从长远来看，老人们内心始终是不踏实的。

三、我国目前有关老年人赡养保障的法律规定及其问题

（一）我国有关老年人赡养保障的立法现状

我国立法上对老年人赡养保障问题历来十分重视，从《宪法》到基本法和单行法层面上对老年人赡养保障问题均有所规定。我国《宪法》第 45 条规定老年人享有获得物质帮助权，第 49 条规定了成年子女对父母的赡养扶助义务。《民法总则》第 26 条第 2 款在赡养、扶助的基础上，又增加了成年子女对父母的“保护”义务。《婚姻法》规定了子女对父母的赡养义务、父母的赡养请求权以及有负担能力的祖父母与孙子女、外祖父母与外孙子女之间的抚养与赡养的权利义务（第 21 条、第 28 条）。《老年人权益保障法》第二章“家庭赡养与扶助”第 13 条至第 26 条对老年人赡养问题从法律层面上做了细化规定，包括赡养主体、赡养内容、赡养协议的签订、协议执行的督促、监督等内容。第 19 条第 2 款强调“老年人有要求赡养人付给赡养费等权利。”该法第三章中还就老年人的社会保障问题做了专门规定。我国《刑法》第 261 条规定对犯遗弃

罪者,处五年以下有期徒刑、拘役或者管制。2018 年 9 月中国人大网公布的《民法典各分编》(草案)第四编即“婚姻家庭编”第 843 条第 2 款规定:“成年子女不履行赡养义务的，无劳动能力或者生活困难的父母，有要求成年子女给付赡养费的权利。”就上述条款的内容而言,《民法典各分编》(草案)的规定与现行法的规定并无二异。

总之，在立法层面上，我国在法律层面上已经建立和形成了从根本法、基本法到单行法各位阶结构合理、相互衔接、内容相对完整的有关老年人赡养保障方面的法律制度体系。同时，各省市自治区还有地方性法规加以细化。

(二)我国有关老年人赡养保障的立法内容

1. 老年人赡养保障法律规定的主要内容

第一,子女具有赡养扶助父母的法定义务。我国《宪法》第 49 条规定:“成年子女有赡养扶助父母的义务。”我国《民法总则》第 26 条第 2 款规定:“成年子女对父母负有赡养、扶助和保护的义务。”《婚姻法》第 21 条规定“子女对父母有赡养扶助的义务”,“子女不履行赡养义务时，无劳动能力的或生活困难的父母，有要求子女付给赡养费的权利”。《老年人权益保障法》第 13 条规定:“老年人养老以居家为基础，家庭成员应当尊重、关心和照料老人。”赡养扶助义务，一般也简称为赡养义务。所谓赡养，是指被赡养人的子女在经济、生活和精神上的支持和帮助。与《婚姻法》和《老年人权益保障法》相比较,《民法总则》第 26 条第 2 款的规定在赡养的内容上有所扩大，即子女对父母的赡养义务的内容除了过去强调的赡养和扶助之外，还增加了保护的内容，这是我国立法上对赡养内容具有时代特征的新发展。具体而言，赡养是子女在物质与经济上为父母提供必要的生活费用和条件的行为;扶助是子女对父母在生活和精神上的照料和安慰的行为；[1]保护是子女防范与排除来自自然界或者社会对父母的人身或者财产权益的侵害，确保父母的身心处于安全状态的行为。归纳起来说，赡养是法定义务，内容包括经济供养、生活照料、精神慰藉和人身、财产安全保护。

第二，赡养义务内容的法定化与特定化。2015年4月25日修订并通过的《老年人权益保障法》对赡养扶助义务的内容进行了细化，主要有：（1）赡养义务人对老年人须承担经济供养、生活照料和精神慰藉义务，并满足其特殊需要。（2）赡养义务人应确保患病的老年人及时得到治疗和护理；对有经济困难的老年人，应当提供医疗费用。（3）赡养义务人应妥善安排老年人的住房，不得强迫老年人居住或者迁居条件低劣的房屋。对老年人的自有住房，须履行维修之义务。同时，对老年人的住房，无论自有房或承租房，子女或其他亲属一律不得侵占、擅自改变产权关系或者租赁关系。（4）赡养义务人有义务耕种或委托他人耕种老年人承包的田地，照管或委托他人照管老年人的林木和牲畜等，由此获得之收益归老年人所有。

在法律上，子女无论是否已婚或者是否与父母共同生活，对丧失劳动能力，无法维持生活的父母都应予以赡养。赡养费用一般不低于子女本人或当地民众的普通生活水平。如果赡养义务人为两人以上者，则须共同承担赡养义务，不得互相推诿，逃避义务。在被赡养人同意的条件下，当事人可就共同赡养义务的实际履行问题签订家庭赡养协议，并可以办理公证手续，也可以请居民委员会、村民委员会或者无利害关系的第三人负责监督该协议的履行。[2]值得一提

1　吴国平、张影：《婚姻家庭法原理与实务》（第四版），中国政法大学出版社2018年版，第158页。

2　吴国平、张影：《婚姻家庭法原理与实务》（第四版），中国政法大学出版社2018年版，第160页。

的是,《老年人权益保障法》第 14 条还特别规定，赡养人的配偶应协助赡养人履行赡养义务。

第三，赡养义务履行的法定性和强制性。根据法律规定，子女等赡养义务人不得以放弃继承权或者其他理由而拒绝履行赡养义务；也不得因老年人的婚姻变化而拒绝赡养老人。当赡养义务人拒绝履行义务时，被赡养人则享有要求其给付赡养费的权利。当赡养义务人拒不执行已生效的调解书或者判决书时，被赡养人可以申请人民法院依法强制执行。但法律只能以支付赡养费的方式来强制赡养义务人履行赡养义务，对于子女对父母在精神上的抚慰和关心，因人身不能强制执行而无法强制执行。如果赡养义务人拒绝履行赡养义务，后果严重，触犯刑法的，应依法追究犯罪嫌疑人的刑事责任。[1]

2.《老年人权益保障法》对老年人赡养保障规定的新发展。2015 年 4 月 25 日修订通过的《老年人权益保障法》对老年人赡养保障方面的规定有许多新的发展，主要体现在：

第一，增加了法律条文数量。修订前的《老年人权益保障法》第二章“家庭赡养与扶养”只有 10 个条文（第 10 条至第 19 条），修订后的《老年人权益保障法》第二章则增加到 15 个条文（第 13 条至第 27 条），内容更加具体。

第二，强调了赡养的权利性质。在《婚姻法》中，对赡养是从子女的义务的角度规定的，且未对权利的行使方式作出规定，而《老年人权益保障法》第 19 条第 2 款特别强调赡养也是父母的权利，是一项受法律保障且可以执行的权利，换言之，老年人是赡养权利人。[2] 这是我国立法上的一个突破。

1　吴国平、张影：《婚姻家庭法原理与实务》（第四版），中国政法大学出版社 2018 年版，第 161 页。

2《老年人权益保障法》第 19 条第 2 款规定：“赡养人不履行赡养义务，老年人有要求赡养人付给赡养费等权利。”

第三，完善了赡养的权利内容。首先，被赡养人有要求赡养义务人提供经济供养、生活照料和精神慰藉的权利。2015 年修改后的《老年人权益保障法》第 18 条特别强调家庭成员应当关心老年人的精神需求（此前没有具体条款来体现），应当经常看望或者问候老年人（即俗称的“常回家看看”），同时还要求用人单位应当依法保障赡养义务人探亲休假的权利。其次，对于经济供养和生活照料权，修改前的《老年人权益保障法》只要求在被赡养人患病时，赡养义务人必须提供医疗费用和负责护理。而修改后的《老年人权益保障法》第 15 条规定赡养义务人除应当提供医疗费用外，还应当确保患病的老年人及时得到治疗和护理；对生活无法自理的老年人，赡养义务人应当承担照料责任；当赡养义务人无法自己照料时，则可依照该老年人的意愿通过签订协议而依约委托他人或者养老机构等代为照料。此外，该法还针对实际问题，强调要确保老年人基本的居住条件。

第四，规范了赡养的关联行为。赡养父母在法律上是无条件的，《老年人权益保障法》强调赡养义务人不得以放弃继承权或者其他理由，拒绝履行本人应尽的赡养义务；也不得要求老年人承担力不能及的劳动。以上变化，体现了与时俱进精神，反映了社会发展要求和时代特征。

（三）我国现行赡养法律制度存在的不足与缺陷

在我国，随着“银发浪潮”的到来，特别是独生子女家庭养老问题的日益凸显，现有的制度仍有进一步完善的必要与空间。从立法层面审视，目前存在的问题与不足主要有：

1. 赡养模式的规定略显单一。我国“未富先老”的国情特点决定了居家养老仍是我国老年人未来主流（首选）的养老模式。《老年人权益保障法》从立法层面规定了我国以居家养老为基础，社区养老为依托，机构养老为支撑即家庭养老为主、社会养老为辅的养老模式，但现有规定一方面过于简单，缺乏包括养老资金保障、社会转移支付、运行监管等在内的配套性、专门性、衔接性的具体规定，无法形成一个养老法律保障体系，另一方面，计划生育家庭居家养老还面临赡养主体独生子女化的现实困境。随着我国经济社会的发展、人口结构（如老龄化、高龄化）和家庭结构（如空巢化、计划生育时代产生的独子化和失独老人现象）的变化，很显然，原有的单一模式已经不能完全适应现阶段多元化的家庭生活模式与养老需求，居家养老、社区养老和机构养老等多种养老模式并举应当是个发展趋势，国家与社会应当在此承担更多的责任。

反观国外，美国的立法模式主要是强调社会在养老中的作用，弱化家庭养老。1965 年，美国颁布了《老年人法》《医疗保险制度》《医疗救助制度》等法律，重点强调了政府在老年人养老方面应当给予充分的经济保障和医疗保险，并通过立法推动政府担负起养老方面的责任，构建联邦政府、州政府和地方管理部门多层次的社会化养老体系。日本在 1959 年通过《国民年金法》（1985 年作了修订）、1963 年通过《老年人福利法》（1972 年作了修订），1982 年颁布《老人保健法》。虽然日本的养老立法也强调社会养老，但同时也十分重视家庭在养老中所起的作用，在倡导社会养老的同时，制定了《护理保险法》，将赡养老人问题通过居家服务来加以完成。因此，这种社会养老最终还是通过家庭养老的方式来实现的。

2. 赡养义务主体涵盖范围不完整。目前绝大多数家庭在财产上实行的是夫妻所得共同制。对于老人的赡养也往往是夫妻共同完成的，是夫妻的共同法律行为。没有配偶的支持，这一义务也很难履行到位。但配偶是否有此义务？我国法律上不明确。《老年人权益保障法》第 14 条第 3 款只是将赡养义务人的配偶规定为协助人，要求其应当积极协助赡养义务人履行赡养义务。现实生活中，一些年轻夫妻一方甚至认为对方父母没有抚育过自己，自己自然没有义务赡养或协助赡养。可见，我国法律对于赡养义务主体的规定只限于被赡养人的子女乃至有赡养能力的孙子女、外孙子女等近亲属，而没有把子女的配偶，乃至孙子女、外孙子女的配偶纳入赡养义务人的主体范围，这对当事人实际履行义务是不利的。

3. 物质赡养标准不够明确。物质赡养是老年人生存的最基本需求。我国法律目前没有对赡养的最低经济标准作出规定，而这恰恰又涉及当事人是否尽到了赡养义务，尽到了何种程度的问题。没有标准或者原则，这在实践中往往就难以认定。由于我国各地方和城乡之间经济发展和生活水平存在差异，统一规定一个物质赡养标准是非常困难的，且每个赡养义务人的经济收入与生活水平都不相同，如果统一标准，事实上也难以操作，但法律上至少应当对物质赡养标准有个原则规定。各地方可以根据这一原则规定，结合本地的实际情况，因地制宜地加以细化，或者制定指导性的参考标准。否则，赡养义务人做到什么程度才算是履行了自己的义务，往往容易出现认识与判断分歧。

4. 精神赡养规定存在疏漏。随着经济发展和生活水平的提高，目前人们对精神生活的需求也不断提高，老人们也不例外。尽管我国《老年人权益保障法》明文规定赡养人应当履行对老年人精神上慰藉的义务（第 14 条），家庭成员应当关心老年人的精神需求，未与老年人共同居住的家庭成员，须经常看望或者问候老年人（第 18 条），但现有的规定缺乏必要的限度；对于精神赡养义务的内容、履行方式、不履行该义务所应承担的法律责任以及救济措施（解决途径）等都没有明确，在实践中往往难以把握与界定。同时，对如何保障赡养义务人行使这一权利也缺乏配套规定，难以实现立法的宗旨。

5. 赡养义务人的法律责任比较模糊。首先，我国《宪法》《刑法》《婚姻法》《老年人权益保障法》均规定赡养义务人不履行赡养义务的，要受到法律责任的追究，但现有规定缺乏具有惩罚性、可操作性的具体内容。特别是对于不尽义务或者没有完全履行赡养义务，且尚未达到刑事处罚条件的当事人，应当承担何种法律责任，如何承担与追究仍不够明确。《老年人权益保障法》第 18 条第 2 款有关“常回家看看”条款的规定就是一个典型例子。其次，法律一方面要求子女应当履行赡养父母的义务，而另一方面又没有激励机制的配套规定。例如给予一定的政府奖励、给予一定的税收减免、子女就学学费减免。因此，对于自觉履行赡养义务的人缺乏一种褒奖与激励。

从总体上看，我国老年人赡养制度的法律规定存在着倡导性规定过多，强制性、可执行性偏弱的问题。

四、完善我国老年人赡养保障立法的对策建议

从远期来看，养老的社会化是一个大趋势，但就近期而言，家庭养老仍然是我国老年人群体养老的主流（首选）模式。[1] 我国《老年人权益保障法》从国家立法层面提出要以居家养老为基础，社区养老为依托，机构养老为支撑来构建我国老年人群体养老体系的基本框架。本书认为，这个框架应当具有开放性，老年人赡养问题正是我国“人民日益增长的美好生活需要和不平衡不充分的发展之间的矛盾”在家庭生活领域的典型体现，而如何进一步完善老年人养老诸多模式的法治保障则是一项紧迫的任务。当前，我们应当抓住编纂我国民法典这一难得的历史机遇，进一步完善我国老年人赡养保障法律制度的相关内容，形成科学完整有效的法律制度体系，为提高广大人民群众的生活质量与幸福指数，构建社会主义和谐社会和建设法治国家提供强有力的法律保障。

1 吴钧：《“老有所养”的古代启示》，载《中国人大杂志》2015 年第 23 期，第 51 页。

（一）优化养老模式[1]

如前所述，“家庭养老”是我国长期存在的主要养老模式，但国家已经意识到我国实施多年的养老模式存在的局限性。2015 年 4 月 24 日通过的我国《老年人权益保障法》（修正案）构建了以家庭养老为基础、社区养老服务为依托、机构养老为保障的社会养老体系。在实践中，已有不少地方将家庭养老与社区养老等模式有机结合，为老人提供贴心的养老服务，使老人们既可以在自己熟悉的住所和环境中生活，又能够享受到便利优质的社区养老服务。特别是对失独老人、空巢老人、高龄老人等特殊人群而言，社区养老不失为最佳的养老选择。目前，在我国一些城市，有的设立了居家养老服务中心、日间托老所以及街道服务中心等居家养老机构；有的建立了社区服务网站，老人们可以通过电话或者网络订购个性化的养老服务，使老人们在不离家的情况下就能得到社区养老机构贴心便捷的上门服务，受到老人们的欢迎。[2] 这些成熟的经验做法都需要通过立法程序加以确认。同时，立法上还应当具有开放性，将经过实践检验证明是成熟有益并有效的养老新模式，通过立法程序加以确认，为老年人提供可供选择的多元化、个性化的养老模式。

（二）科学界定赡养义务主体范围

我国《婚姻法》目前没有将配偶纳入赡养义务人的范围。[3]2018 年 9 月全

1　我国目前的养老模式包括家庭养老、社区养老和社会养老三种。家庭养老是以家庭为依托保障养老过程，为我国主要的养老模式。社区养老即以家庭养老为主，辅之以社区机构养老，为居家老人定期提供上门服务。社会养老即为机构养老，为老年人提供饮食起居、卫生清洁、生活护理、健康管理和文体娱乐活动等综合性服务。但这些养老模式普遍存在有养无医的问题，严重影响患病老人的生活质量。

2　张彩玲、李书宁：《城市空巢老人赡养权问题研究》，载《青海社会科学》2013 年第 5 期，第 106—107 页。

3　我国《婚姻法》第 21 条第 1 款规定：“子女对父母有赡养扶助的义务。”第 28 条规定：“有负担能力的孙子女、外孙子女，对于子女已经死亡或子女无力赡养的祖父母、外祖父母，有赡养的义务。”

国人大常委会公布的《民法典各分编》(草案)“婚姻家庭编”第843条第2款仍将赡养义务人限于成年子女。第851条仍将赡养义务人限制在有负担能力的孙子女、外孙子女范围内。我国《继承法》规定丧偶儿媳或者女婿在对公婆或者岳父母尽了主要赡养义务的情况下,可作为第一顺序法定继承人。这是对赡养主体范围扩大的一种事实上的确认。而《老年人权益保障法》目前只规定老年人的子女以及其他依法负有赡养义务的人是赡养义务人,子女的配偶只是协助人或者说是负有协助的义务,不是赡养义务人。而事实上,在多数家庭中,如果没有配偶的积极支持,子女等赡养义务人的赡养义务也是无法履行到位的。因此,建议立法上能够明确将配偶纳入赡养义务人的范围,规定夫妻必须共同履行赡养双方父母的义务。特别是在实行夫妻共同财产制和夫妻均为独生子女的情况下。理由是:首先,配偶履行赡养义务是我国家庭的传统伦理道德要求。从我国古代法律的规定来看,儿媳有赡养公婆的义务。儿媳不孝顺公婆属于“七出”之范围,是法定的休妻理由之一。儿媳也是古代法律规定的不孝罪的主体。其次,在实行夫妻共同财产制的家庭中赡养义务须由夫妻双方共同承担。因为夫妻对包括赡养义务在内的家庭财产方面的权利义务很难明确划分范围,双方均有平等的权利义务(双方另有约定的除外);再次,是独生子女家庭解决养老问题的现实要求。在独生子女家庭中,一对夫妻要赡养四位老人的情况将普遍存在,老龄化所带来的家庭养老压力是无法回避的。而目前养老的责任主要是由家庭及其家庭成员承担的。如果按照现行法律规定,夫妻双方只负责赡养各自的父母,也容易产生甚至激化矛盾,不利于家庭的和谐稳定。在实践中发生的不少赡养纠纷,表面上看是子女与父母之间的矛盾,而隐藏在背后的真正原因是现行法律规定的赡养义务人的配偶与赡养义务人的父母之间的矛盾，即赡养义务人的配偶不积极支持和协助履行赡养义务所致。[1]第四，是依法保障老人合法权益的迫切要求。按照现行法律规定，配偶一方只是赡养义务的协助人，如果配偶一方不协助怎么办？目前的法律没有规定，就算是规定了，如何执行也是个问题。因此，“协助”往往形同虚设。如果将配偶纳入赡养义务人的范围，则赡养就成为配偶一方的法定义务；如不履行，就可以依法追究其法律责任。这对保障老年人的养老权益、减少赡养纠纷具有积极意义。[2]第五，法律上规定配偶承担赡养义务已有先例。例如，《法国民法典》第 206 条规定：“女婿或儿媳与公、婆或岳父、岳母互负扶养义务，但在产生姻亲关系的夫妻一方及其与另一方配偶的婚姻所生子女均已死亡时，此种义务即告停止。”[3]《意大利民法典》第 433 条规定：“给付抚养费、扶养费、赡养费义务人的顺序如下：……4）女婿和儿媳”。[4]这些立法经验均值得我们参考与借鉴。

（三）明确物质赡养的最低标准或原则

首先，要确保老年人（被赡养人）有最低生活保障。特别是对哪些没有享受社保的老人，应当有一个物质赡养的最低标准或原则。其次，可以参考 2013 年 3 月《最高人民法院、最高人民检察院关于办理盗窃刑事案件适用法律若干问题的解释》第 1 条的规定制定相关标准。该《解释》第 1 条对盗窃公私财物“数额较大”“数额巨大”“数额特别巨大”的标准分别作出了规定，即：盗窃公私财物价值一千元至三千元以上者为“数额较大”，三万元至十万元以上者为“数额巨大”，三十万元至五十万元以上者为“数额特别巨大”。该《解释》要求各省、自治区、直辖市高级人民法院、人民检察院在第 1 条规定的数

1　武文丹：《我国老年人赡养法律制度的缺陷及其完善》，山西大学 2011 届法律硕士（法学）学位论文，第 11 页。

2　吴国平：《我国老年人赡养保障立法问题研究》，载《学术探索》2019 年第 3 期，第 115 页。

3　陈苇主编：《外国婚姻家庭法比较研究》，群众出版社 2006 年，第 513 页。

4　费安玲、丁玫、张宓译：《意大利民法典》，中国政法大学出版社 2004 年，第 111 页。

额幅度内，结合各自实际确定本地区执行的具体数额标准，并分别报最高人民法院、最高人民检察院批准。该《解释》确定的数额和模式可供制定物质赡养最低标准或原则时参考。再次，由于我国各地的经济发展和生活水平不一，制定全国统一标准既很困难，实际可能也执行不了。但可以根据上述思路制定一个最低标准或者原则，再由各地方根据本地区的经济发展和公民人均收入水平或者生活水平等基本情况，制定符合本地实际的具体标准。同时，这个标准可以有一定的弹性幅度或者比例，目的是为了保障老人们的最低生活。

（四）完善精神赡养制度的内容

子女没有自觉履行探望等义务，除了当事人自身的原因外，法律规定模糊（如对于精神赡养义务的内容、义务主体、履行方式、不履行该义务所应承担的法律责任以及解决途径等都没有规定），缺乏可操作性也是一个重要原因，从而影响立法意图的落实。笔者建议从以下三个方面加以逐步完善：

1. 设立父母子女之间的赡养协议制度。即由父母子女双方通过协商自愿签订赡养协议，内容包括赡养方式（应包含物质赡养和精神赡养）、时间、次数、赡养费数额、不履行赡养义务的责任承担、纠纷的解决方式、赡养义务履行的监督人等。该协议也可以在人民调解委员会、司法所等组织的主持下签订，甚至可以与继承扶养协议结合起来签订。

2. 赋予父母以精神损害赔偿的权利。我国《民法总则》《婚姻法》和《老年人权益保障法》中所规定的赡养，包含物质赡养与精神赡养两方面的内容。对于不履行物质赡养义务的，《婚姻法》第 21 条第 2 款和《老年人权益保障法》第 19 条第 2 款规定老年人有要求赡养人付给赡养费等权利，但对不履行精神赡养义务的，该法却没有规定如何处理或者救济？因此，笔者建议在民法分则“婚姻家庭编”中应参照《侵权责任法》有关精神损害赔偿的规定，将《老年人权益保障法》第 19 条第 2 款“老年人有要求赡养人付给赡养费等权利”的规定（表述）改为“老年人有要求赡养人付给赡养费和提出精神损害赔偿等权利”。这样既可以督促子女自觉全面履行赡养的各项义务，也可以为因无法或者没有享受到精神赡养的老年人依法维权、弥补伤害提供法律保障，并为人民法院依法审理案件提供法律依据。

3. 完善赡养激励机制。与西方国家所不同的是，我国历来有着以“孝”为核心的家庭养老传统观念与悠久习俗，并贯穿于我国法律体系中。未来立法在强调国家责任的同时，对于自然人和家庭在老人赡养保障方面不可推卸的责任与不可替代的作用仍不可忽视。因为家庭（个人）在赡养老年人问题上是道德和法律上的双重责任主体。法律除了继续强调其法律上的义务与责任外，还应当建立起权利激励机制。[1] 在这方面，新加坡和韩国的有益经验值得我们借鉴，主要涉及购房优惠和税收优惠政策方面。例如，新加坡政府为了鼓励子女赡养父母，把子女赡养父母与购房或租赁政府祖屋相挂钩，规定子女如果愿意与父母或者独居老年人共同居住，可以优先购买或者租赁政府祖屋；如果系三代同堂，则可享有优先选择权并享受优惠的价格。为此，政府专门设计了三间一套的祖屋提供给三代同堂家庭，以方便子女照顾老年人；如果子女是与丧偶的母亲或者父亲共同生活，则政府还会予以减免征收遗留房屋遗产税的优惠。但这些激励政策不适用于单身的年轻人。[2] 在韩国，其养老体系中的一个重要内容是实行税收优惠鼓励政策，对与老年人共同居住的家庭的房产税实行减免。如果子女为了赡养老年人，与第一世老人合住的，则一世一住宅可以免税。[3] 家

1　蒋悟真：《精神赡养权法治保障的困境及其出路》，载《现代法学》2014 年第 4 期，第 170—171 页。

2　蒋悟真：《精神赡养权法治保障的困境及其出路》，载《现代法学》2014 年第 4 期，第 171 页；马志刚、刘建生：《新加坡的社会管理》，群众出版社 1993 年版，第 114—115 页；程彦绮：《浅析社会规范在老年人赡养中的作用》，载《经贸实践》2017 年第 15 期，第 339 页。

3　楼宇烈：《儒学在现代韩国》，载《传统文化与现代化》1998 年第 1 期，第 15 页。

庭中每供养一位老年人，政府即减免其遗产税 3000 万韩元；如果三代同堂家庭赡养老年人超过 5 年的，政府可以减免继承人 90% 的遗产税；对于赡养 60 岁以上的男性和 55 岁以上的女性、且有直系亲属关系的纳税人，政府每年予以免除其 48 万韩元的个人所得税。对于父母与子女双方共同生活且均有住房的，则政府免除子女或者父母一方出租或者出卖住房的税款。对于赡养义务人或其妻（夫）与直系亲属老人共同生活超过 2 年的，则政府可提供专门用于购买住房的银行贷款。[1] 这两个国家通过立法对积极赡养老年人的义务主体予以经济上的激励措施的做法，很值得我国参考与借鉴。首先，可以通过立法规定对于自觉积极赡养老年人的赡养义务人给予各种经济政策方面的激励。例如购买自住房屋（含限价房）时享有优先购买权；将个人私房出租或出卖时，免征房产税；与老年人共同居住生活达 5 年以上者，其子女就读高中时，免收学杂费。其次，给予福利方面的优惠。例如与老人共同居住 10 年以上者，免征遗产税，并在未来即将进行的房产税改革中也给予一定幅度的税收减免。共同居住 15 年以上者，对赡养义务人给予医保、社保方面的补贴、退休后再就业的优先推荐权。再次，延长探亲假等激励政策。例如在中秋、春节、清明、端午四大传统节日时，可以与探亲假结合起来，对于子女回家探望父母者，再给予一定期限的假期，或者适当延长法定假期，以确保探亲假制度的有效实现。

（五）细化赡养义务人的法律责任

1. 刑事责任。在刑事责任方面，除了对虐待、遗弃老年人并造成死亡者，应以故意杀人罪追究犯罪嫌疑人的刑事责任外，对于构成犯罪，但情节较为轻微者，应追究其虐待罪、遗弃罪的刑事责任。赡养义务人的配偶如果不履行协助义务的，因其还不是赡养义务的主体，无法单独构成遗弃罪，但可以与赡养

1　程彦绮：《浅析社会规范在老年人赡养中的作用》，载《经贸实践》2017 年第 15 期，第 339 页。

人构成遗弃罪的共犯。[1] 同时，建议在我国《刑法》中规定对此类犯罪行为适用罚金刑。即对于因不履行赡养义务而构成犯罪的犯罪嫌疑人，还应当处以“单处或并处罚金”的附加刑。此罚金可以作为被赡养人（即被害人）的养老（包括日常生活、护理、监护、医疗等）费用。同时，在《老年人权益保障法》中对此也可以作出相应的规定，以实现《刑法》与《老年人权益保障法》的相互衔接。

2. 民事责任。在民事责任方面，主要涉及赡养义务人及其配偶的民事责任。首先，除前面第四条建议所阐述的应在立法上赋予老年人以精神损害赔偿请求权以外，还应当引导和鼓励赡养义务人和老年人在双方自愿的基础上签订赡养协议，特别是在多子女的家庭中尤为必要，以进一步细化双方的权利义务，督促义务人履行好自己的义务，使赡养义务的履行能够落实到位。如果涉及遗产继承问题的，也可以签订继承扶养协议。[2] 当一方当事人违反协议时，另一方当事人可以依协议的约定处理，或者通过诉讼途径解决。其次，应当规定赡养义务人配偶不履行协助义务的民事责任。笔者主张应将配偶纳入赡养义务人的范畴。在目前立法未修改之前，根据《老年人权益保障法》第 14 条第 3 款的规定，赡养义务人的配偶仅负有协助赡养义务人履行赡养义务的义务。即便如此，笔者认为，凡是法定义务，均是具有强制性和法律约束力的。配偶的协助义务尽管是从义务，处于辅助地位，但如果因配偶的不协助而导致赡养义务人无法履行或者没有履行赡养义务的，被赡养人（即老年人，下同）应当如何主张权利或者维护自己的权益呢？这是一个值得探讨和研究的问题。本书认为，在目前的立法框架下，因赡养人的配偶不履行协助义务，使得赡养义务人没有履行或者无法履行赡养义务的，被赡养人只能向赡养义务人主张权利，而赡养

1　范李瑛、付斌：《子女赡养父母的几个法律问题》，载《烟台大学学报》（哲学社会科学版）2014 年第 2 期，第 36 页。

2　吴国平：《论我国继承扶养协议制度的立法构建》，载《海峡法学》2013 年第 3 期，第 44—47 页。

义务人的配偶负连带责任。在起诉时，被赡养人可以将赡养义务人配偶双方列为共同被告一并起诉。理由是：我国《侵权责任法》明文规定："教唆、帮助他人实施侵权行为的,应当与行为人承担连带责任"(第9条)。从这个意义上说，赡养义务人配偶双方是履行赡养义务的共同体。当然，在实际操作中，赡养义务人还可以根据最高人民法院《婚姻法司法解释(三)》第4条之(二)的规定，当一方负有法定扶养义务的人患重大疾病需要医治，而其配偶不同意支付被赡养人相关医疗费用的，赡养义务人有权要求分割夫妻共同财产。法律和司法解释这样规定的目的，都是为了督促赡养义务人及其配偶履行义务，也是为了使老年人的赡养保障及其权利救济能够更加到位。

（六）加强对子女履行法定义务的监督

一方面，要通过立法，建立家庭成员（子女）履行赡养义务的评价和监督制度，以强化子女等法定义务人的赡养义务。老人生活所在街道（乡镇）或者社区（村）要定期上门进行调查。被调查人包括老人本人、周围邻居等，并将综合评分结果向老年人（被赡养人）所在街道（乡镇）或者社区（村）和赡养人反馈，提出整改意见；也可以将结果向老年维权机构反馈，由老年维权机构出面进行维权行动。另一方面，建立赡养的激励机制，鼓励子女与父母共同居住和同城居住，在遗产继承、房屋拆迁安置、税收减免、带薪休假、延长探亲假等方面予以优先和优惠，为随子女迁移居住父母提供同城医疗与社会服务支持。应当指出的是，由于我国长期以来实施计划生育政策所产生的少子化和人口平均寿命延长的实际情况和特点，目前在有的家庭中，60多岁子女赡养80、90多岁父母的情况逐渐增多，也称为"老老赡养"现象。在这些60多岁的赡养义务人中，有一部分人由于经济拮据、身体状况不佳等原因，其本身还需要他人赡养,根本无法完全履行对已经年满80、90多岁的父母的赡养义务。因此，需要政府予以救济或者扶持。本书认为，对65周岁以上的赡养义务人的赡养义务，国家应当从法律上予以适当减轻或者免除，具体应当通过立法途径解决。

（七）增强法律条文的强制性与可执行性

首先，从法律条文的文字表述来看，应当突出法律规范应有的强制性。目前，2015 年 4 月 14 日全国人大常委会第二次修正颁布的《老年人权益保障法》，从法条文字来看，表述为“鼓励”“提倡”“有关规定”和“经常”的分别有 16 处、4 处、4 处和 1 处。例如该法第 33 条第 2 款规定：“国家鼓励地方建立八十周岁以上低收入老年人高龄津贴制度。”第 48 条规定：“国家鼓励养老机构投保责任保险，鼓励保险公司承保责任保险。”第 18 条第 2 款规定：“……与老年人分开居住的家庭成员，应当经过看望或者问候老年人。”但此类表述过多，就会使该法的强制性、可操作性和可执行性降低。例如，多长时间看望或者问候一次才算是“经常”？这在实践中比较难把握。从一定意义上说，这样的规定成了一种宣示性、倡导性的法律规范。因此，未来立法应当尽量注意解决好这一问题。当然，有的问题不宜在基本法律中规定的，可以通过单行法或者专门性法规具体规定。其次，要通过各种立法形式，进一步细化有关老年人身体健康方面的立法。包括与老年人身体保健相关的责任主体、服务机构、服务设施、医疗费补贴等经费来源、补贴数额等问题加以法定化。再次，根据老年人赡养方面出现的问题，应当有针对性地强化老年人赡养权益法律援助与司法救助方面的法律保障。最后，建立赡养义务代为履行制度。在有的家庭中，被赡养人虽有多个子女，但有的子女长期在外地工作或居住，有的子女自己家庭生活也比较困难等，无法按时提供赡养费或者履行扶助义务，对此，一是可以通过签订赡养协议或者继承扶养协议，明确各自的权利义务（包括各自应承担的具体份额、履行期限等）、违约责任和争议解决方式等内容，其中包括有履行能力或在家的赡养义务人代为履行的具体条款；二是可以通过兄弟姐妹协商，签订代为履行义务的协议。在协议生效后，可以由有履行能力或在家的赡养义务人代为履行赡养义务，并依约向无法履行赡养义务的赡养义务人追偿其代为履行的赡养支出。

（八）强化老年人养老保障方面政府责任

面对银发浪潮，政府在养老社会保障方面负有不可推卸的责任。从社会和谐稳定与满足人民日益增长的美好生活需要的高度出发，抓紧通过立法严格规范政府的行为，加强对老年人权益保障建设非常必要。主要涉及以下内容：

第一，各级人民政府应当把养老问题特别是老年人赡养问题列入政府工作的议事日程，作出科学整体规划，逐项落实措施。例如养老院的建设、养老资金保障、农村养老设施投入、农村互助养老、农村居家养老、农村家庭常年病人托管等各种社会养老服务模式的推行等。第二，各级人民政府应不断加大对社会养老保险的扶持力度，确保养老保障制度的可持续性，并扩大社会养老保险的覆盖面，通过养老保险来实现老年人的收入分配公平问题。第三，各级人民政府应当继续完善老人最低生活保障制度，对失独老人和高龄空巢老人在最低生活保障之外还应当给予一定的医疗补助，使他们能够安度晚年。第四，制定《老年人继续就业促进办法》，建立老年人力资源服务中心，为老年人就业提供方便和帮助。政府应鼓励那些退休后身体健康状况许可并希望能够再次参加工作的低龄老年人（一般为 65 周岁以下）重新回到职场工作，以提高其自养能力与生命质量。同时，对于积极吸收老年人就业的企业和有关组织，政府应当予以一定的公共补贴。第五，建立并推广全员性普惠式的农村社会养老保险制度，由政府和农民按照一定比例各自投入和缴交，按照年度予以发放，并随当地经济的发展而逐年提高受益金，让广大农民也能够享受大到改革成果。第六，建立老年人异地居住生活的扶持优惠配套制度。政府应出台老年人随子女定居的户籍迁移规定、养老金异地发放办法、公费医疗费用异地结算办法、父母与子女共同居住者购房优惠办法等一系列制度。第七，建立失独老人、孤寡老人救济制度。对于丧失劳动能力、没有生活来源的老年人，政府应当给予一定的救济或额外的补助。第八，建立健全老年人赡养权益保障问责机制。鉴于我国老龄化社会与养老问题的严峻现实，切实落实养老工作的各项措施十分必要。建议各级政府都应当建立健全老年人赡养权益保障的问责机制，对于不履行保护老年人权益保障职责的有关政府部门、社会组织、社会团体以及个人，或者因未履行保障老年人赡养权益义务而导致老年人赡养权益受到侵害的，可给予批评教育，并依法责令不法行为人停止侵害，限时改正，必要时给予其行政处分；对于情节恶劣、后果严重者，应当依法追究其相应的法律责任，包括民事责任、刑事责任。

第二节 失独老人养老权益的法律保障

在我国，提倡“一对夫妻只生一个孩子”的计划生育政策推行了30多年，它虽然缓解了我国的人口压力,但也增加了独生子女家庭的风险。失独老人(也称为失独老年人)群体就是计划生育政策的产物。目前，失独老人已成为我国社会中的一个新的特殊社会群体。随着时间的推移和年龄的增长，其养老问题已成为失独者最为关心也最迫切需要解决的问题，而我国现行法律和政策方面在失独老人的养老权益保障规定方面仍然相对滞后，对此亟须国家有关部门引起高度重视。

一、逐年增加的老年人口和失独老年人口

本书所言之“失独老人”，是指其独生子女已死亡，且年满60周岁、已无生育能力的老年人。即通常所说的老年丧子又丧失生育能力的人。近年来，我国失独家庭数量有逐年增加之趋势。截至2012年，我国至少有100万个失独家庭，且以每年新增7.6万个“失独家庭”的速度增长。这意味着，我国失独老人至少有200万人，且每年将新产生大约15万失独老人。预计到2030年，我国失独家庭将达到250万个，失独老人将达到500万之多。[1] 随着失独老年人口的逐年增多，失独老人问题日益凸显。目前，我国至少有200万老年人因无子女而面临巨大的养老、医疗、心理等方面的困难，[2] 这一特殊群体正遭受着

1 新华社:《我国年增“失独家庭”7.6万个 总数达100万个 》, http://www.chinanews.com/sh/2013/03-03/4609978.shtml，访问日期：2013年3月3日。

2 新华社:《我国年增“失独家庭”7.6万个 总数达100万个 》, http://www.chinanews.com/sh/2013/03-03/4609978.shtml，访问日期：2013年3月3日。

精神上和经济上陷入困境的双重痛苦，他们已经成为一个新的社会弱势群体。面对如此庞大的失独老人群体，如何保障其养老权益，是摆在各级政府面前不可回避的严峻问题。

二、我国失独老人的养老困境

我国人口学家穆光宗曾经撰文指出：独生子女家庭本质上就是风险家庭。独生子女家庭存在着伤病残亡以及父母自身养老等父母的一系列风险，特别是大龄独生子女的死亡，对其家庭的打击是毁灭性的。[1] 而就我国目前的现实状况而言，在典型的“4–2–1”家庭中，养老已逐渐成为首要难题。在生活中，由于缺乏顶层设计以及政府责任缺位等原因，使失独老人除了承受着心理精神上的痛苦、生活照顾上的难题、医疗救助上的缺位、经济状况上的拮据等诸多压力之外，其养老保障状况更是不容乐观。总体而言，我国失独老年人的养老困境主要体现在如下几个方面。

（一）经济保障水平较低

目前来看，虽然绝大多数失独老年人都有退休金（或养老保险金），但他们中的很多人因年老丧失劳动能力，又没有生活来源，或者退休金（或养老保险金）微薄，再加上缺少来自子女的经济供养，而只能维持较为低下的生活水平。一旦罹患重疾或遇家庭变故，其生活很有可能立刻陷入窘境。因此，有相当一部分失独老年人实际上处于老无所依、老无所养的状态。

（二）家庭养老无人照料

家庭养老、社会机构养老和社区居家养老是我国目前通行的三种基本养老

1 穆光宗：《独生子女家庭是风险家庭》，载《人口研究》2004 年第 28 期，第 33 ~ 37 页。

模式。数据显示，目前我国约有57.84%的老年人依靠家庭其他成员供养。[1]家庭养老是我国养老的基本模式。尽管失独老人也可以选择家庭养老，但家庭结构的变化在客观上导致其养老权益无法按预期实现，即由于独生子女已死亡，失独老年人大多单独在家，处于无人照料的状态，特别是那些高龄的失能、患病老年人，则更容易遭遇许多生活上的不便、困难甚至危险。

（三）养老院养老无法顺利实现

失独老人在失去唯一的孩子后，有的可以选择去养老院养老，但在有的地方，他们去养老院养老这一愿望的实现也会困难重重。这一方面是由于养老院床位数量有限，无法全部接纳更多的失独老年人，特别是一些营利性的私人养老院，一般不接收无儿无女的失独老人；[2]另一方面，养老院养老大多费用较高，令很多失独老年人难以承受。尽管一些地方政府对失独家庭给予了一定的经济补助，但与不断上涨的物价水平相比，补助金额仍然无法满足其养老费用的支出需求。

（四）养老医疗救助严重缺位

随着失独者年龄的增大，其身体健康状况往往每况愈下，其患病率也逐渐升高。有资料表明，近半数失独父母患有程度不同的抑郁症，逾 60% 的失独父母患有高血压、心脏病等各种慢性病。[3]从国家层面来看，《人口与计划生育法》第 27 条笼统地提到，独生子女发生意外伤残、死亡的，按照规定获得扶助，但其规定并不明确，对于这种扶助措施是否包括养老医疗救助等内容，也并不明确。从北京、陕西等地的实践经验来看，对失独群体养老保

1 谢勇才、潘锦棠：《从缺位到归位：失独群体养老保障政府责任的厘定》，载《甘肃社会科学》2015 年第 2 期，第 96 页。

2 刘亚娜：《这个失独者贫困状况及救助体系建构》，载《社会科学辑刊》2013 年第 5 期 6 第 47 页。

3 刘亚娜：《这个失独者贫困状况及救助体系建构》，载《社会科学辑刊》2013 年第 5 期，第 46 页。

障所需财政支持主要来源于当地卫计委和财政厅，而中央政府没有承担这一块的财政责任。[1]

（五）公共护理制度不够完善

目前来看，我国绝大多数地方尚没有建立起针对失独老年人的专门护理制度，一些护理机构的护理条件和护理设施也仍然比较落后，无法满足失独老年人的特殊护理需求。

（六）政府财政投入不足

因没有相关的法律条文可以依据，政府对失独者补助的财政支持力度不强，补助标准的随意性很大，总体来说，政府对失独老年人的养老支持缺乏制度上的保障。

三、失独老人养老法律保障现状及其存在的问题

（一）法律保障现状

长期以来，我国十分重视老年人的救助与权益保障问题。近20年来，全国人大及其常委会、国务院及其所属部门颁布的有关老年人权益保护方面的法律法规和有关规章政策已达20余件，初步形成了以《宪法》为核心，《老年人权益保障法》为主干，以有关法律、行政法规、国务院部门规章、地方性法规、地方政府规章和有关政策为支撑的老年人权益保护法律法规政策体系框架，为老年人权益保障提供了基本的法律依据。从法律层面来看，与失独家庭（失独老人）有关的法律主要有《宪法》《老年人权益保障法》《人口与计划生育法》《婚姻法》和《继承法》等。特别是我国《老年人权益保障法》《人口与计划

1　谢勇才、潘锦棠：《从缺位到归位：失独群体养老保障政府责任的厘定》，载《甘肃社会科学》2015年第2期，第96页。

生育法》《婚姻法》等法律中对老年人合法权益的保护均作出了原则性的规定，[1] 但它们都不是有关失独家庭或者失独老人权益保障的专门性法律。

从政策或制度层面来看，2007 年 8 月 31 日，我国人口与计生委、财政部联合发布《关于印发全国独生子女伤残死亡家庭扶助制度试点方案的通知》（国人口发〔2007〕78 号）（以下简称《试点方案》），确立了计划生育家庭特别扶助制度（即独生子女伤残死亡家庭扶助制度），明确了扶助对象、金额，[2] 并在 10 个省市进行试点后向全国推行。其主要内容是：对于年满 49 周岁以上，且独生子女死亡或者因伤病致残后未再生育或者合法收养子女的夫妻，根据规定的条件，由政府按月给予每人每月一定数额的扶助金，直至其亡故或子女康复时为止。但该《试点方案》没有规定扶助金之外的失独家庭（失独老人）的养老、医疗、住房等其他帮扶措施。2013 年 12 月 18 日，国家卫计委、民政部等五个部门联合颁发了《关于进一步做好计划生育特殊困难家庭扶助工作的通知》（国卫家庭发〔2013〕41 号）（以下简称《通知》），该《通知》对失独家庭的特别扶助金标准进行了适当提高，[3] 规定独生子女伤残、死亡家庭特别扶助金标准为城镇 270 元、340 元；农村 150 元、170 元。2014 年 1 月 3 日，国家卫计委办公厅、中国计生协会发布了《关于开展计划生育特殊困难家庭社会关

---

1 《老年人权益保障法》第 31 条第 2 款规定："老年人无劳动能力、无生活来源、无赡养人和扶养人，或者其赡养人和扶养人确无赡养能力或者扶养能力的，由地方各级人民政府依照有关规定给予供养或者救助。"

2 该《试点方案》中规定："独生子女死亡后未再生育或合法收养子女的夫妻，由政府给予每人每月不低于 100 元的扶助金，直至亡故为止；独生子女伤、病残后未再生育或收养子女的夫妻，由政府给予每人每月不低于 80 元的扶助金，直至亡故或子女康复为止。"

3 国家卫计委等 5 部门 2013 年 12 月 18 日联合发布《关于进一步做好计划生育特殊困难家庭扶助工作的通知》中规定："自 2014 年起，将女方年满 49 周岁的独生子女伤残、死亡家庭夫妻的特别扶助金标准分别提高到：城镇每人每月 270 元、340 元，农村每人每月 150 元、170 元，并建立动态增长机制。"

怀的通知》（国卫办家庭发〔2014〕1号），规定对失独家庭的扶助要做到生活、养老、健康、精神、生育“五关怀”，此外还要建立完善特殊困难家庭社会关怀的保障机制，并对相关工作提出了具体要求。[1]从政府对失独家庭扶助政策的不断调整优化的过程中，可以看到失独家庭、失独群体越来越受到国家和政府的高度重视。

（二）存在的主要问题

从失独老人的养老法律保障方面来看，总体状态也不容乐观。主要问题有：

1. 我国养老保障立法严重滞后。目前，我国《人口与计划生育法》第27条第4款的规定[2]在一定程度上也关注到了失独群体的权益保障问题，该条款规定“独生子女发生意外伤残、死亡，其父母不再生育和收养子女的，地方人民政府应当给予必要的帮助。”这一条款从法律上明确了地方政府具有帮助“失独”群体的义务，也为“失独”群体的权益保障提供了一定的法律依据。但从国家立法层面看，我国失独老人养老法律保障方面仍然存在着法律位阶低、体系碎片化和内容不够具体等缺陷。

第一，就法律位阶而言，目前除了我国《人口与计划生育法》的原则规定外，《老年人权益保障法》中对此没有专门规定。此外，为了贯彻落实《人口

1　国家卫计委办公厅、中国计生协会《关于开展计划生育特殊困难家庭社会关怀的通知》规定：对失独家庭的扶助要做到：（一）生活关怀：1. 实施紧急救助；2. 开展慰问活动。（二）养老关怀：3. 安排养老照料；4. 老年护理补贴。（三）健康关怀：5. 加强健康管理；6. 提供就医便利。（四）精神关怀：7. 建立联系制度；8. 进行心理疏导；9. 开展亲情牵手；10. 组织联谊活动。（五）生育关怀：11. 提供生育服务；12. 协助安排收养。此外，还要建立完善特殊困难家庭社会关怀的保障机制：（一）加强组织领导，落实工作职责。（二）精心策划方案，周密组织活动。（三）动员社会力量，形成关怀合力。（四）多方筹措资金，提供财力保障。（五）加强舆论引导，营造良好环境。

2　《人口与计划生育法》第27条第4款规定：“获得《独生子女父母光荣证》的夫妻，独生子女发生意外伤残、死亡的，按照规定获得扶助。”

与计划生育法》第27条的规定，国家财政部、人口与计划生育委员会联合颁发了《全国独生子女伤残死亡家庭扶助制度试点方案》(以下简称《试点方案》)。各地相继出台了《人口与计划生育条例》《独生子女父母光荣证发放管理办法》等地方性法规、行政规章以及落实财政部、人口与计划生育委员会《试点方案》的实施细则。但这些规范性文件都是以地方性法规、部门行政规章形式制定的。特别是对于农村的失独老人而言，目前主要是参照《全国计划生育家庭特别扶助专项资金管理暂行办法》和《农村五保供养工作条例》等来开展养老权益保障工作的。作为法律依据而言，不仅法律位阶比较低，现有规定较为分散，且由于在国家层面上没有制定全国统一的失独老人养老保障方面的法律法规，没有专门的失独老人养老权益保障方面的具体规定，造成失独老人养老法律保障法律依据上的不足。这不利于为失独家庭（老人）帮扶与救助工作提供法律依据，也不利于工作的有效开展。

第二，就法律体系而言，与失独家庭或者老年人养老相关的法律主要涉及我国《宪法》《婚姻法》《继承法》《老年人权益保障法》和《人口与计划生育法》等，但这些法律对这一问题的规定本身就不多，更遑论专门性立法，使得我国有关养老权益法律保障的法律体系非常零散。即使是国家财政部、人口与计生委共同颁发的《全国独生子女伤残死亡家庭扶助制度试点方案》、地方性的《人口与计划生育条例》和独生子女父母光荣证发放方面的规范性文件，对失独老人养老问题也没有作出有针对性的规定，而独生子女光荣证发放文件的制定机关也不统一，有的地方由地方立法机关制定，有的地方则由政府部门制定。例如浙江省《关于独生子女父母光荣证发放对象问题的批复》(浙人大法复〔2003〕15号）规定由省人大法制委员会印发，而《河南省独生子女父母光荣证发放管理办法》(2011 年）却规定由当地人口计生部门制定。[1]

第三，就法律内容而言，现有规定内容也不够具体。体现在：一是扶助的内容和标准不明确。虽然我国《人口与计划生育法》第 27 条第 4 款中规定了对于获得《独生子女父母光荣证》的夫妻，在其独生子女因发生意外而不幸伤残、死亡时，可按照规定获得相应的扶助。但“扶助”的内容是什么？“扶助”是否仅指经济帮助？是否还包括医疗服务、养老保障以及精神慰藉等方面的帮助？具体标准和范围是什么等，因缺乏配套的实施细则而无法明确，在具体操作中就会因其不确定性而出现混乱。再如，我国《老年人权益保障法》第 30 条规定，国家逐步开展长期护理保障工作，保障老年人的护理需求。对生活长期不能自理、经济困难的老年人，地方各级人民政府应当根据其失能程度等情况给予护理补贴。该法第 31 条第 2 款规定：“老年人无劳动能力、无生活来源、无赡养人和扶养人，或者其赡养人和扶养人确无赡养能力或者扶养能力的，由地方各级人民政府依照有关规定给予供养或者救助。”但这些规定都是针对“三无”老人的，且地方人大或政府大多没有制定有关失独家庭或者失独老人供养或救助的地方性法规或实施细则，目前只是将他们作为“三无”老人对待而参照执行“三无”老人的供养或救助标准。二是对失独老人精神领域关怀立法缺位。2012 年 12 月 28 日修订公布的《老年人权益保障法》把“常回家看看”正式写入法律，但这一条对失独老人而言，是没有意义的，因为他们的独生子女已经死亡，其最大的担忧是未来的养老问题，最大的痛苦是失去独生子女后在精神上心灵上的巨大创伤。这说明《老年人权益保障法》还没有关注到“失独”家庭的特殊需求。事实上，在城市失独老人群体中，原属于政府部门或者事业单位的失独老人（即体制内的失独老人），其退休金相对比较高且稳定，经济条件比较好，

1　王春阳：《“失独”群体权利保障探究》，载《太原师范学院》(社会科学版）2014 年第 4 期，第 54 页。

与“三无”老人明显有区别。他们主要的困境在于精神上的痛苦。三是对失独老人权益救济问题缺乏具体规定。目前针对“失独老人”权益救济问题仅有的依据是民政部参照“三无”老人的指示。民政部表示，对失独老人的物质帮助，将参照“三无”老人的标准，由政府来供养。但政府如何进行供养，供养的内容和标准或者金额是什么（多少）？在法律上也不明确。且失独老人与“三无”老人还是有区别的，适用一样的标准是否合适也是值得研究的。

2. 各地失独群体养老保障实验情况差异较大。应当说，数以百万计的失独老人在当年积极响应国家的号召，积极落实计划生育政策，为国家经济社会发展作出了自己的贡献。但在失去独生子女之后，其失独的风险和后遗症就显现出来了。这些人值得政府和社会给予特殊关怀和照顾，其风险应当由其与政府共同承担。换言之，失独老人是需要给予特殊关心的特殊群体。虽然各地政府都很重视这一问题，也进行了许多有益的探索，例如：为失独群体设计专门的养老保障方案，或者将失独老人的养老纳入当地居民统一的养老保障体系中，有的甚至还根据城镇和农村两类失独群体设计出两套养老保障方案等，但由于各地情况不同，养老保障方案存在养老内容不一，保障标准差异大的问题，[1] 导致各地进行的失独群体养老保障的实验非常混乱。

3. 失独群体的养老保障权益处于受损状态。我国《人口与计划生育法》第27条规定：“对于独生子女伤残或死亡，且未再生育或领养子女的家庭，应由地方政府给予帮助”。但该法没有明确应由哪一级政府哪一个部门来给予帮助以及帮助的方式与具体标准。2012年12月28日修改后颁布的《老年人权益保障法》对失独老人群体的养老等问题也没有给予特别的关注，导致失独老人养老权益包括哪些内容？政府对失独老人养老保障方面应负有的责任是哪些？

1 谢勇才、潘锦棠：《从缺位到归位：失独群体养老保障政府责任的厘定》，载《甘肃社会科学》2015年第2期，第96页。

当失独老人养老权益受到损害是如何维权等在法律层面上都缺乏具体明确的规定。在生活中，由于失独老人养老维权的法律依据不足，更由于失独群体养老保障政府责任的缺位，加上一些失独老人在与相关单位签订养老合同时因缺乏专业人士的指导而导致合同存在一些漏洞与风险等，从而造成失独老人在养老权益受损时"维权无据""求助无门"。此外，也有一些失独老人由于其自我保护的维权意识不强，或因法律知识匮乏、经济困难、无钱告状或者"状告无门"等各种原因而产生合法权益受损的情况。同时，目前我国针对失独老人的护理制度和监护制度不够完善，扶助形式单一，护理制度针对性和人性化不够，设施和基础条件较差，缺乏尊重并满足有需要者的精神保障等问题的存在，也使得现有制度不能满足失独老人这一特殊群体养老与监护的需要。

四、强化失独老人养老权益保障的法律路径

失独现象并非少数人的不幸，而是几乎所有独生子女家庭都可能面临的风险。对于失独老年人而言，由于履行赡养责任的义务主体已不复存在了，其赡养保障也失去了在家庭内实现的可能性，因此，需要从法律层面为其提供制度性支持。不论是解决失独老年人养老方面的困境，还是强化失独老年人养老法律保障，都需要从完善养老制度和强化立法保护、政府责任、司法保障、法律服务等方面入手来加以解决。具体来说，其主要途径可以从以下几个方面来考虑。

（一）完善立法，提高养老保障法律法规的可操作性

1. 修订《人口与计划生育法》的相关内容。第一，明确独生子女和失独父母的确定标准。独生子女与独生子女父母是一对相互对应的法律关系。独生子女是指夫妻共同生育的唯一子女。而独生子女父母是指只生育了一个孩子的父母。就失独父母而言，可以分为"暂时性失独"父母和"永久性失独"父母两类。

凡是年龄较轻又具有生育或收养能力，可以选择再次生育或收养子女的，为“暂时性失独”父母；而因年龄较大（女方年满49周岁）、又无生育和收养能力的，为“永久性失独”父母。区分的依据是原国家人口与计划生育委员会、财政部联合颁发的《全国独生子女伤残死亡家庭扶助制度试点方案》（以下简称《方案》）。该《方案》规定：城镇和农村中独生子女死亡后未再生育或收养子女的夫妻是失独家庭的扶助对象。扶助对象应同时符合女方年满49周岁、只生育或者合法收养过一个子女、“现无存活子女”等条件。扶助对象如果再生育或合法收养子女后，即中止领取扶助金。笔者认为，扶助的重点应放在“永久性失独”父母身上。第二，应将失独老人合法权益保护问题作为《人口与计划生育法》的重要修订内容之一。《人口与计划生育法》是规制我国人口与计划生育工作的专门性法律，其立法宗旨在于依法推行计划生育工作，并在推行过程中维护人民群众的合法权益，它应当是一部集依法履行义务和维护合法权益为一体的法律。失独老年群体自觉遵守了《人口与计划生育法》，其合法权益也理应受到《人口与计划生育法》的保护。对这一问题的解决应当作为《人口与计划生育法》的重要修订内容。只有这样，《人口与计划生育法》的内容才是完整的。第三，明确《人口与计划生育法》第27条所规定的政府所给予必要扶助的具体内容和适用标准，将对失独老人的经济、养老、医疗、精神慰藉等方面的扶助问题用条文的形式作出原则性的规定。各地方则可以《人口与计划生育法》的原则规定为依据，制定具有地方特色、符合地方实际的地方性法规、实施细则或办法。

2. 完善《老年人权益保障法》相关内容。目前来看，我国《老年人权益保障法》只在第30条、第31条规定了针对“三无”老年人的养老权益保障问题，而并未对失独老年人供养或者救助问题做出专门规定。在实践中，对于失独老人，各地多把他们笼统地归入“三无”老人的范畴而参照“三无”老人来执行。但这样做，只能是权宜之计，也是不合适的。因为，第一，失独老人与“三无”老人并不是同一类型的群体，适用同一规定或者标准，无法满足失独老人群体的需要；第二，严格说来，有一些失独老人并不符合“三无”条件。特别是城市中的一些失独老人，他们退休前是国家公务员、事业单位职员等，都有退休金或者医保、社保等稳定的收入，并不属于无生活来源的“三无”老人。这些失独老人就无法享受到《老年人权益保障法》规定的权益，更就无法依据《老年人权益保障法》来维护其权益。这从一个侧面反映了国家立法机关和政府还没有真正关注到这一重大社会问题。特别是一些制度化安排中缺乏尊重并满足有需要者的精神保障。建议国家立法机关在未来修改《老年人权益保障法》时，针对失独老人这一特殊群体，就其供养或者救助问题作出若干专门条款的规定，以保障其合法权益。在内容上，可以参照“三无”老人供养或者扶助的相关规定，但同时也需要针对失独老年人的特殊情况和特殊需要（如失独老年人的精神慰藉、心理疏导、单独扶助养老、集中养老问题等）而作出人性化的规定，以弥补我国在法律层面对失独老年人合法权益维护特别是精神领域关怀立法方面的严重缺位。

3. 制定一部有关失独家庭权益保障的专门法律。如前所述，在我国《人口与计划生育法》中，针对失独老人权益保障，只有一条“按照规定获得扶助”的概括性、原则性规定，但对于帮助的具体内容却并未做出明确规定，而《老年人权益保障法》在这方面更是没有具体规定，因此，为了强化对这一特殊群体的法律保护，除了将来在修订《人口与计划生育法》《老年人权益保障法》时对相关条款进行补充完善外，从立法层面来看，也非常有必要制定一部专门的法律，来规范失独老年人的养老保障问题，使我国未来的养老体系能够实现制度化、人性化和常态化，达到国际先进水平。

目前在国外一些国家中，通过立法来保障失独老人基本权益已成为各国现代养老体系的重要标志。例如美国已颁布《社会保障法》（《Social Security

Act》)、《联邦公务员退休金法》(《Federal Civil Service Pensions Act》)、《老年健康保险法》(《Elderly HealthInsurance Act》) 等法律；日本先后颁布了《社会福利法》《国民年金法》《劳动者年金保险法》《雇员年金保险法》《护理保险法》等法律。[1] 德国也颁布了《伤残及养老保险法》，基本形成了一个保障老年人基本权益的法律体系，如上这些，都值得我们在立法时借鉴参考。

我国学界和实务界对于是否有必要就有关失独家庭权益保障问题进行专门（单独）立法有不同的看法。总体来说，有如下四种观点：第一种观点认为，应当尽快修改《婚姻法》和《人口与计划生育法》，并制定《社会保障条例》，将失独家庭失独老人养老问题纳入国家法律体系，明确失独家庭养老的基本模式。第二种观点认为，应当将失独家庭的救助问题全部纳入《社会救助法》，并设专节对其加以具体规定。第三种观点主张分两步走：第一步，先由国务院制定《失独家庭社会救助条例》；第二步，待条件成熟时，再由全国人大制定《失独家庭社会救助法》。[2] 第四种观点认为，应尽快修订《婚姻法》《人口与计划生育法》和《老年人权益保护法》，除此之外，还应当制定《失独家庭社会救助法》或《失独老人社会救助法》。[3]

本书基本赞成第四种意见，因为不论《婚姻法》《人口与计划生育法》，还是《老年人权益保护法》，虽然这些法律均有其特定的调整范围，但其所涉及的民事主体的范围比较大，其权利义务关系中共性的内容比较多。就失独家庭或者失独老年人而言，他们属于特殊的弱势群体，人数就几百万人（目前为200 万人左右），[4] 而且，由于失独老人群体来自各个社会阶层，其各自的身体、

1 李真：《“失独老人”养老保障及法律问题研究》，载《绥化学院学报》2015 年第 3 期，第 26 页。
2 陈锦浩：《从法律视角思考“失独家庭”之痛》，载《知识经济》2014 年第 15 期，第 34 页。
3 陈锦浩：《从法律视角思考“失独家庭”之痛》，载《知识经济》2014 年第 15 期，第 34 页。
4 新华社：《我国年增“失独家庭”7.6 万个 总数达 100 万个》，http://www.chinanews.com/sh/2013/03-03/4609978.shtml，访问日期：2013 年 3 月 3 日。

家庭和经济条件差异很大，其权益内容和保障需求也具有一定的特殊性，在上述法律中无法对其具体问题作出较为具体细致的规定。换言之，上述法律不可能有太多的条文或者篇幅去规定这一特殊群体的供养或者救助等专门性问题。因此，除了在上述三部法律中，对失独家庭权益保障问题作出原则性或者一般性规定外，确有必要在立法上针对失独家庭权益保障问题进行单独立法，并提高立法质量。具体而言，其立法内容应包括：失独家庭、失独老年人的界定及界定机构、失独家庭救助的基本原则、范围、主要内容和形式、申请条件、审批机关和审批程序、责任主体、纠纷处理途径和程序、对救助不力的相关机构和人员的惩戒措施等。在立法时，应注意增强专门性立法的针对性、包容性和可操作性。因为失独老年群体来自社会不同阶层，身份迥异，他们中间既有国家机关干部职工、企事业单位退休人员，也有无基本生活保障的城镇和农村居民。尤其是在现有的社会保障体制下，对于无社会保障的城镇和农村的失独老人，应通过立法将其纳入最低生活保障范围内，用法律来确认、规范和保障他们的基本生活需求。[1] 同时，针对失独老人群体的特殊情况与社会养老需求，对机构养老的相关问题也应予以明确规定，包括就专门性失独养老机构的资质与准入条件、设置基本标准、政府对机构养老的配给标准、失独老人机构养老应具备的特殊条件、失独老人与养老机构之间纠纷的界定与解决办法等方面内容做出具体规定。除此之外，还应通过单行条例或者实施细则的形式，制定相关扶助标准，细化供养、救助的具体内容，并针对失独老人家庭养老、社区居家养老和老年护理等问题，从立法上予以全面系统地规范，[2] 为失独老人养老提供全方位的法律与制度保障，解除其后顾之忧。

至于立法形式和步骤，可以根据实际需要而定，既可以采用先由国务院制

1　李真：《“失独老人”养老保障及法律问题研究》，载《绥化学院学报》2015 年第 3 期，第 26 页。

2　李真：《“失独老人”养老保障及法律问题研究》，载《绥化学院学报》2015 年第 3 期，第 26 页。

定《失独家庭社会救助条例》，待条件成熟时再由国家立法机关制定《失独家庭社会救助法》的办法，也可以采用直接由国家立法机关制定并颁布《失独家庭社会救助法》的办法。有条件的省（市、自治区），也可以制定《失独家庭救助条例》或者《失独家庭救助办法》等地方性法规。同时，并通过单行条例或者实施细则的形式，制定相关扶助标准。

（二）明确责任，落实各级政府的养老保障措施

1. 地方政府应当承担失独老人的养老责任。我国《宪法》第 45 条规定："我国公民在年老、疾病或者丧失劳动能力的时候，有从国家和社会获得物质帮助的权利。"这是针对普通公民而言的。对于失独老年人而言，在其年轻或者有生育能力时，积极响应国家的号召，履行计划生育义务，为国家顺利实施人口政策做出了牺牲和贡献；在其失去独生子女又无生育可能，且生活陷入困境时，按照"权利义务相一致"的法律原则，他们理所当然地应当享受到因履行计划生育义务所对应的权利。只不过这种权利还需要从法律上加以肯定和明确，并由地方人民政府来负责保障，这也是保障人权的需要。政府应当代表国家来承担起对失独老人的养老责任，同时建立协调机制，细化财政、人社、民政、卫计委等部门对失独家庭（失独老人）的保障救济责任。在这方面，北京市已经为我们提供了一个很好的样板。2016 年 7 月中旬，北京首个专门接收"失独老人"的养老机构——北京市第五社会福利院启动并开始接受失独老年人的入住申请。在成立的短短几天内，就有超过 200 名的老人通过各种形式进行咨询。根据北京市的相关政策规定，凡独生子女三级以上伤残或死亡、且未再生育或收养子女的家庭中失能或 70 周岁以上的老年人，均有资格申请入住。[1] 随着社会的进步和法治建设的日益完善，相信这样的专门性养老机构会越来越多。

1 林苗苗：《北京首个专收"失独老人"养老机构启动》，http://bj.people.com.cn/n2/2016/0719/c82840-28689604.html，访问日期：2016 年 7 月 19 日。

2. 设立“失独老人养老专项基金”和养老专项保险。对于失独家庭而言，老无所养是个致命问题，因为一些社会福利和救济机构（如农村敬老院和社会福利院）常常将失独老人拒之门外。从完善社会保障制度的角度出发，地方各级政府应采取有效措施，多管齐下来解决失独老人老有所养的问题。一是各级地方政府应积极探索多元化模式的城市、农村养老机制，进一步完善社会养老保险制度，创造条件兴办各类养老服务机构，并加大用地、财政、税收等扶持力度，以进一步解决养老机构入住难、经营难的问题。[1] 二是通过设立“失独老人养老专项基金”等途径解决失独老人的后顾之忧。据估算，我国每年所收取的社会抚养费将近 200 亿元，[2] 因此，完全可以从地方各级政府征收的社会抚养费中切出一定比例，用于设立“失独老人养老专项基金”，为失独老人的基本养老问题提供财政保障。同时，可以通过制定《失独老人社会保障实施办法》，由政府出面为失独家庭或者失独老人购买养老专项保险，当被保险人发生保险状况或者达到一定年龄时，由保险公司负责支付一定数额的经济补偿。例如：北京市人民政府推出了“暖心计划”，以独生子女死亡家庭为扶助对象，重点解决其养老和医疗方面的困难，为失独家庭提供养老保险、意外伤害医疗保险、疾病身故保险、烧伤保险、残疾保险和女性重疾保险等。[3] 如此，在一定程度上也可以减轻地方各级政府的社会保障负担。此外，还可以参考美国实行的福利固定型和贡献固定型的私营养老金计划等做法，[4] 解决农村老年人、城镇无业老年人、私营企业和个体工商户老年人的养老金和社会救济问题。

1　李鹏飞：《纠纷中机构养老的突围之路》，载《人民法院报》2014 年 8 月 10 日，第 3 版。

2　方潋：《失独家庭的权益保障问题研究》，载《鄂州大学学报》2015 年第 6 期，第 58 页。

3　陈锦浩：《从法律视角思考“失独家庭”之痛》，载《知识经济》2014 年第 15 期，第 34 页。

4　崔维：《美国老年社会保障及其资金来源》，载《中央财政金融学院学报》1995 年第 10 期，第 46—50 页。

3. 强化对失独老人的社会保障措施。首先，政府部门应建立失独家庭档案，及时掌握失独家庭的生活、养老、医疗、社保方面的情况。民政部门还应定期不定期进行家访慰问，组织心理专家进行有针对性的心理疏导，并设立专门机构负责失独老人的养老、医疗以及身后遗产处置等事项。其次，要充分体现出国家对失独老人养老保障的优待政策。如前所述，目前，我国对失独家庭、失独老人的社会保障主要还是根据国家计划生育政策中的特别扶助相关规定来展开的，对失独家庭的经济扶助（补贴）标准比较低，还处于制度供给不足的状态。因此，亟须建立比较完善的失独老人养老的社会保障制度。其中，扶助金计划是失独老人权益保障的主要内容。应当适当提高失独家庭的补助标准。根据原国家卫计委、民政部、财政部、人社部和住建部联合颁发《关于进一步做好计划生育特殊困难家庭扶助工作的通知》（国卫家庭发〔2013〕41号）的规定，自2014年起，将女方年满49周岁的独生子女死亡、伤残家庭夫妻的特别扶助金标准予以适当提高到：农村家庭：死亡或者伤残的，每人每月分别扶助170元和150元；城镇家庭：死亡或者伤残的，每人每月分别扶助340元和270元，并建立动态增长机制。很显然，这样的扶助标准相对于物价飞速增长的日常生活而言都是很低的。特别是对于城市和农村没有社会保险的失独老年人而言，显然是无法维持其基本生活的。更何况失独老年人在其他必要帮助（包括精神慰藉，医疗保障，疾病照护和身体状况不佳、力所不能及时的生活照料等）方面的特殊性，都可能需要更多的费用。因此，除了扶助金的名称应当统一外，政府还应当适当提高失独家庭的扶助标准，并开设“失独”老人疾病医疗特别扶助金计划。因为这种扶助金不只是单纯的对失独老人的日常生活补助，而是还应包含长期的抚慰补助金和独生子女死亡时的一次性特别抚慰金，[1]其意义非

1 万溦：《失独家庭的权益保障问题研究》，载《鄂州大学学报》2015年第6期，第58页。

常特殊。因此，对失独家庭的扶助标准虽然可能因不同地区经济发展水平的差异而有所区别，但至少应做到失独家庭的经济扶助标准不低于当地的最低生活保障水平，并且应建立随着当地物价增长而有所增长的动态增长机制。在如上所述的《通知》的实际执行中，各地往往根据本地实际情况而对扶助金发放标准有所提高。例如：重庆市作为第一批特别扶助制度试点地区，在全国率先出台了失独家庭特别扶助金制度，对于失独家庭父母每人每月给予 3120 元的扶助金；北京各区对于失独家庭中女方年满 55 周岁，男方年满 60 周岁的，予以一次性 5000 元至 10 000 元补贴；上海市各区（县）政府对无生育能力的失独家庭每人每月给予 250–300 元的扶助金。再次，建立禁止就业年龄歧视和老年人就业解雇保护制度。通过延长退休年龄，改革工龄工资制度，让身体健康的失独老年留在工作岗位上。这样做的好处是，能够让健康的失独老人适时把思想和精力转移到工作上，融入社会生活大家庭，克服孤独感和失落感，如此既有益于自己的身心健康，也可以为国家创造出更多的经济效益和社会价值。同时，适当忙碌而充实的生活，由于有益于失独老年人保持身体健康，从而也降低了其医疗费用和护理成本，减轻了社保开支。

4. 创造条件设立专门性的失独老人养老院。从所有制性质来看，目前我国的养老院分为公办养老院和私营养老院两种。其中，公办养老院又有城市养老院和农村敬老院之分。城市养老院以接收“三无”老人为主，[1] 而农村敬老院则只接收“五保户”。由于失独老人不符合“三无”老人或“五保户”条件，很难被公办养老院所接纳。而对于私营养老院来说，由于其收费标准比较高，绝大多数失独老人受制于经济条件而只能“望院兴叹”。因此，有条件的地方应当建立专门性的失独养老院，探索开展失独老人特殊护理、临终关怀等专项养

1　“三无”老人是指城镇居民中无劳动能力、无生活来源、无赡养人和扶养人，或者其赡养人和扶养人确无赡养或扶养能力的 60 周岁及以上老年人。

老服务制度；也可以将闲置多年的原政府部门或者行业、事业单位所属的职工疗养院、度假村、培训中心和康复医院等场所进行升级改造，建成具有医疗、护理、疗养、养老和临终关怀等多功能、综合性养老院或者专门的失独老人养老院；还可以通过政策引导、税收减免、土地使用费优惠等，鼓励慈善家、企业家投资兴建失独老人养老院。在这种专业的养老院里，失独老人的遭遇和养老困境具有共性，他们在一起生活和养老，有利于相互间的理解和安慰，更有利于相互间的关心、取暖和鼓励，消除失独老人的孤独感和失落感。要尽快改变失独老人没有直系亲属签字就不能入住养老院的尴尬现状，特别是要优先保障无子女的失独老人入住养老院的权利。建议由政府出面担保，为失独老年人免费入住公办养老机构开辟绿色通道。对于失独老年人养老院的建设而言，在硬件标准上，要严格执行《老年人居住建筑设计标准》（GB/T50340-2003）、《老年养护院建设标准》（建标〔2010〕194 号）等标准。在软件标准上，要积极推行《养老机构管理办法》（中华人民共和国民政部令第 49 号）、《养老机构基本规范》（GB/T29353-2012）、《养老机构安全管理》（GB/T1.1-2009）、《老年人能力评估》等国家、行业监管部门的标准规范要求。老年人入住之前，应当根据民政部颁发的行业标准——《老年人能力评估》（MZ/T039-2013），从生活能力、精神状态等方面对失独老人的老年人能力进行评估，确定老人的等级。为防范与控制养老院营运的法律风险，养老院应与失独老人签订“入住协议书”，明确双方的权利义务及责任范围；在不违反法律基本原则和强制性法律规范的前提下，双方可以自愿就某些特定问题签订特别声明或者进行特别约定，[1] 例如由失独老人与养老院签订遗赠扶养协议，由养老院负责失独老人的生活照料、生养死葬等事务，在该失独老人死亡时，其遗产可归负责供养的相关养老院所

1 熊承刚：《养老机构运营的法律风险与规避》，http://www.360doc.com/content/17/0426/05/34279512_648692643.shtml，访问日期：2017 年 4 月 26 日。

有。如果失独老人生前立遗嘱将财产遗赠国家、集体组织或者其他公民的，则按遗嘱执行。民政部门应在基本火葬费和基本生态墓地等方面给予失独老人免费服务，[1]还可以探索与相关医院、公墓、殡葬场所建立联动服务机制。此外，还应在养老行业服务标准化建设试点的基础上，全面实行养老院标准化、规范化建设，并定期开展对养老院的评估考核，以有效防范运营方面的法律风险，促进养老服务事业上层次、上水平。

5. 完善公共护理制度。在没有条件独立设置失独老人养老院或敬老院的地方，应当通过完善公共护理制度来改善失独老人养老条件。一方面，要进一步规范和完善我国老年护理制度。要通过调查摸底和分析论证，进一步加以规范。包括护理机构的资质和设立条件、程序，护理人员的身体条件与专业素质要求，护理资源的评估标准，公共部门对老年护理机构的支持帮助等，另一方面，要根据失独老人晚年身体健康状况逐渐下滑，手脚行动不便，自我照护能力下降的实际情况，有针对性地改善社区养老服务中心的条件。除了养老院机构养老模式外，以社区养老、居家养老方式为代表的合住模式也是比较受欢迎的护理机制。在有条件的地方，可以社区为单位进行试点，采取政府主导、民间机构和社区志愿者参与的方式，加大财政投入，并充分利用民间机构的资源与优势来撬动社会各方面的人力、物力和财力，不断完善和优化社区养老、居家养老方式；也可以进行养老与医疗资源的整合试点，探索建立社区医养服务中心等养老新模式，为失独老人提供集医疗、康复、护理、保健、养老和临终关怀为一体的综合服务，实现“有病时治病，无病时养老”的特色服务新机制等，为失独老人提供综合性、多元化、人性化的养老服务，分层次满足不同的失独老人群体的日常生活、情感交流、文化需求、心理满足等多方面需求。

1　孙晓梅、周思媛：《中国失去独生子女群体社会保障研究综述》，载《中华女子学院学报》2014 年第 5 期，第 21 页。

（三）强化服务，拓宽失独老人的养老维权途径

1. 提高失独老人养老保障维权服务质量。一是政府部门要进一步完善牵头部门和协办部门的沟通协调机制，确保失独老人养老的相关问题能够及时得到帮助和解决。二是地方政府要积极协调社会慈善机构、社会非营利组织与社区组织密切配合，建立起失独家庭社区救助体系。三是街道办事处、社区可吸收志愿者参加，组建失独家庭或失独老人群体自己的自救组织，并充分发挥自救组织在帮助失独老人解决心理、精神层面和社会交往方面特殊困境的优势与作用。四是司法局、律师事务所、法律援助中心可以不定期地主动上门为失独老人提供免费法律咨询，也可以聘请法学专家为失独老人举办法律养生方面的公益讲座；各大学法学院也可以组织法学专业的研究生、本科生开展献爱心主题实践活动，为失独老人提供法律咨询服务，增强其法律意识。

2. 加强对失独老人养老保障制度落实情况的监督。法律法规或者制度的生命力在于有效执行，否则就形同虚设。而法律法规或者制度的执行，需要依靠有效监督来推进和保障。尤其是在我国当前，有关失独家庭、失独老年人养老保障制度还在不断完善过程中，更离不开有效的监督。首先，为了满足失独老年人的社会保障诉求，政府民政部门必须对失独老年人的社会救助、养老保障、医疗保障和临终关怀等社会保障制度的实施情况进行监督。其主要内容包括：检查各地人民政府是否按照国家有关法律法规和政策制度建立了完善而规范的失独家庭（老年人）社会保障制度；监督各地方政府社保经办部门是否及时足额地向失独家庭（老年人）发放社会保障相关待遇。必要时，可以在一定范围内通过适当的方式予以公布，接受失独老年人和社会的监督。其次，要建立失独老年人权益保障评估监督机构，由其负责对社区组织、养老院和有关单位提供的养老服务和相关权益保障进行定期评估，并根据评估结果，对养老保障服

务机构（单位）优胜劣汰。再次，相关的老年维权机构可为失独老年人进行必要的维权，这也是对养老服务机构进行法律监督的一种方式。

当然，失独老年人自身也应当改变传统思想观念，树立法律意识，遇到自身权益受到侵害时，要敢于站出来，向自己的兄弟姐妹等旁系血亲、邻居或者街道、社区反映，委托他们帮助维权。特别是当遇到养老机构违反养老协议或相关规定，侵犯失独老年人的人身（如虐待、殴打、恐吓或者其他伤害失独老人的行为）或者财产权益（如非法占有失独老人的财产）时，失独老年人可以自己报警或者委托他人代为报警，也可以向政府主管部门举报；对于情节恶劣、后果严重的，政府有关部门应当通过法律程序加以解决。

3. 强化对失独老人合法权益的法律保障与服务。第一，各地方立法机关可根据本地的实际情况，制定失独老年人群体救助实施细则和建立对救护不力的惩戒机制，把救助责任加以制度化和细化。第二，司法行政机关和报刊媒体要针对失独老年人权益受损的情况和特点，切实强化对失独老年人权益保障的宣传教育，普及维权法律知识，形成尊老、爱老的道德风尚和社会环境，增强全社会关爱失独老人，切实维护失独老人合法权益的舆论氛围和法治环境。应积极发挥报纸杂志、广播电视、网络等大众传媒的力量，将老年人权益保障法律知识以各种形式向老年人进行宣传普及。还可以通过老年大学、老人活动中心等场所，通过讲座、辅导、文艺节目表演等形式进行相关法律知识的宣传教育。第三，各地人民法院、律师事务所、法律援助中心、公证处、司法所等机构要针对老年人的法律诉讼、法律服务与维权等方面的需求与特点，积极探索为失独老人维权提供法律保障的新途径、新办法，例如：建立公安派出所接警绿色通道；建立人民法院立案绿色通道、减免诉讼费、在法律规定的范围内优先审理、快速结案；优先免费咨询指导、代写相关文书、提供法律援助服务；免费为其指导养老等相关协议的签订、代书遗嘱、赠与等文书；免费上门办理养老协议公证和遗嘱公证服务；免费上门提供调解服务，等等。总之，要努力探讨多种途径，切实强化对失独老年人合法权益的法律保障与服务，以解除其对养老保障的后顾之忧。

第三节　老年人搭伴养老现象的法律规制

近年来，随着我国经济的快速发展、立法的不断完善，以及观念的变迁更新，人们的生活质量得到很大的提高。在婚姻家庭领域，这一点突出地体现在人们的个性和私权得到了充分的张扬与尊重，由此也出现了不少值得关注的新动态。例如，不婚一族、丁克家庭已成为一些城市年轻人新的生活时尚，引起社会舆论的密切关注。但在我们的社会中，还有一个特殊的群体——丧偶或者离婚的老年人，他们希望通过组建新的家庭或者选择合适的伴侣来继续他们的晚年生活，以解决共同面临的养老问题。其中，有一部分老年人通过登记结婚（即再婚）而实现了自己的愿望，但还有相当数量的老年人由于种种原因而没有登记结婚，而是选择了同居、“走婚”等方式来组建新的家庭。这种现象近年来有不断蔓延的趋势，并由此产生了一些新的问题与纠纷，影响了我国的婚姻家庭秩序和社会和谐稳定。如何规制老年人搭伴养老行为，并保障老年人的婚姻家庭权利，值得我们重视和研究。为了说明问题的方便，本书在此将同居、“走婚”等行为一并纳入非婚同居的范畴，将老年人再婚、非婚同居等行为作为搭伴养老的一种类型，统称为搭伴养老。

一、老年人搭伴养老的基本状况与特点

所谓搭伴养老，是指年满 60 周岁的男性老年人和女性老年人以相互照料晚年生活为目的，登记结婚或未经结婚登记而同居生活的一种生活方式。再婚、非婚同居是目前老年人实现搭伴养老的主要形式。近年来，由于老年人再婚在

某些家庭中遇到比较大的阻力，除了少数老年人很幸运地通过婚姻登记实现了再婚外，还有不少老年人采用了一些其他方式来实现搭伴养老，主要包括同居、“走婚”等非婚同居形式。在个别极端的案例中，甚至出现了骗婚等违法情形。对此，亟待从法律和司法保障层面加以调整与规制。

（一）我国老年人口及其婚姻状况概览

从人口年龄结构来看，我国于1999年就已经步入老年型国家行列。正如本章第一节所述，我国60周岁及以上人口24949万人，占总人口的17.9%；65周岁及以上人口16658万人，占总人口的11.9%。人口自然增长率为3.81‰。[1] 预计今后每年还将新增800万老年人，到2050年时将达到4.3亿人。届时，我国平均每3人中就有一位老年人。[2]

从婚姻状况来看，有配偶率低和丧偶率高是目前我国老年人婚姻状况的主要特点。第六次全国人口普查数据显示，我国65周岁及以上老年人口的婚姻状况为，男性丧偶老年人占21.1%，女性丧偶老年人占46.7%，丧偶老年人约占老年人总体的27%。[3] 据统计，我国近一半的老年人家庭为城乡空巢家庭或类空巢家庭，到2030年，我国老年人口将接近3亿人，而空巢老年人家庭占比或将达到90%，即接近2.7亿老年人将成为空巢老年人。[4] 另据中国社会科学院的一项调查显示，我国80%的丧偶老年人有再婚的意愿，但真正付诸行

1　佚名：《权威发布：2018年末我国60岁以上老年人口24949万人，占总人口的17.9%，老龄化加深！》，https://www.lrtxw.cn/PageDetail.html?ID=577，访问日期：2019年1月22日。

2　佚名：《中国老龄化加快：15%国民是60岁以上老人》，http://www.chinairn.com/news/20140220/164816495.html，访问日期：2014年2月20日。

3　转引自任丽丽：《如何破解老年人再婚难》，载陈洪忠、王冬梅主编：《全国老龄法律论坛（2016年卷）》，法律出版社2017年版，第291页。

4　转引自任丽丽：《如何破解老年人再婚难》，载陈洪忠、王冬梅主编：《全国老龄法律论坛（2016年卷）》，法律出版社2017年版，第291页。

动而登记结婚的不到一成。[1]事实上，我国有不少老年人选择了非婚同居的方式来实现其养老的目的。“银发浪潮”所衍生的婚姻家庭领域的老龄问题已成为国家必须高度重视的民生问题。

（二）我国老年人搭伴养老的主要模式与特点

随着时代的变迁和城镇化、都市化的快速发展，近年来，子女结婚后与父母共同居住在一起的越来越少，小家庭（核心家庭）日趋增多，与此同时，空巢家庭也越来越多。如前所述，目前我国老年人丧偶后通过登记而再婚的不到一成。随着老龄社会的到来，不少老年人已经不再把再婚仅仅作为解决其晚年精神寄托和生理需要的途径，更为重要的是，他们将其作为一种新型的养老方式来对待。

这反映了新时期我国养老方面的国情民意，是应该得到支持和保护的。问题在于，由于种种原因，许多有再婚意愿的老年人无法通过正常的法律程序实现其再婚愿望。有不少老年人迫于子女反对、自身顾虑（如离异者担心再婚后可能会产生财产纠葛等）和社会舆论压力等原因，并没有进行婚姻登记，而是以各种其他形式组建了新的“家庭”，如同居、“走婚”等，以实现互相陪伴和照顾。当然，也有一些老年人主观上根本就不愿接受婚姻关系的约束，即不愿意登记结婚，进而选择非婚同居等方式。不管出于何种动机，采取何种形式，只要没有履行婚姻登记手续，从法律层面来说，这些形式只能说是同居关系，而并非法律意义上的婚姻关系。

从总体上看，目前老年人搭伴养老主要有以下几种模式。一是登记式。即无配偶的老年人经依法登记结婚而缔结婚姻关系。这种婚姻关系是符合法律要求的，受到我国法律的认可与保护。二是同居式。即无配偶的老年人未经登记

1　转引自任丽丽：《如何破解老年人再婚难》，载陈洪忠、王冬梅：《全国老龄法律论坛（2016年卷）》，法律出版社2017年版，第291页。

结婚即以夫妻名义共同生活。这种同居关系是公开的，同居双方对于财产、养老、医疗护理等问题均做出了约定，并以事实上的婚姻关系而存在，老年人的子女和周围邻居甚至社区对此都是知晓的。这是狭义的搭伴养老，实际上是一种“不婚而伴”“不婚而居”的养老方式。三是“走婚”式。也称为“试婚”，即无配偶的老年人既未依法登记结婚，也未共同居住，而是采用阶段性、短时间共同秘密生活的两性关系。这种两性关系，一般只有当事人自己知道。这种模式具有不稳定性，经过若干时间后，当事人有的相互认可并登记结婚或公开同居，有的则因“感情不和”而分道扬镳。如前所述，同居式搭伴养老和“走婚”式搭伴养老同属于非婚同居式搭伴养老。

上述三种模式中，第一种模式是合法有效的。后两种模式尽管事出有因，且得到不少老年人的认同,但由于我国法律规定的缺位和双方关系的不稳定性，必然会给当事老年人带来各种现实和潜在的隐患和问题，同时也对我国婚姻家庭制度带来了某种程度的冲击和不良影响。

与年轻人的结婚行为相比，我国老年人搭伴养老呈现出以下几个方面的特点：

第一，搭伴关系速成化。由于年事已高和养老需求的迫切性，许多老年人是通过熟人、婚姻介绍所介绍，甚至是报刊或网络上的征婚广告等途径接触认识的，相识时间短，婚前或者同居前缺乏深入了解，部分老年人婚后或者同居后感情平平，进而影响双方关系的稳定性。

第二，搭伴目的特定化。由于年老且孤身一人，无论有无结婚意愿，部分老年人搭伴的目的主要并不在于对爱情的追求以及生育子女，而是侧重于寻找生活伴侣以相互扶持，共度余生。双方对外以夫妻或者伴侣相称，其中更多的是体现了老人们对于安度晚年的一种精神慰藉、情感寄托和生存需求。

第三,搭伴模式多元化。由于搭伴目的、搭伴条件、搭伴障碍等方面的原因，目前老年人搭伴养老形式呈多元化态势。除因登记结婚而实现再婚者外，还有同居、“走婚”等形式，且社会大众对其的认可度往往较高。除了个别子女为了个人利益或者父母子女感情等因素对其加以阻扰外，基本无人过问也无人制止这些行为。因此从某种意义上说，这种搭伴养老现象目前在我国处于放任自流、自生自灭的状态。

第四，搭伴生活动态化。一些搭伴养老的老年人，特别是同居式、走婚式搭伴养老的老年人，由于没有履行婚姻登记手续，其婚姻关系相对比较松散。不少人并不是固定居住在“新家”，而是经常在自己家里或搭伴养老的“老伴”家里轮流居住。

第五，搭伴关系波动化。由于搭伴养老的老年人大多年事已高，且其性格脾气、生活习惯、消费观念、价值取向等相对固定，磨合和融合的难度较大，容易为生活琐事发生新的矛盾，因此，部分老年人的同居周期相对较为短暂，风险较高。换言之，老年人再婚后又离婚，或者同居后又分手的比率较高。

此外，还有一些老年人的搭伴养老存在动机功利化倾向，即双方存在着类似于优势互补的心态。在某些搭伴养老的案例中，一方经济实力强，需要找一个“生活保姆”照顾自己，而另一方经济收入低，养老资金来源相对较少，需要经济保障，双方遂“各取所长”，结合在一起。例如，有学者通过研究发现，在人民法院审理的再婚老年夫妻离婚案件中，绝大多数都涉及房产分割问题。[1]

二、老年人搭伴养老存在的主要问题与负面影响

如前所述，登记式搭伴养老相对稳定，如发生纠纷，可依据现行法律和司法解释进行处理；而非婚同居式搭伴养老风险相对较高，因此，本书

1　严雪梅、秦波：《老年人再婚现状分析与法律保障机制研究——以成都市为例》，载《广西政法管理干部学院学报》2012 年第 2 期，第 74 页。

侧重对后者进行分析。目前，在单身老年群体中，除了那些由于怀念亡偶、放不下过去、因婚姻遭遇过挫折或者因病因残而失去搭伴养老条件者外，多数离异或者丧偶老年人都有再婚或与他人同居养老的意愿。特别是不与子女共同生活而一人单独居住的老年人再婚或与他人同居的比率最高。之所以老年人搭伴养老出现如上文所言之多元模式以及诸多特点，其原因比较复杂，其中有来自老年人自身的原因，也有来自老年人子女和社会环境等方面的原因。第一，再婚老年人思想上有顾虑，其中最大的顾虑是担心子女反对从而引起家庭矛盾。这是老年人再婚最大的阻力和障碍。第二，由于担心再婚后万一因夫妻感情不和而导致离婚时，在财产归属上出现纠纷时对自己不利，因此，为了规避再婚后必然出现的赡养、财产分割等问题，一些老年人采取同居、“走婚”等方式实现搭伴养老。第三，有的老年人受到旧的思想观念的影响，担心再婚不为社会所认可或者会招来他人闲言碎语，或是担心对不起前任，或是担心丢子女的“面子”等。事实上，一些子女之所以反对父母再婚，主要有情感、观念和经济利益等方面的原因。在情感方面，一些子女怀念已经去世的父亲或者母亲，对继父或者继母的出现难以接受；同时，子女对赡养自己的父亲或者母亲一般没有问题，但对于未来是否能够自觉赡养继父或者继母则在很大程度上是个未知数，其中有的子女明确表示不愿意对继父或继母承担赡养义务。第四，老年人搭伴养老还面临着来自外界的障碍。例如，左邻右舍、亲朋好友以及社会舆论的非议或责难等，有时也会给老年人再婚带来不小的压力。在实践中，子女的态度对老年人再婚影响最大。在观念方面，有些子女对老人的需求不能理解，认为老人再婚，别人会有所议论，并认为这是由于自己没有照顾好老人所致，是一件很丢“面子”的事情。在财产方面，很多子女担心父母再婚后其财产流入“外人”手里，从而影响到自己将来的遗产继承权。特别是农村老年人由于再婚后通常会涉及赡养及财产分割问题，所以大多数时候其子女都会出面反对。现实生活中，有的子女是在父亲或者母亲出让住房、分配财产或者与其分开居住后才同意父母再婚的。有的还明确约定,不与继父或者继母形成抚养教育关系,将来不赡养继父或继母,等等。正是由于以上所述诸种原因，不少老年人为逃避各种问题而不得不选择同居、“走婚”等非婚同居形式。客观上说,非婚同居形式可以避免将来产生财产分割、遗产继承等财产纠纷和赡养问题；同时，由于这种模式下的“夫妻”关系比较松散，合则聚，不合则散，可以省去许多麻烦。从某种意义上说，这也是非婚同居的“优势”。正是因为如此，在选择非婚同居的老年群体中，许多人都没有结婚的意思表示，他们并不想成为法律意义上的夫妻，当然也并不想建立起法律意义上的夫妻人身关系和财产关系，而只是为了搭伴养老。因此，即便将来发生纠纷，这种松散的搭伴养老模式也可让他们避免面临离婚和共同财产分割等问题。因此,这种松散的搭伴养老模式在现实生活中受到不少老年人的追捧。

综上可知，目前我国老年人的非婚同居式搭伴养老行为存在着不少问题，其行为模式的潜在弊端也是非常明显的。这主要体现在以下几个方面。

第一，缺乏法律保障。当事人“结婚”不登记，其身份关系就不为国家法律所承认。

第二，存在潜在的风险。非婚同居双方的主要目的在很大程度上已不再是追求爱情，而只是为了“老来有伴”“相互照应”。实践中反映出这种搭伴养老模式下的“夫妻”关系既松散又不合法，随时有解体的可能。与此相对应，双方的人身和财产权益也就无法得到法律的保障，一旦双方关系发生变化或者发生纠纷，其中弱者一方往往难以获得法律救济，其权益容易受到损害，从而影响其晚年幸福生活。例如,当一方去世时,同居另一方就无法以配偶的身份（第一顺序继承人）继承死者的遗产。

第三，冲击婚姻习俗与社会规范。老年人作为长者，其行为举止对晚辈具有示范和引领作用，而老年人的非婚同居虽然事出有因，且是为了追求个人权利与幸福，但不符合目前主流的婚姻习俗和社会规范，容易产生不良的示范效应，也会影响家庭功能的发挥。此外，这种非婚同居式搭伴养老模式下，双方一旦发生纠纷，当事人往往会采取私下解决的方式处理问题，容易留下各种问题隐患，从而影响社会和谐稳定。

三、现行法律对老年人再婚的保护与不足

（一）我国法律对老年人婚姻自由权的保护规定

我国《老年人权益保障法》第 21 条规定："老年人的婚姻自由受法律保护。子女或者其他亲属不得干涉老年人离婚、再婚及婚后的生活。赡养人的赡养义务不因老年人的婚姻关系变化而消除。"第 22 条第 1 款规定："老年人对个人的财产，依法享有占有、使用、收益和处分的权利，子女或者其他亲属不得干涉，不得以窃取、骗取、强行索取等方式侵犯老年人的财产权益。"我国《婚姻法》第 30 条规定："子女应当尊重父母的婚姻权利，不得干涉父母的再婚以及婚后的生活。子女对父母的赡养义务，不因父母的婚姻关系变化而终止。"同时，我国《婚姻法》第 17 条、第 18 条和第 19 条分别就夫妻共同财产、夫妻一方的财产和夫妻约定财产制等问题做出了原则性的规定。根据上述规定，我们可以看到：第一，离婚或者丧偶的老年人享有再婚的权利，并受我国法律的保护；第二，经过婚姻登记的再婚当事人的人身关系和财产关系均依法受我国《婚姻法》等相关法律的保护，除当事人有明确约定的以外，均实行法定的婚后夫妻共同财产制度。但《婚姻法》规定的这种以共同财产制为主体的婚姻财产制度，并没有考虑到老年人再婚财产关系的特殊性与复杂性，从而不能完全适应老年人再婚关系的需要。一方面，该制度的适用在实践中产生了一系列的问题。首先，在这种财产制度下，子女比较关注自己父母的财产保护问题。不少子女担心自

己的父母因再婚而受骗上当或者吃亏，从而导致财产外流。因此，一些子女在父或母与同居或者“走婚”伴侣结婚登记前，将父母的房子过户到自己名下（虽然很多时候其父母仍然居住在该房子中），甚至要求父母立遗嘱将其财产指定给自己继承，有的还办理了财产继承的公证手续。其中有的甚至是子女采用欺骗手段，违背了父母的意志而进行的。从表面上看，这些行为是“保护”了父母的财产权益，实际上却是对父母财产权益的侵犯，并在客观上剥夺了父母再婚配偶的继承权，给再婚夫妻未来的生活埋下了不和谐的“定时炸弹”。其次，现实生活中也确实有一些老年人因再婚而受骗上当，最后导致不得不离婚而人财两空。这种情况往往发生在那些拥有不动产和退休金比较高的男性老年人身上。因此，对再婚夫妻统一适用目前的共同财产制是否合理值得研究。从目前的实际情况来看，它或多或少不利于维护老年人再婚关系的稳定性。老年人再婚受到子女或者其他人干涉时究竟应当如何处理和救济？再婚夫妻财产归属的特殊性应当如何在法律上体现，以解除他们的后顾之忧？对于这些问题，目前我国在立法上均尚不明确，老人们因此心里也不踏实。另外，在老年人的搭伴养老行为实践中，如果违反了现行法律规定应当如何处理？谁来负责处理？等等，这些都需要在法律上进一步明确。这些问题的存在，均反映出目前我国法律对老年人再婚的保护还存在一些问题与不足，这也在客观上使得一些老年人为了规避问题而在法律之外寻求解决对策，从而破坏了法律的权威性、严肃性与公平性。

（二）司法解释对具有搭伴养老性质的非婚同居的有关规定

目前我国唯一的一部专门调整同居伴侣（两性）关系的规范性文件是1989年11月21日颁布的《最高人民法院关于人民法院审理未办结婚登记而以夫妻名义同居生活案件的若干意见》（法（民）发〔1989〕38号）（以下简称“1989年《最高法院意见》”）。其中将非婚同居界定在以夫妻名义共同生活的男女之间，不以夫妻名义共同生活的男女及同性伴侣则被排除在非婚同居范围之外，而且，非婚同居被认定为“非法”。同时，根据2001年12月24日颁布的《婚姻法司法解释（一）》第5条第2款的规定，未办理结婚登记而以夫妻名义同居生活者，在1994年2月1日民政部《婚姻登记管理条例》施行前，男女双方均符合结婚实质要件者，可按照事实婚姻处理；在1994年2月1日之后，无论当事人是否以夫妻名义同居生活，也无论双方是否符合结婚实质要件，均按同居关系对待。该司法解释已删除了“1989年《最高法院意见》”规定的“非法”二字。[1] 值得注意的是，根据《婚姻法司法解释（一）》和《婚姻法司法解释（二）》第1条的规定，[2] 非法同居当事人之间的人身关系并不受法律的调整，无论同居关系的建立与解除，均由当事人自己自主决定。即便发生纠纷当事人起诉请求解除同居关系的，人民法院一律不予受理；而非婚同居当事人之间的财产关系，即当事人因同居期间发生的子女抚养、财产分割问题而提起诉讼的，则人民法院应当受理，并按照我国《婚姻法》和“1989年《最高法院意见》”的有关规定处理。从上述司法解释的规定我们可以看出，目前我国的规范性法律文件对同居关系的认识和评价已经发生了微妙的变化，即不再一概地将其认定为“非法”。这表明，我国司法解释对该现象的态度发生了转变。同时，《婚姻法司法解释（二）》的规定，彻底改变了“1989年《最高法院意见》”第7条关于一方要求“解除同居关系，经查确属非法同居关系的，应一律判决予以解除”的做法。这进一步体现了我国目前对非婚同居现象既不鼓励也不干

1　陈苇、石雷：《老年人搭伴养老的法律应对和我国非婚同居制度之重构》，载陈洪忠、王冬梅主编：《全国老龄法律论坛（2016年卷）》，法律出版社2017年版，第17页。

2　最高人民法院《关于适用〈中华人民共和国婚姻法〉若干问题的解释（二）》第1条规定：“当事人起诉请求解除同居关系的，人民法院不予受理。但当事人请求解除的同居关系，属于婚姻法第三条、第三十二条、第四十六条规定的‘有配偶者与他人同居’的，人民法院应当受理并依法予以解除。”“当事人因同居期间财产分割或者子女抚养纠纷提起诉讼的，人民法院应当受理。”

预的司法立场。目前，我国《民法分则》“婚姻家庭编”的制定工作正在进行中，在立法上是否应当对于那些选择同居的当事人提供相应的保护，如何在婚姻秩序、公平与个人自由这三个价值取向上进行平衡，这些都是立法和学术界需要共同关注的问题。

四、我国老年人搭伴养老现象法律规制的具体对策

我国法律历来以结婚登记作为规范男女两性结婚行为的必备要件，履行了结婚登记手续的再婚老年人，其婚姻关系受我国法律的保护，这是没有问题的。但是，如果老年人没有办理结婚登记就同居在一起，其人身关系既不稳定，也难以得到法律的保护，双方一旦发生财产纠纷，可能会“两败俱伤”，特别是对于相对弱势一方更为不利。在法治日益昌明的当今社会，我们对于近年来愈加多发的同居现象不能视而不见，放任自流，而应当高度重视，分类对待。对于有结婚意愿的老年人和没有结婚要求、只有非婚同居式搭伴养老意愿的老年人，在法律上应当有所区别，通过不同的法律规范予以规制。

（一）提高认识，优化社会舆论环境

众所周知，婚姻自由权是每个公民都应享有的基本权利，干涉老年人再婚就是干涉其婚姻自由权，是法律所不允许的，这是我国《婚姻法》和《老年人权益保障法》所明确规定的。无论结婚、离婚或者再婚，只要符合法律规定，都受到国家法律的保护。对于老年人来说，他们中的绝大多数都是希望通过再婚，找到一个合适的人，以便在日常生活中相互照料，在自己遭遇病痛时，能够有人陪伴护理，在自己内心感到孤独寂寞时，能够有人陪伴化解。这种要求完全合理合法。作为老年人，要珍惜自己所享有的婚姻自由权，树立正确务实的婚恋观，选择配偶时应当尽量考虑年龄、脾气、性格、生活习惯和信仰等方面的匹配与融合度，力戒急于求成和脱离实

际，以避免晚年婚姻“短、平、快”的不良后果；同时，尽量在婚前妥善处理好自己的财产处置和子女抚养、老人赡养等问题。从社会环境角度来说，要创造一个宽松友爱的社会舆论环境与氛围，呼吁全社会关爱老年人，支持老年人行使再婚权利，并将其作为尊老爱老敬老的重要内容，而不能对其采取歧视或者另眼相看的态度。对于没有再婚愿望而选择同居的老年人，也不能强求其登记结婚，而应该对其给予理解、尊重和包容。作为子女，更应当站在老人的角度，从老人和自己履行义务的实际出发，多为老人着想。至于老年人的财产问题，为了避免今后产生纠纷，完全可以根据我国相关法律规定，通过签订协议、订立遗嘱、办理公证和办理登记等途径妥善解决好。我国完备的物权法、合同法和婚姻家庭法律制度，可以在很大程度上解除老年人与子女的担忧与顾虑，我国完善的法律服务机构和数量众多的专业法律服务人员，也可以为避免纠纷与风险的产生提供高效优质的服务。

（二）加强立法，提高法律保障水平

1. 修改《中华人民共和国婚姻法》。建议以我国《民法总则》的颁布和《民法分则》“婚姻家庭编”的制定为历史契机，进一步完善我国《婚姻法》中的夫妻财产制度。对于再婚夫妻，应当规定实行法定分别财产制。目前，按我国《继承法》的规定，配偶、子女和父母均为第一顺序法定继承人。在现实生活中，有的老年人积累财富的能力比较强，但也出现了老年人财产越多，子女干涉强度越大，再婚难度越大，婚姻关系存续时间越短的现象。因此，如何解决好老年人的财产归属问题，是提高老年人婚姻家庭权利法律保障水平的关键。分别财产制是提高再婚老年人财产权法律保障的有效路径。所谓分别财产制，是指夫妻婚前与婚后所得财产分别归夫妻各自所有，并独立享有各自财产的占有、使用、收益和处分权的一种夫妻财产制度。在这种财产制度下，夫妻各自行使自己的财产所有权，不受对方的干涉。夫妻各自的财产，归其各自的子女和其他继承人继承。当然，夫妻一方也可以通过签订协议的形式，将自己部分财产的管理权交由另一方或者双方共同行使。双方还可以通过协商，共同建立一个家庭生活联名共有账户，夫妻双方定期将每月维持基本生活水准的必要费用存入该账户，作为婚后共同生活的费用。对于该费用，再婚夫妻均享有继承权。此外，对于各自的房产、医疗费、子女给付的赡养费等财产，均作为各自的分别财产部分。分别财产制对于再婚夫妻而言具有特殊的法律意义。它不仅可以确保再婚老年夫妻独立行使自己的财产权，而且可以减少再婚阻力，避免日后产生家庭矛盾，有利于稳定再婚关系，提高当事人的生活质量。

2. 制定《老年人婚姻登记条例》。建议民政部适时制定出台《老年人婚姻登记条例》，为老年人再婚登记提供制度保障。应规定老年人再婚前必须对财产归属与管理、再婚后与子女的关系、赡养、事实扶养和生病时的护理照料等问题进行约定，也可以办理公证，并将其作为老年人登记再婚的必备条件。

3. 单独制定《老年人同居关系法》。从实践来看，非婚同居作为搭伴养老的一种形式，之所以受到众多老年人的推崇，其主要原因在于，它既可以避免老年人再婚后离婚的麻烦，也可以解决共同生活中所产生的财产归属与分配上的许多矛盾，具有正式婚姻所不具有的优势。在实践操作中，一些有再婚目的的单身老年人将其作为试婚途径，以决定最终登记再婚与否。这也说明，我国现有的单一完全婚姻形式无法满足老年人的多元化养老需求。因此，老年人非婚同居现象事出有因，需要全社会对其给予更多的理解与宽容。尤其是需要在国家立法层面充分尊重老年人对生活方式的选择，对再婚之外的其他搭伴养老行为从法律上予以调整与规范。由于我国法律并没有明确禁止单身男女同居，因此，正如一些学者所言，可以通过立法程序，设计婚姻和同居两种制度，规定不同的制度内容，并对选择婚姻或者同居的当事人予以不同程度的法律保护。[1]本书也赞成这一观点。在立法体例上，立法机关应当在我国《婚姻法》之外单独为非婚同居等搭伴养老行为进行专门立法，将婚姻关系与同居关系分别纳入不同的法律中予以调整与规范。具体而言，就是对于那些符合结婚的实质要件但没有结婚意愿而只有非婚同居式搭伴养老意愿的老年人，可以通过单独立法的方式，制定《老年人同居关系法》或者《老年人同居关系条例》，就老年人同居关系所产生的财产关系进行规范与调整；也可以制定《中华人民共和国同居伴侣法》，将老年人同居关系作为其中一种类型加以调整和规范。

关于立法具体事项，可以从以下几个方面加以界定。

第一，在立法名称方面，可以确定为《中华人民共和国老年人同居关系法》或者《老年人同居关系条例》，也可以制定《中华人民共和国同居伴侣法》，将老年人同居关系作为其中一种类型加以调整和规范。

第二，在立法模式上，可以参照法国等国家采用的登记同居与事实同居二元制模式，实行区别于婚姻的事实同居制为主，兼采区别于婚姻的登记同居制为补充的二元制，并分别赋予其不同的法律效力。

第三，在立法框架方面，可以参照我国《婚姻法》的内容架构，规定同居关系的建立、同居关系当事人在人身关系与财产关系方面的权利与义务、同居期间的亲子关系、同居关系的解除及其相应后果承担等部分。

第四，在立法内容方面，重点应规定以下内容：

首先，对于登记同居的非婚同居关系，当事人应当签订同居协议，并经婚姻登记机关登记。法律应当尊重和承认同居协议的效力（意思表示有瑕疵或者涉及他人利益、社会公益和违反公序良俗的同居协议的除外）。[2]对于未涉及他

1　陈苇、石雷：《老年人搭伴养老的法律应对和我国非婚同居制度之重构》，载陈洪忠、王冬梅：《全国老龄法律论坛（2016年卷）》，法律出版社2017年版，第17页。

2　何丽新：《论事实婚姻与非婚同居的二元化规制》，载《比较法研究》2009年第2期，第68页。

人利益、社会公益和违反公序良俗的同居协议，法律应予以充分尊重。在人身关系方面，当事人须同居生活在一起，这应作为登记同居关系成立的实质要件。同居关系的当事人不得与第三人再行签订同居协议或者事实同居。在财产关系方面，应实行分别财产制为主、共同财产制为辅的财产制度，明确规定同居双方当事人在同居协议中可以就同居财产进行约定，并按照协议内容执行（同居协议约定无效的除外）。至于财产制度的选择，可以由当事人自行决定，但根据同居老年人的实际情况，应以分别财产制为首选。如果同居双方当事人未在同居协议中就财产问题做出约定，或者约定不明确、约定违法的，则实行分别财产制，双方同居前各自的财产和同居期间所得的财产归各自所有，但双方共同劳动或者共同出资、共同经营所获得的财产或者收入，应认定为双方共有财产。同居双方互负有限的扶养义务，该义务以双方生育或者收养子女或者双方共同生活若干年（如 3 年以上）为成立条件。如果不符合这一条件，一方在同居期间出现生病或生活困难情形时，有扶养能力的另一方应当对其给予生活上的照料或者经济上的帮助。如果同居期间一方死亡的，另一方可以第一顺序继承人的身份继承对方的遗产。从总体上说，对于登记同居的非婚同居关系，当事人享有某些类似婚姻配偶的权利，[1] 从法律上应当对其给予弱于婚姻关系的保护。

其次，对于事实同居的非婚同居关系，由于同居关系当事人间不存在法律认可的身份，法律只能提供弱于登记同居类型的保护。具体而言，对于事实同居，在法律上应当设置认定的条件。凡是符合结婚法定条件的男女双方当事人自愿持续共同生活达 3 年以上或者同居未满 3 年但已生育子女者，可以认定为事实

1 陈苇、石雷：《老年人搭伴养老的法律应对和我国非婚同居制度之重构》，载陈洪忠、王冬梅：《全国老龄法律论坛（2016 年卷）》，法律出版社 2017 年版，第 25 页。

同居。[1]在法律保护层面，应当给予弱于登记同居制的保护。在财产关系方面，事实同居的双方以分别财产制为其法定财产制，事实同居当事人互不承担扶养义务，互不享有财产继承权。但事实同居关系的当事人可以依据我国《继承法》第 14 条和第 16 条第 3 款的规定，分别享有酌分遗产请求权和受遗赠权。特别需要强调的是，考虑到女方的弱势地位，在立法导向上应当坚持对弱者有所倾斜的原则，注意从财产方面对女方予以保护和补偿。最后，非婚同居关系的解除。建议未来立法规定：对于登记同居的非婚同居关系，可以依双方的合意或单方的请求而解除。即当事人双方自愿解除该同居协议的，应当共同到婚姻登记机关办理解除登记手续；如果一方要求解除且未达成解除合意的，当事人可以向人民法院起诉要求解除。对于事实同居的非婚同居关系，则可因双方合意或一方要求而解除，而无须办理登记或者通过诉讼程序解除。

（三）抓住关键，预防财产纠纷产生

一般而言，搭伴养老的老年人双方均有子女，双方再婚后，在继承法意义上就互为配偶，且为第一顺序继承人，子女往往担心自己的父亲或者母亲死亡后，继父或者继母与自己共同分割遗产，这是问题的关键。为了保障老年人的婚姻自由权，最佳办法是在老年人与他人再婚前办理财产公证，使其婚前财产与再婚后的财产区分开来，避免日后产生纠纷。此外，也可以通过律师见证等形式进行。

（四）优化服务，落实具体保障措施

一是成立专门的老年法律援助中心、老年律师事务所或者老年律师服务内设机构等，开设老年法律服务热线或者微信公众号，为老年人再婚提供一些特殊细致的法律服务。例如：通过专业律师的指导，促

1 陈苇、石雷：《老年人搭伴养老的法律应对和我国非婚同居制度之重构》，载陈洪忠、王冬梅：《全国老龄法律论坛（2016 年卷）》，法律出版社 2017 年版，第 26 页。

成当事人对于老年人再婚或同居后的子女关系及其抚养教育、子女对老人的赡养、双方的养老或者事实扶养及其相关费用的承担、生病或失能后的护理及其相关费用的承担、后事处理、遗产继承等问题进行协商约定，由律师起草婚前协议书或者同居协议书，并由双方签订该协议书；也可以办理公证手续，实现老年人再婚后亲子关系、财产所有权与继承权的“三不变”，以消除双方当事人的后顾之忧，最大限度地避免日后可能出现的风险与纠纷。二是发挥公证处的作用。对于遗嘱公证、再婚协议书公证等涉老公证事务，应开辟绿色通道，优先办理，或者预约上门办理。三是发挥村（居）民委员会、街道（乡镇）司法所、人民调解委员会的作用，对因老年人再婚而引起家庭矛盾的，及时对其进行教育、引导与调解，帮助老年人排除再婚阻力。

（五）发挥职能，强化司法维权作用

一是由司法部门制定出台有关老年人再婚公证方面的指导性文件，规定夫妻一方或者双方为年满 60 周岁的老年人再婚时，公证处可以指导双方就各自的婚前财产进行公证，并对婚后共同生活中的具体事项进行婚前约定，在自愿的基础上办理公证手续。二是人民法院和有关法律服务机构在处理因老年人再婚而引发的家庭纠纷时，应当依据我国《婚姻法》的有关规定进行引导教育。我国《婚姻法》第 30 条规定，子女应当尊重父母的婚姻权利，不得干涉父母再婚以及婚后的生活。子女对父母的赡养义务，不因父母的婚姻关系变化而终止。这一规定不仅明确了子女在自己的父母再婚后仍然应承担赡养义务，禁止子女以停止履行赡养义务来要挟父母再婚的错误做法，而且还为老年人理直气壮地行使自己的婚姻自由权提供了法律保障。必要时，可以要求老年人的子女签订赡养协议书，明确规定子女对老人应尽的各项义务，促使子女履行赡养义务，确保老人能够安享晚年。三是加强对干涉老年人再婚行为的法律约束。

通过典型案例进行宣传教育，以案释法。如此一方面增强老年人自身的法律意识，使其懂得利用法律武器维护自身权利；另一方面，使干涉老年人再婚的行为人认识到自己行为的违法性，从而及时纠正违法行为。对于一意孤行，甚至暴力干涉老年人再婚的严重违法行为，公安机关和人民法院应当通过法律程序及时处理。对于违反治安管理行为者，应依法给予相应的治安管理处罚；对于情节严重，构成犯罪的，应依法追究犯罪嫌疑人的刑事责任。总之，各部门应发挥职能，强化司法维权作用，从不同的方面切实保障老年人的婚姻自由权和其他相关权益。

第八章　财产继承疑难问题研究

第一节　网络虚拟财产继承的特殊性研究

互联网的飞速发展，催生了网络虚拟财产的概念。近年来，许多人在这一虚拟空间中累积了越来越多具有一定财产价值的网络虚拟财产。相对于房屋、银行存款等传统现实财产而言，网络虚拟财产是一种新型的财产形式，并日益受到人们的关注，伴随而来的网络虚拟财产纠纷也越来越多，其中包括网络虚拟财产继承纠纷。面对不断出现的网络商店、网络账号和网络游戏币继承等新类型财产继承纠纷，我国法律规制滞后的问题日显突出。就财产继承而言，我国法律上目前还没有对网络虚拟财产继承问题进行调整与规制的具体条款，加快立法步伐势在必行。同时，由于物的属性不同，网络虚拟财产继承与传统现实财产继承也具有明显区别，在未来的立法中必须注意网络虚拟财产继承的特殊性，在法律规制上将其与传统现实财产继承加以区别，并通过立法作出专门规定，以维护用户（即被继承人）、用户继承人、网络服务提供商的合法权益。

一、网络虚拟财产的范围与特征

（一）网络虚拟财产的涵义与范围

网络虚拟财产是相对于传统民法上的“财产”而言的新概念，也有学者将其称之为数字财产、信息财产。[1] 目前我国学术界对网络虚拟财产的概念尚未形成统一的认识，一般认为网络虚拟财产是指一切存在于网络虚拟空间的，以数字化、非物化的财产形式表现出来，并能够为权利主体依法支配的专属性财产信息资源。[2] 概括地说，它是保存在服务器上的各种数字信息资源。网络虚拟财产可以分为广义和狭义两种，主要区别在于网络虚拟财产存续的空间与表现形式的不同。广义的网络虚拟财产是指以数据化形式依附于网络空间，能够为人力所支配和使用，并具有财产价值的各种信息资源。[3] 它主要包括：(1)虚拟网络本身；(2)存在于网络空间中的虚拟财产。包括：虚拟物，如虚拟货币、游戏账号的等级、游戏化身、武器（道具）装备等。此类虚拟财产在一定条件下可转换成现实生活中的财产，对于用户（网民）而言，这是其网络虚拟财产的重要组成部分；虚拟无形财产，如域名、电子邮箱和账号、QQ 邮箱和账号、游戏账号、微信账号、电子邮件、聊天记录、个人网上积分、下载权限等；虚拟集合性财产，如网站、网店等。狭义的网络虚拟财产是指网络空间中具备现实交易条件和价值的虚拟物，其源于网络游戏装备、顶级账号等虚拟物品的货币化。例如腾讯网中可以用以支付购买网络游戏人物的衣物、游戏币和办理各种业务的 Q 币等。可见，广义的网络虚拟财产更强调网络虚拟财产的“虚拟”性，财产范围比较广泛。著名民法学者杨立新教授则将虚拟财产分为虚拟不动产网络本身及网站和存在于网络上的虚拟动产两大类。其中，第二大类又可细分为网络游戏中的虚拟财产、虚拟社区中的虚拟财产、其他存在于网络的虚拟财产

---

1 高富平：《信息财产：数字内容产业的法律基础》，法律出版社 2009 年版，第 19 页。

2 马一德：《网络虚拟财产继承问题探析》，载《法商研究》2013 年第 5 期，第 76 页。

3 张冬梅：《论网络虚拟财产继承》，载《福建师范大学学报》（哲学社会科学版）2013 年第 1 期，第 37 页；郭育艳：《网络虚拟财产继承问题研究》，载《河南财经政法大学学报》2014 年第 1 期，第 116 页。

三类。[1] 我们可以预见，随着网络技术的不断更新换代，网络虚拟财产的内涵和外延还将不断有所变化。而对于狭义的网络虚拟财产而言，由于网络用户可以有偿取得，即通过离线交易市场进行交易的方式而取得其可能获得的现实利益，因此，狭义的网络虚拟财产有可能因交易而超脱于网络环境，成为具有交换价值的法律意义上的财物，[2] 即成为可以货币化的财物，能够成为自然人所有权新的客体。其范围目前主要包括游戏账号等级、虚拟货币、虚拟游戏装备（包括武器、装甲、药剂等），未来还有不断扩大的可能。当网络虚拟财产脱离了网络世界之后，仍有其独立存在的价值，这是网络虚拟财产与其他虚拟物品的最大不同。本书认为，法律应当将网络虚拟财产纳入调整范围，在具体规定上应注意此类财产继承的特殊性。本书仅以狭义的网络虚拟财产为研究对象，对网络虚拟财产继承的特殊性问题进行探讨。

（二）网络虚拟财产的特征

网络虚拟财产是一种依托于网络世界的新型的物，“网络”是指网络世界而言；“虚拟”是指此类财产存在于网络空间中，不占据真实的物理空间；“财产”是指网络虚拟财产须具有一般财产的属性和价值性、可支配性和可转让性等。从财产性质上看，网络虚拟财产具有物及其一般商品的属性，因此，它与一般财产一样，也具有价值性（即具备现实交易价值）、可转让性和可继承性等。它同时又是一种无形财产，具有虚拟性。相比较而言，它作为一种新型财产，与传统现实财产具有明显不同的特点，主要体现在：

1. 虚拟性。网络虚拟财产是存在于网络空间中以网络服务器为载体，不占据真实的物理空间的电磁记录。它只能依附于网络空间，人们只有借助于计算

1　杨立新：《民法物格制度研究》，法律出版社 2008 年版，第 269 页。

2　石杰、吴双全：《论网络虚拟财产的法律属性》，载《政法论丛》2005 年第 4 期，第 34 页。

机和互联网时才能感知它的存在。[1]这是虚拟财产与现实财产最大的区别。

2. 技术限制性。网络虚拟财产是存在网络游戏服务器上并通过游戏编程程序呈现的电子数据。[2]其技术限制性主要体现在：第一，网络虚拟财产具有一定的攻击力、防御力和可购买性，这些功能都是在开发网络游戏时一并设计好的，并固定成某种具体的电子数据，玩家在使用游戏时已无法通过技术手段对网络虚拟财产所具备的这些能力加以改变。[3]第二，网络游戏开发商设计开发的网络虚拟财产品种繁多，数量庞大，但网络虚拟财产的能力是具有不同等级的，等级越高则能力越强，数量也越少。因此，网络虚拟财产具有一定的技术限制性，这一特征也同时造就了其具有稀缺性的特征。

3. 稀缺性。首先，网络游戏中的所有 ID、装备等都是独一无二的，即使是表面上看似完全相同的"宝物"或装备，其源代码也不一样，且无法被再造。[4]其次，网络虚拟财产是开发商研发设计并存储于网络游戏服务器中的电子数据，它并非人人皆可得到，只有当玩家在完成了特定的游戏行为，或者达到一定级别时才有可能获得。同时，由于技术的限制，它也不可能被轻易研发或者随意复制。玩家要想获得这些虚拟财产，只能支付现实货币来购买点卡等。[5]再次，网络虚拟财产的稀缺性不仅仅只是其自身资源的稀缺性，还包括法律的保护。[6]法律不允许权利人以外的主体无限制地复制网络虚拟财产，因此，法律的保护

1 吕照军：《网络虚拟财产的民法保护》，http://www.rmfz.org.cn/guandian/lilun/2014-08-26/279.html，访问日期：2014 年 9 月 3 日。

2 石杰、吴双全：《论网络虚拟财产的法律属性》，载《政法论丛》2005 年第 4 期，第 35 页。

3 石杰、吴双全：《论网络虚拟财产的法律属性》，载《政法论丛》2005 年第 4 期，第 35 页。

4 石杰、吴双全：《论网络虚拟财产的法律属性》，载《政法论丛》2005 年第 4 期，第 35 页。

5 吕照军：《网络虚拟财产的民法保护》，http://www.rmfz.org.cn/guandian/lilun/2014-08-26/279.html，访问日期：2014 年 9 月 3 日。

6 李磊：《试论网络虚拟财产的范围与价值评估》，载《河南省政法管理干部学院学报》2008 年第 3 期，第 172 页。

是网络虚拟财产具有稀缺性特征的根源。

4. 客观非物质性。由于网络虚拟财产不具有直观或有形的外在表现形式，人们在现实生活中很难将其加以物化，即人们无法通过眼睛察看或者双手触摸来感受它的存在，因此，它是无形的。同时，在生活中，网络虚拟财产与通常所说的物化财产一样，具有可供网络用户或网络服务提供商进行使用与交易的价值，其已成为具有现实价值和价格的商品，可见，它所承载的可供网络用户进行交换和使用的价值是客观存在的，而非交易双方的主观臆想。

5. 可再现性。相对于有形财产而言，网络虚拟财产是以数字化的电子数据形态存储于网络空间里的。有形财产一旦消耗完毕或者损毁、灭失，其财产价值就必然消减甚至丧失，一般也不可能重现。而网络虚拟财产的数据如果丢失，人们还可以运用科学技术手段恢复之，使该网络虚拟财产得以再现。

6. 时限性。网络服务提供商推销的网络游戏服务往往会根据市场变化、玩家需求和经营成本等而有所变化，因此，其游戏运营一般是有期限的。由于网络虚拟财产只存在于游戏运营阶段（即游戏运营时间），当游戏运营商停滞运营网络游戏时，玩家也就无法继续使用该游戏了。换句话说，游戏停止运营之即，也是虚拟财产消失之时。因此，网络虚拟财产是具有时限性的。

二、网络虚拟财产的可继承性

根据我国《继承法》的规定，遗产是指被继承人死亡时所遗留的个人合法财产。目前我国《继承法》第 3 条规定的遗产范围中并没有明确是否包括网络虚拟财产，这是因为我国《继承法》颁布并实施于 20 世纪 80 年代，那时我国还没有互联网，自不存在网络虚拟财产之说。从理论上看，网络虚拟财产的可继承性之证成取决于网络虚拟财产是否具有财产权属性这一前提。从司法实践上看，目前由于人们对网络虚拟财产的定性存在认识上的分歧，人民法院在审理网络虚拟财产继承案件时，往往避开虚拟财产的法律定性问题，但在解释时还是承认虚拟财产的财产属性的，并将其归入我国《民法总则》第113条“财产权利”或者《民法通则》第75条规定的“其他合法财产”和《继承法》第3条第7项“公民的其他合法财产”的范畴。

本书认为，要解决网络虚拟财产是否可以作为遗产继承，即网络虚拟财产是否具有继承性的问题，必须解决以下两个问题：

（一）网络虚拟财产具有物权属性

民法上的物是指存在于人体之外，能够满足民事主体的利益需要，并能为民事主体所支配和利用的物质实体。[1]它一般为有体物，但随着科学技术的发展，现代社会的物已经不限于有体物，无体物也可以成为物权的客体。判断的最基本标准是该物是否具有财产价值（能够满足主体的利益需求），并且能够为人所支配。[2]这里的所谓支配，是指对物进行占有、使用、收益或处分。[3]而民事主体享有物权的目的就在于通过对物的支配而取得物的价值，包括其使用价值和交换价值。[4]因此，只要具有法律上认可的控制、支配可能性，都可以认定为物。

而网络虚拟财产是依托于网络世界是一种新型的物，具有独立的经济价值和与物权属性。体现在：

第一，网络虚拟财产的所有权或者使用权是通过支付金钱或者付出劳动而取得的。它与传统现实财产一样具有使用价值和交换价值。但网络虚拟财产的价值性与传统现实财产（如房屋、汽车等）的价值性还是有所不同的，主要区

1 陈明添、吴国平：《中国民法学》，法律出版社2007年版，第63页。

2 洪剑箐、王蓓俊：《虚拟财产的法律属性及可继承性》，载《湖北警官学院学报》2013年第12期，第103页。

3 陈明添、吴国平：《中国民法学》，法律出版社2007年版，第430页。

4 洪剑箐、王蓓俊：《虚拟财产的法律属性及可继承性》，载《湖北警官学院学报》2013年第12期，第103页。

别在于具有其自身的特殊表现形式，即只能在虚拟世界中体现其使用价值。

第二，网络虚拟财产能够满足人们的某种需要。目前虚拟财产已突破网络空间而具有与现实财产进行交换的功能，因此，人们已经可以在网上通过虚拟财产的交易而获得一定的经济利益。即当网络虚拟财产与现实生活中的货币价值相对应、相挂钩或者进行转让时，其就具有了交换价值，其使用价值与交换价值是可以用现有的度量标准来衡量的，[1]其财产的经济价值就体现出来了。

第三，网络虚拟财产能够为人们所控制和支配。当用户拥有虚拟财产独立的账号和密码时，就可以对该虚拟财产的内容进行自主使用和管理（包括加密、更换密码等），同时也可以通过该账号在网络中进行网上交易活动或者娱乐交往等活动。

因此，网络虚拟财产能够满足主体的利益需求，并能为民事主体所支配和利用，完全具有物权属性，是物权的客体。

（二）网络虚拟财产具有财产属性

如前所述，随着时代的变迁和科学技术的发展进步，网络虚拟财产的内涵和外延也随之呈现出不断发展的趋势。作为民事权利客体意义上的财产，是指具有物质财富内容并与经济利益相关的民事权利。[2]而网络虚拟财产的价值性、稀缺性、客观非物质性、可再现性和可转让性等特征，正是网络虚拟财产具有财产属性并成为新型财产的最有力证明。如前所述，从网络虚拟财产的取得方式来看，此类财产主要是通过所有人或者使用人通过金钱购买或者劳动付出而取得的，这种取得方式也使得网络虚拟财产具有财产性。具体体现在网络虚拟财产在某些条件下可以转换成现实生活中的财产或者能够给使用者带来效益可

1　洪剑箐、王蓓俊：《虚拟财产的法律属性及可继承性》，载《湖北警官学院学报》2013年第12期，第103页。

2　江平、王家福：《民商法学大辞书》，南京大学出版社1995年版，第58页。

观的经济收入，并具有独特的精神价值和积极价值，能够满足人们物质生活和精神生活个性化和多样化的需要，将其列入自然人遗产范围具有法律上的正当性、合理性与合法性。

综上所述，网络虚拟财产的物权属性和财产属性决定了其可以成为我国继承法的调整对象。根据我国《继承法》第 3 条的规定，遗产是公民死亡时遗留的个人合法财产，它包括财产和财产权利。《继承法》第 3 条第 7 项规定的公民可以继承的“其他合法财产”是一个兜底性条款，只要财产来源合法或者取得方式合法，就属于该项规定的财产范围。作为用户（网民）而言，其网络虚拟财产是通过支付上网等费用，并耗费了自己的时间、精力或者通过自己的劳动而取得的，属于《继承法》规定的合法财产范围，完全可以依据《继承法》规定而作为遗产由该用户的继承人加以继承。

正是由于网络虚拟财产具有物权属性和财产属性，因此，笔者建议立法上应将网络虚拟财产纳入遗产范畴和法律保护范围，并允许继承人继承。当然，我们分析虚拟财产的物权属性和财产属性，也是为了从理论上明确并不是所有的虚拟财产都可以成为财产继承的客体，换言之，正是由于虚拟财产的物权属性和财产属性不同，反映在法律上，其法律属性也不同，导致其继承的范围和继承方式也有所不同，继承人的继承权能从法律上应受到不同的限制，这一问题笔者将在本文最后具体阐述。

三、网络虚拟财产继承的特殊性之法理分析

网络虚拟财产继承的特殊性集中表现在其与普通财产继承的区别上，主要有：

（一）继承的财产范围不同

在传统财产继承中，继承人继承的是被继承人遗留的具有所有权的个人物化财产，存在于现实空间，具有客观物质性，而与被继承人人身不可分离的人

身权利（例如姓名权、荣誉权等），或者与被继承人人身相关的债权债务不能继承（如出版合同中作者完成创作的债务，指定了受益人的人身保险合同中的受益权等）。但在网络虚拟财产继承中，由于与被继承人人身属性相关的账号、电子邮箱存在于虚拟空间，且其所有权归网络服务提供商，用户只有使用权，且该使用权是依据用户与网络服务提供商签订的许可协议而产生的，但这些虚拟财产的使用权是可以转让的。在生活中，只要掌握其账号和密码就可以行使使用权。因此，此类具有人身属性的网络虚拟财产是可以继承的。

（二）继承关系中权利义务主体不同

在传统财产继承法律关系中，继承的权利义务主体只涉及被继承人与继承人，而网络虚拟财产因其存在于网络虚拟空间，其网络空间的使用权来源于网络开发商和网络服务提供商的授权，其权利的具体行使只能依据协议的规定。因此，当出现网络虚拟财产继承情形时，继承关系的当事人除了有被继承人和继承人外，还包括了网络服务提供商。

（三）继承的财产的价值界定不同

在传统财产继承关系中，继承人继承的客体是客观存在的物，且该财产的价值可以通过市场交易规则或者财产评估进行评定。而在网络虚拟财产继承关系中，当事人拟继承的虚拟物存在于网络空间中，其财产价值很难用普通财产的评估方式进行认定，目前只能采用综合认定法，即除了要评估与认定被继承人对虚拟财产所支付的货币数额以外，还必须将被继承人生前对该虚拟财产所付出的时间、精力（脑力劳动）和该项财产的社会影响力等一些因素综合起来加以考虑。[1]

1　朱超君：《网络虚拟财产继承与普通财产继承的比较》，载《商》2013年第22期，第211页。

（四）继承遗产的形式不同

在传统财产继承中，遗产继承的形式就是将被继承人的遗产交付给继承人，继承人所取得的遗产是在现实社会客观存在的实际物品（现实物品），包括表现形式为物体的财产和用货币形式体现的财产，继承人可以直接占有和支配。但网络虚拟财产只能依附于网络空间（虚拟世界）而存在，如果脱离了网络空间，则该项虚拟财产就有可能会失去其存在的价值，且继承人所继承的虚拟财产也并不一定都能够转化为实际的物品或者货币，因此，继承人取得的实际上是一种财产权利，其不能直接占有和支配（使用）网络虚拟财产，而需要根据协议来行使权利。

四、网络虚拟财产继承立法规制之构想

由于网络虚拟财产的特殊性，导致网络虚拟财产继承也与传统财产继承也有所不同。因此，在继承遗产时也体现出不同的权利范围，换言之，就是不同特性或者类型的网络虚拟财产，其继承的客体往往不同，有的继承的是所有权，而有的则为使用权，因此，在立法上应当注意现代社会公民财产类型与内容所发生的新特点、新变化，从立法的角度对被继承人、继承人和网络服务提供商等各方当事人的权益进行平衡与保护，满足公民的继承需求。这一问题如果处理不当，就可能出现继承人继承法益受到侵犯，或者损害网络服务提供商甚至关联用户等第三人的利益，造成社会财富的严重浪费，甚至影响互联网服务业的生存、运行与发展。

根据网络虚拟财产继承的上述特殊性，本书建议在制定我国《民法分则》“继承编”时，应对以下问题作出特别规定：一是对网络虚拟财产继承的范围和相对人的权利义务作出明确规定，具体包括（1）允许继承人继承被继承人的网络货币、网络电子信息、网络电子书籍等财产的所有权，并要求网络服务提供

商遵守合同约定，履行合同附随义务，不得额外收取虚拟财产转移费用，为虚拟财产所有权的转移提供方便；（2）允许继承人继承被继承人的网络账号、游戏装备等虚拟财产的使用权，同时要注意将网络服务提供商研发设计网络游戏装备所获得的知识产权与游戏玩家（被继承人）在游戏过程中通过脑力劳动所产生的成果（价值）区分开来，允许游戏玩家（被继承人）及其继承人通过网络平台以外的途径对游戏装备等网络虚拟物品进行自由交易。二是明确虚拟财产的权属确认、继承方式和程序、利益追偿以及纠纷解决途径等，以呼应现代社会网络技术对社会生活的重大影响和立法保护的迫切要求，打造我国《继承法》的21世纪升级版，全面实现我国《继承法》的现代化。

第二节 继父母子女继承权问题研究

根据我国《婚姻法》和《继承法》的规定，子女因自己的父（母）再婚而与父（母）的再婚配偶所形成的继父母子女关系是父母子女关系中的一种。在实践中，继父母子女关系的具体类型、当事人的法律地位和相互间的权利义务各有不同，比较复杂且脆弱多变。根据我国《继承法》规定，在继父母子女关系的诸种类型中，只有“有扶养关系”（也称为形成抚养教育关系，本书以下均简称为扶养关系）的继父母子女才属于法定继承人的范围，他们相互之间才享有继承权。

一、继父母子女关系的法律地位

我国继父母子女关系具体分为基于姻亲关系而形成的“名义型”继父母子女关系、基于抚养教育行为而形成的“抚养型”继父母子女关系、基于收养行为而形成的“收养型”继父母子女关系和基于赡养扶助行为而形成的“赡养型”继父母子女关系四种类型。在这四种类型中，除“名分型”继父母子女关系属于姻亲关系，当事人相互间不具有法律上的权利义务关系外，其他三种类型的继父母子女关系均属于法律上的拟制血亲关系，也称为“有扶养关系”的继父母子女关系，当事人取得了父母子女的法律地位，相互间具有法律上的权利义务关系。因第三种类型的继父母子女关系适用我国《收养法》的有关规定，在继承权问题上自然适用《继承法》的有关规定。因此，本书在此重点探讨“抚养型”和“赡养型”（即“有扶养关系”）的继父母与继子女之间的继承权问题。

二、“有扶养关系的继子女”的具体范围

我国《继承法》第10条规定，第一顺序法定继承人中的子女，包括了婚生子女、非婚生子女、养子女、“有扶养关系的继子女”四种类型。但问题是：第一，这里的“扶养关系”如何理解？人们的认识并不一致，有的认为扶养关系是特指继父母与继子女之间形成了抚育与被抚育的关系；有的认为既包括继父母对继子女的抚育关系，也包括继子女对继父母的赡养关系。第二，“有扶养关系的继子女”包括哪些人？目前也有争论。有的人认为是特指形成继父母子女关系时的未成年人子女，这里的扶养关系强调的是抚育与被抚育关系；而有的人则认为应当是对继父母尽了赡养义务的继子女，包括形成继父母子女关系时的未成年继子女和成年继子女。[1] 产生这些争议的原因也来自立法上的不明确。本书在第九章中对此已经作出了具体分析，提出了判断形成扶养关系的客观、时间与主观认定标准，认为“抚养型”“收养型”和“赡养型”的继父母子女关系，均属于“有扶养关系的继父母子女”关系。

为说明问题，本书在此结合一案例进行分析：被继承人张某与前妻育有三子，现均已成年。张某前妻去世后，张某便与李某结婚，并共同购置一套房屋。十年后，张某去世。已成年的张氏三兄弟待继母李某视同生母，并为其养老送终。三年之后李某也去世，张氏三兄弟共同为李某办理了后事。后发现李某在与张某结婚前曾经收养过一男孩。现该养子闻讯后也主张对其养母李某全部遗产的继承权，但遭到张氏三兄弟的反对，双方发生纠纷，诉至人民法院。人民法院审理时有二种不同意见。一种意见认为，张某与李某结婚时，继子女张氏

1　杨航远：《继承法中“有扶养关系的继子女”辨析》，载《人民法院报》2014年9月14日，第7版。

三兄弟均已成年，不论他们后来对继母李某有没有尽过赡养义务，成年继子女都不能享有继承权。而其养子是其养母即李某的唯一继承人。另一种意见认为，张氏三兄弟对继父母履行了赡养义务，理应享有法定继承权，应将他们与养子共同作为第一顺序法定继承人。同时，如果该养子对养母李某未尽赡养义务，依照我国《继承法》的有关规定，该养子应当不分或者少分遗产。[1]本案上述分歧意见产生的根本原因就在于法官对“有扶养关系的继子女”的范围理解不一。本书赞成后一种意见。因为根据前文所述，我国《继承法》第13条、第14条对“扶养”采用的是广义理解的立法通例，我们从文义理解的角度来解释，就不难得出“有扶养关系的继子女”就是指对继父或继母履行了赡养义务的继子女的结论。而未成年继子女显然既无赡养继父或继母的法定义务，实际上他们也没有赡养继父或继母的条件和能力，因而本案这里的继子女只能是成年继子女。

综上，本书认为，第一，“有扶养关系的继子女”，应当包括形成继父母子女关系时的未成年人子女，也包括形成继父母子女关系时已成年且对继父或继母尽了赡养义务的成年继子女，不能仅限于未成年继子女，而把成年继子女排除在外。第二，这里的“扶养”是双向的，既包括继父母对继子女的抚养教育，也包括成年继子女对继父母的赡养扶助。

三、继子女对继父（母）履行赡养义务的认定标准

由于赡养是晚辈对长辈所尽的法定义务，在义务主体和义务内容的要求上与继父（母）对继子女的抚育关系有所不同，因此，在赡养义务的认定标准上也应当有所区别。

1　杨航远：《继承法中“有扶养关系的继子女”辨析》，载《人民法院报》2014年9月14日，第7版。

1. 继子女在法定期间内持续对继父母履行了赡养扶助义务。通常包括对继父母履行经济上供养、生活上照料和精神上慰藉的义务，包括提供住房保障。当继父母患病时提供了医疗费用，使继父母得到及时的治疗和护理等。当然，继父母作为成年人或者有经济来源的人，在生活上一般都有各种保障，有的甚至条件还优于继子女，因此，如果继父母经济条件和身体状况都很好，确实不需要继子女赡养扶助的，则继子女的赡养扶助义务可以适当减轻一些。而对于 60 岁以上的继父母而言，由于他们年事已高，且日渐体弱多病，特别是七八十岁以上的高龄老人，有的甚至生活已无法自理。还有的老年人在退休或生病之后很容易产生多疑、孤独、失落、抑郁、恐惧和焦躁等不良情绪。因此，除了经济供养、生活照料外，精神上的关爱与慰藉显得至关重要。此时的继子女应当根据继父母的实际情况和老年人不同的特殊需要，采取有针对性的赡养扶助办法，使继父母能够生活充实，安享晚年。同时，赡养扶助的持续时间应当以继父母的实际需要为原则，以不少于 2 年为底线。

2. 继子女具有赡养扶助继父母的主观意愿。与继父母的选择权一样，立法上同样也应赋予继子女以选择权，使当事人内心意思与外部表示相一致，以避免日后产生不必要的纠纷，以利于婚姻家庭关系的和谐稳定。

四、生父母与继父（母）离婚后继父母子女继承权关系的认定与处理

这里先从一个案例说起：陈甲与陈乙系父子关系，陈甲在前妻去世 2 年之后，于 1982 年与张某结婚，当时陈乙 6 岁。1988 年陈甲与张某离婚。在陈甲与张某共同生活的 6 年期间里，陈乙随父亲陈甲与张某在一起共同生活。陈乙成年后一直未婚，没有配偶和子女。2006 年陈乙去世，其父陈甲在此前早已过世。对于陈乙的遗产，张某和陈乙的姐姐均主张继承权。在本案中，很显然，张某与陈乙在一起共同生活了 6 年，对陈乙尽了扶养义务，双方已经形成了“有

扶养关系”的继父母子女关系。[1]现在的问题是，继父母离婚后，“有扶养关系”的继父母子女关系是否自然解除？当一方死亡时，已尽义务的另一方能否以第一顺序法定继承人的身份继承死亡一方的遗产？问题的关键在于在继承开始时，双方是否还存在拟制血亲关系？由于继父母子女关系产生的基础和效力本身就比较脆弱，且这些问题目前在我国法律和司法解释上都不明确，处理起来确实比较棘手。从司法解释来看，1988 年 1 月 22 日最高人民法院《关于继父母与继子女形成权利义务关系能否解除的批复》中指出：继父母与继子女已形成的权利义务关系不能自然终止，一方起诉要求解除这种权利义务关系的，人民法院应视具体情况作出是否准许解除的调解或判决。根据该批复，很显然，“有扶养关系”的继父母子女关系在法律上是不能因继父母离婚而自然解除的。

通过以上分析，我们可以得出的基本结论是：继父母子女关系属于拟制血亲，其可以依法成立，也可以依法解除。但根据司法解释，此类关系不能因继父母离婚而自行解除，也不能未经法定程序而解除。在解除关系前，双方的权利义务关系仍然存在，相互间仍享有财产继承权。据此，本案中当事人张某享有对陈乙遗产的继承权。

五、完善我国继父母子女继承权制度的立法建议

（一）准确全面地界定继父母子女关系的含义与主体范围

首先，如前所述，继父母子女关系产生的原因主要有二个：第一，父母一方死亡后，另一方再婚；第二，父母双方离婚后，父母其中一方或者双方再婚。这也是继父母子女关系形成的主要形式。但现实生活中还出现了非再婚的生母带着孩子或者怀着孩子与他人结婚的新的形式，主要涉及未婚同居青年男女和

1 转引自李政辉：《析离婚后继父母子女间继承关系》，载杨立新、刘德权、杨震：《继承法的现代化》，人民法院出版社 2013 年版，第 172 页。

婚外非法同居或婚外恋者。例如：甲男与乙女是一对恋人，双方热恋中发生性关系导致女方怀孕，后甲男移情于第三者某戊，致与乙女恋爱关系破裂而分手。分手4个月后乙女生一儿子丙。1年多后乙女嫁给丁男，丙随生母与丁男一起共同生活至考上某大学时为止。在此例中，丙的母亲乙女与甲男没有登记结婚，双方不是夫妻关系，因此乙女与丁男结婚自然不属于再婚，但丙与丁男之间是什么关系呢？很显然他们是继父子关系。因此，现有的学理解释需要进行补充完善。笔者认为，继父母子女关系是指子女的生父、生母再婚，或生母与子女生父以外的男性结婚而形成的继父母子女关系。因亲生父母双方离婚或者一方死亡后，另一方与他人结婚而形成的“有扶养关系”的继父母子女关系属于继父母子女关系的一般形式（即通例），而因非再婚的生母与他人结婚而形成的“有扶养关系”的继父母子女关系则属于特殊形式（即例外）。

其次，有学者认为，继父母只有在对继子女尽了扶养义务之后，才享有对继子女遗产的继承权；反之，继子女只有对继父母尽了扶养义务之后，才能作为继父母的法定继承人并对其遗产享有继承权。[1]本书基本赞成这一观点，但这一观点尚有值得商榷之处，即没有区分不同的继承主体。因为在法律上，成年继子女的继承权是一种附义务的继承权。[2]我们在确定继子女对继父母遗产继承权时，凡是成年继子女的，就应当具备尽扶养义务这一条件，否则就不能享有继承权，但未成年继子女可以例外。理由在于未成年继子女不具备扶养继父母的条件和能力，因此，不能以履行扶养义务作为其继承继父母遗产的条件。如果不区分情况而进行“一刀切”，就会损害未成年继子女的继承权，不利于

1　房绍坤、郑倩：《关于继父母子女之间继承权的合理性思考》，载《社会科学战线》2014年第6期，第204页。

2　房绍坤、郑倩：《关于继父母子女之间继承权的合理性思考》，载《社会科学战线》2014年第6期，第203—204页。

维护弱者利益，也不利于此类家庭的和谐稳定。

（二）明确继父母子女“扶养关系”的认定标准

建议立法上增加“有扶养关系”的继父母子女关系法定条件或者认定标准的规定，将继父（母）对继子女承担了全部或部分生活费和教育费，或继父（母）与继子女共同生活达3–5年以上；继父（母）具有扶养继子女的主观意愿（即抚育关系）以及继子女在法定期间内持续对继父（母）履行了赡养扶助义务和继子女具有赡养扶助继父（母）的主观意愿作为认定继父母子女关系的标准。

（三）明确继父母子女间继承权的法律性质

从我国《继承法》第10条“有扶养关系”的继父母子女间互享继承权规定的立法精神来看，“有扶养关系”的继父母子女所享有的继承权是一种附义务的继承权。[1] 该规定的立法初衷是为了维护未成年人和老年人的继承权益，但根据该规定内容分析，我们不难发现该规定有一个明显缺陷：只要继父（母）一方对继子女履行了抚养教育义务，即可在双方之间形成扶养关系。[2] 换句话说，它只强调继父（母）一方对继子女须尽法定义务，没有要求继子女一方对继父（母）须尽法定义务，并以此作为取得继承权的条件。这显然是不合理的，也不完全符合《继承法》的宗旨和第10条规定的立法精神，客观上导致继父（母）与继子女相互之间的权利义务的不对称。因此，应当依据权利义务相一致原则来调整继父母子女间继承权产生的法理基础。[3] 因为我国《继承法》确定法定继承人范围、继承顺序和继承份额时，主要依据当事人自己的婚姻关系、血缘

---

1 王利明：《中国民法典学者建议稿及立法理由（人格权编·婚姻家庭编·继承编）》，法律出版社2005年版，第506页。

2 房绍坤、郑倩：《关于继父母子女间继承权的合理性思考》，载《社会科学战线》2014年第6期，第203页。

3 房绍坤、郑倩：《关于继父母子女间继承权的合理性思考》，载《社会科学战线》2014年第6期，第203页。

关系和扶养关系而进行，而扶养关系则是贯彻继承法中权利义务相一致基本原则的直接体现。权利义务相一致原则既是确认自然人继承权的基本出发点，也是人民法院处理继承案件的重要依据。[1] 由于继父母子女间既非婚姻关系，更无血缘关系，因此，扶养义务（行为）自然而然应当成为确定其有无继承权的重要依据。在确认继父母子女继承权时应当作为非常重要的考量依据。在这里，扶养关系对此类亲属关系相互间继承权的确定具有决定作用，这也是我国《继承法》确定继承权的一大特色和亮点，我们应当继续坚持。本书建议《民法分则》"继承编"时应明确继父母子女间继承权为附义务继承权，并规定"继父母在对继子女履行了扶养（即抚养）义务后才能取得继承权"，同时，"继子女在对继父（母）履行了扶养（即赡养）义务后才能取得继承权，但未成年继子女除外。"

（四）明确继父母子女关系解除的法定情形及其对继承权的法律后果

根据我国《婚姻法》和有关司法解释的规定，继父母与继子女间已形成的扶养关系是一种独立的权利义务关系，不因继母与生父、继父与生母离婚而自然消除。[2] 当继母与生父、继父与生母离婚时，继父母子女间的扶养事实和业已形成的继父母子女关系并不因此而自动解除，双方之间的权利义务仍然存在，当事人仍然可以依据扶养关系与扶养事实主张继承权。[3] 为了理顺关系，避免纠纷，应将现行规定从司法解释层面上升到立法层面上。第一，继父母离婚时，

---

1 吴国平：《我国财产继承制度立法研究》，厦门大学出版社 2014 年版，第 25 页。

2 马忆南：《婚姻家庭继承法学》（第三版），北京大学出版社 2014 年版，第 160 页。

3 参见 1986 年最高人民法院《关于继母与生父离婚后仍有权要求已与其形成抚养关系的继子女履行赡养义务的批复》（1986 年 3 月 21 日 [1986] 民他字第 9 号）指出："王淑梅与李春景姐弟五人之间，既存在继母与继子女的姻亲关系，又存在由于长期共同生活而形成的抚养关系。尽管继母王淑梅与生父李明心离婚，婚姻关系消失，但王淑梅与李春景姐弟等人之间已经形成的抚养关系不能消失。因此，有负担能力的李春景姐弟等人，对曾经长期抚养教育过他们的年老体弱，生活困难的王淑梅应尽赡养扶助的义务。"

“有扶养关系”的继父母子女关系不能自然终止。继父母一方与生父母或成年继子女可以通过协商解除双方之间的关系，并办理公证手续，以避免日后出现新问题。协商不成的，可以向人民法院起诉，由人民法院依法作出裁决。如果未成年继子女已由其生父母领回扶养，继父母已终止扶养的，则继父母子女关系即告解除。第二，对于继父母子女之间的继承权问题，应当明确规定：“有扶养关系”的继父母子女间的继承权不因继母与生父、继父与生母离婚而自动消灭。继父母子女关系解除前，一方死亡的，另一方可作为法定继承人继承遗产。当事人自愿放弃继承权的除外。第三，受继父或继母抚育成人并独立生活的继子女，双方的权利义务关系原则上不能终止。当事人起诉解除的，由人民法院依法审理并作出是否准许解除的调解或判决。但即使双方关系解除后，继子女仍然应当承担丧失劳动能力又无生活来源继父母生活费的义务。[1]第四，明确规定已形成的扶养关系的继子女在法律上享有双重继承权。

1 马忆南：《婚姻家庭继承法学》（第三版），北京大学出版社 2014 年版，第 160 页，吴国平：《婚姻家庭法新论》，法律出版社 2005 年版，第 230 页。

参考文献

一、著作类

[1] 佟柔 . 民法原理［M］. 北京：法律出版社，1983.

[2] 佟柔 . 民法原理（修订本）［M］. 北京：法律出版社，1986.

[3] 王利明 . 民法新论（上册）［M］. 北京：中国政法大学出版社，1986.

[4] 陈国柱 . 民法学［M］. 长春：吉林大学出版社，1987.

[5] 金平 . 民法学教程［M］. 呼和浩特：内蒙古大学出版社，1987.

[6] 李志敏 . 比较家庭法［M］. 北京：北京大学出版社，1988.

[7] 刘歧山 . 民法问题新探［M］. 北京：中国人民公安大学出版社，1990.

[8] 杨大文 . 婚姻法学［M］. 北京：中国人民大学出版社，1989.

[9] 马原 . 中国民法教程［M］. 北京：人民法院出版社，1989.

[10] 梁慧星 . 民法［M］. 成都：四川人民出版社，1989.

[11]《法学研究》编辑部 . 新中国民法学研究综述［M］. 北京：中国社会科学出版社，1990.

[12] 佟柔 . 中国民法［M］. 北京：法律出版社，1990.

[13] 张俊浩 . 民法学原理［M］. 北京：中国政法大学出版社，1991.

[14] 马志刚，刘建生 . 新加坡的社会管理［M］. 北京：群众出版社，1993.

[15] 彭万林 . 民法学［M］. 北京：中国政法大学出版社，1994.

[16] 杨立新 . 民法判解研究与适用［M］. 北京：中国检察出版社，1994.

[17] 余先予 . 俄罗斯民商法与冲突法［M］. 北京：世界图书出版公司，1995.

[18] 杨振山 . 中国民法教程［M］. 北京：中国政法大学出版社，1995.

[19] 江平，王家福 . 民商法学大辞书［M］. 南京：南京大学出版社，1995.

[20] 李由义 . 民法学［M］. 北京：北京大学出版社，1998.

[21] 邓正来 . 法理学——法律哲学与法律方法［M］. 北京：中国政法大学出版社，1999.

[22] 殷生根，王燕 . 瑞士民法典［M］. 北京：中国政法大学出版社，1999.

[23] 杨立新 . 具体侵权行为的法律界定暨实例评析［M］. 长春：吉林人民出版社，1999.

[24] 姚新华 . 民法学［M］. 北京：中国政法大学出版社，1999.

[25] 江平 . 民法学［M］. 北京：中国政法大学出版社，2000.

[26] 张新宝 .《中华人民共和国民法总则》释义［M］. 北京：中国人民大学出版社，2017.

[27] 陈洪忠 . 老龄产业法律文书精要详解及实务指南［M］. 北京：法律出版社，2017.

[28] 杨立新 . 民法［M］. 北京：中国人民大学出版社，2000.

[29] 史尚宽 . 继承法论［M］. 北京：中国政法大学出版社，2000.

[30] 巫昌祯 . 我与婚姻法［M］. 北京：法律出版社，2001.

[31] 杨遂全 . 新婚姻家庭法总论［M］. 北京：法律出版社，2001.

[32] 王利明 . 民商法研究（修订本）［M］. 北京：法律出版社，2001.

[33] 王歌雅 . 扶养与监护纠纷的法律救济［M］. 北京：法律出版社，2001.

[34] 张建文 . 宗教财产立法研究［M］. 北京：中国民主法制出版社，2015.

[35] 吴国平，张影 . 婚姻家庭法原理与实务（第四版）[M] . 北京 ：中国政法大学出版社，2018.

[36] 巫昌祯 . 婚姻家庭法新论 [M] . 北京 ：中国政法大学出版社，2002.

[37] 陈苇，胡平 . 婚姻家庭继承法学 [M] . 重庆 ：重庆大学出版社，2002.

[38] 陈苇 . 婚姻家庭继承法学 [M] . 北京 ：法律出版社，2002.

[39] 李开国 . 民法总则研究 [M] . 北京 ：法律出版社，2003.

[40] 王洪 . 婚姻家庭法 [M] . 北京 ：法律出版社，2003.

[41] 杨遂全 . 婚姻家庭法新论 [M] . 北京 ：法律出版社，2003.

[42] 王利明 . 中国民法典草案建议稿及说明 [M] . 北京 ：中国法制出版社，2004.

[43] 杨大文 . 亲属法（第四版）[M] . 北京 ：法律出版社，2004.

[44] 李行健 . 现代汉语规范词典 [M] . 北京 ：外语教学与研究出版社，语文出版社，2004.

[45] 黄丁全 . 医疗法律与生命伦理 [M] . 北京 ：法律出版社，2004.

[46] 曹诗权 . 未成年人监护制度研究 [M] . 北京 ：中国政法大学出版社，2004.

[47] 王歌雅 . 中国现代婚姻家庭立法研究[M]. 哈尔滨 ：黑龙江人民出版社，2004.

[48] 王丽萍 . 婚姻家庭继承法学 [M] . 北京 ：北京大学出版社，2004.

[49] 费安玲，丁玫，张宓译 . 意大利民法典 [M] . 北京 ：中国政法大学出版社，2004 年。

[50] 孔祥瑞，李黎 . 民法典亲属编立法若干问题研究 [M] . 北京 ：中国法制出版社，2005.

[51] 吴国平 . 婚姻家庭法新论 [M] . 北京 ：法律出版社，2005.

[52] 吴兴人 . 纠正上帝的错误［M］. 上海：上海文艺出版社，2005.

[53] 马俊驹，余延满 . 民法原论（第二版）［M］. 北京：法律出版社，2005.

[54] 王利明 . 中国民法典学者建议稿及立法理由——人格权篇·婚姻家庭篇·继承篇［M］. 北京：法律出版社，2005.

[55] 魏振瀛 . 民法(第二版)[M]. 北京：北京大学出版社，高等教育出版社，2006.

[56] 陈苇 . 家事法研究［M］. 北京：群众出版社，2006.

[57] 陈苇 . 外国婚姻家庭法比较研究［M］. 北京：群众出版社，2006.

[58] 郑小川，于晶 . 亲属法原理 . 规则 . 案例［M］. 北京：清华大学出版社，2006.

[59] 杨立新 . 人身权法论（第三版）［M］. 北京：人民法院出版社，2006.

[60] 王利明 . 民法（第二版）［M］. 北京：中国人民大学出版社，2006.

[61] 陈卫佐 . 德国民法典（第二版）［M］. 北京：法律出版社，2006.

[62] 渠涛译 . 最新日本民法［M］. 北京：法律出版社，2006.

[63] 蒋月 . 婚姻家庭法前沿导论［M］. 北京：科学出版社，2007.

[64] 杨大文，龙翼飞，夏吟兰 . 婚姻家庭法学（第二版）［M］. 北京：中国人民大学出版社，2007.

[65] 余延满 . 亲属法原论［M］. 北京：法律出版社，2007.

[66] 夏吟兰 . 离婚自由与限制论［M］. 北京：中国政法大学出版社，2007.

[67] 巫昌祯 . 婚姻与继承法学（第四版）［M］. 北京：中国政法大学出版社，2007.

[68] 王歌雅 . 中国亲属立法的伦理意蕴与制度延展［M］. 哈尔滨：黑龙江大学出版社，2008.

[69] 陈苇 . 家事法研究［M］. 北京：群众出版社，2008.

[70] 吴国平 . 婚姻家庭立法问题研究［M］. 长春：吉林大学出版社，2008.

[71] 蒋月 . 英国婚姻家庭制定法选集［M］. 北京：法律出版社，2008.

[72] 王勤芳 . 别居法律制度研究［M］. 北京：知识产权出版社，2008.

[73] 杨立新 . 民法物格制度研究［M］. 北京：法律出版社，2008.

[74] 杨立新,刘德权 . 亲属法新问题与新展望［M］. 北京：人民法院出版社，2009.

[75] 王薇 . 非婚同居法律制度比较研究［M］. 北京：人民出版社，2009.

[76] 张迎秀 . 结婚制度研究［M］. 济南：山东大学出版社，2009.

[77] 王礼仁 . 婚姻诉讼前沿理论与审判实务［M］. 北京：人民法院出版社，2009.

[78] 高富平 . 信息财产：数字内容产业的法律基础 . 北京：法律出版社，2009.

[79] 张伟 . 转型期婚姻家庭法律问题研究［M］. 北京：法律出版社，2010.

[80] 陈苇 . 外国继承法比较与中国民法典继承编制定研究［M］. 北京：北京大学出版社，2011.

[81] 马忆南 . 婚姻家庭继承法学（第二版）［M］. 北京：北京大学出版社，2011.

[82] 胡明玉著 . 婚姻家庭法律问题专题研究［M］. 北京：法律出版社，2015.

[83] 何丽新 . 婚姻家庭与继承法［M］. 厦门：厦门大学出版社，2012.

[84] 张建文 . 独联体成员国示范民法典［M］. 北京：法律出版社，2014.

[85] 杨立新 . 家事法［M］. 北京：法律出版社，2013.

[86] 蒋月，何丽新 . 婚姻家庭与继承法（第四版）［M］. 厦门：厦门大学

出版社，2013.

[87] 梁慧星 . 中国民法典草案建议稿附理由 ：亲属编［M］. 北京 ：法律出版社，2013.

[88] 曹贤信 . 婚姻家庭与继承法［M］. 厦门 ：厦门大学出版社，2013.

[89] 蒋月 . 婚姻家庭与继承法（第三版）［M］. 厦门 ：厦门大学出版社，2014.

[90] 马忆南 . 婚姻家庭继承法学（第三版）［M］. 北京 ：北京大学出版社，2014.

[91] 吴国平 . 我国财产继承制度立法研究［M］. 厦门 ：厦门大学出版社，2014.

二、文集类

[1] 蒋月，庄丽梅 . 应建立离婚后扶养费给付制度［A］. 李银河，马忆南 . 婚姻法修改论争［C］. 北京 ：光明日报出版社，1999.

[2] 徐国栋 . 中国民法典起草思路论战［A］. 王利明 . 论中国民法典的体系［C］. 北京 ：中国政法大学出版社，2001.

[3][日] 宇田川幸则 . 浅论日本关于成年人监护制度的修改［A］. 渠涛 . 中日民商法研究第 1 卷［C］. 北京 ：法律出版社，2003.

[4] 陈德祥，黄金波 . 试论离婚损害赔偿制度［A］. 万鄂湘 . 婚姻法理论与适用［C］. 北京 ：人民法院出版社，2005.

[5] 张华贵 . 未成年人监护制度研究［A］. 陈苇 . 家事法研究［C］. 北京 ：法律出版社，2006.

[6] 李政辉 . 析离婚后继父母子女间继承关系[A]. 杨立新，刘德权，杨震 . 继承法的现代化［C］. 北京 ：人民法院出版社，2013.

[7] 任丽丽 . 如何破解老年人再婚难［A］. 陈洪忠，王冬梅 . 全国老龄法律论坛［C］. 北京：法律出版社，2017.

[8] 陈苇，石雷 . 老年人搭伴养老的法律应对和我国非婚同居制度之重构［A］. 陈洪忠，王冬梅 . 全国老龄法律论坛［C］. 北京：法律出版社，2017.

三、学位论文类

[1] 王竹青 . 监护制度比较研究［D］. 北京：中国人民大学法学院，2004.

[2] 陆雪琴 . 成年意定监护制度探析［D］. 福州：福建师范大学，2009.

[3] 武文丹 . 我国老年人赡养法律制度的缺陷及其完善［D］. 太原：山西大学，2011.

四、期刊类

[1] 崔维 . 美国老年社会保障及其资金来源［J］. 中央财政金融学院学报 .1995（10）.

[2] 楼宇烈 . 儒学在现代韩国［J］. 传统文化与现代化 .1998（1）.

[3] 江平 . 制定民法典的几点宏观思考［J］. 政法论坛 .1999（3）.

[4] 梁慧星 . 当前关于民法典编纂的三条思路［J］. 中外法学 .2001（1）.

[5] 江平 . 中国民法典制订的宏观思考［J］. 法学 .2002（2）.

[6] 杨遂全 . 现行婚姻法不足与民法典立法对策［J］. 法学研究 .2003（2）.

[7] 孙建江 . 成年人行为能力欠缺制度研究［J］. 法学 .2003（2）.

[8] 兰仁迅 . 监护人责任制度的重新反思兼评我国〈民法草案〉第 28 条［J］. 华侨大学学报（哲学社会科学版）.2004（4）.

[9] 郭美松 . 视听资料的证据能力及采信规则［J］. 现代法学 .2004（1）.

[10] 穆光宗 . 独生子女家庭是风险家庭［J］. 人口研究 .2004（28）.

[11] 张力．监护、亲权抑或其他[J]. 广西大学学报(哲学社会科学版).2005(3) .

[12] 吴琼，吴圣兵．试论我国监护制度的完善［ J ］. 安徽技术师范学院学报 .2005（ 5 ）.

[13] 杨栋．我国的指定监护制度刍议［ J ］. 三峡大学学报（ 人文社会科学版 ）.2005 年（ 专辑 ）.

[14] 张学军，张镭．成年监护制度综议［ J ］. 江海学刊 .2005（ 5 ）.

[15] 石杰,吴双全．论网络虚拟财产的法律属性［ J ］. 政法论丛 .2005（ 4 ）.

[16] 刘宗华．论我国成年人监护制度之完善[J]. 高等教育与学术研究 .2006(1)。

[17] 康娜．我国老年人监护制度探究［ J ］. 法商研究 .2006（ 4 ）.

[18] 魏树发．成年人监护法的理念和立法课题［ J ］. 福建论坛（ 人文社会科学版 ）.2006（ 11 ）.

[19] 孙慧芳、时立荣．农村流动家庭的夫妻关系研究［ J ］. 北京科技大学学报．(社会科学版)，2007（ 4 ）.

[20] 张继承．成年人监护与行为能力欠缺宣告制度关系谈［ J ］. 政法论丛 .2007（ 6 ）.

[21] 魏树发．成年人监护制度的理念与立法选择[J]. 福建师范大学学报(哲学社会科学版) .2007（ 3 ）.

[22] 吴国平，魏敏．监护的概念与性质辨析［ J ］. 江南大学学报（ 人文社科版 ）.2008（ 5 ）

[23] 吴国平．论离婚损害赔偿制度的完善［ J ］. 福建金融管理干部学院学报 .2008（ 4 ）.

[24] 秦晓慧．成年监护法律问题探析[J]. 今日南国(理论创新版).2008(12).

[25] 吴国平 . 监护人主体资格法律制度的检讨与完善[J]. 广西大学学报(哲学社会科学版) .2008 (3) .

[26] 张翠田，张殿美 . 我国成年人监护之检讨与完善 [J] . 十堰职业技术学院学报 .2008 (6) .

[27] 张婷 . 浅析英美法系国家成年监护制度 [J] . 法制与社会 .2008 (11) .

[28] 宋立蛾 . 试论我国老年人监护制度的健全和完善 [J] . 山东审判 .2008 (1) .

[29] 甄莉莉 . 论日本的成年监护制度及其借鉴意义 [J] . 廊坊师范学院学报 .2008 (6) .

[30] 徐华丽 . 我国监护监督的不足与完善 [J] . 重庆文理学院学报 (社会科学版) .2008 (11) .

[31] 童向骏 . 应当完善我国现行监护制度 [J] . 武夷学院学报 .2008 (3) .

[32] 周绍强，田雨 . 我国成年人监护制度缺陷与立法建议研究 [J] . 沈阳工业大学学报 (社会科学版) .2008 (4) .

[33] 李磊 . 试论网络虚拟财产的范围与价值评估 [J] . 河南省政法管理干部学院学报 .2008 (3) .

[34] 任凤莲，高成新 . 关于构建我国老年人监护制度的思考 [J] . 山西大学学报 (哲学社会科学版) .2009 (3) .

[35] 李娜，孙海涛 . 英国的持续性代理权制度 [J] . 北京政法职业学院学报 .2009 (1) .

[36] 郭韦利 . 论我国成年监护制度的完善 [J] . 辽宁公安司法管理干部学院学报 .2009 (2) .

[37] 孙海涛,赵国栋 . 意定监护制度比较研究及借鉴 [J] . 前沿 .2009 (1) .

[38] 吴国平 . 我国成年人监护制度之检讨与立法完善 [J] . 河北经贸大学

学报（综合版）.2010（2）.

[39] 江文 . 和谐社会视野下农民工子女城市融入与社会稳定问题思考［J］. 四川警察学院学报 .2010（2）.

[40] 段塔丽 . 性别视角下农村留守妇女的家庭抉择及其对女性生存与发展的影响——基于陕南 S 村的调查［J］. 人文杂志 .2010（1）.

[41] 吴国平 . 论我国监护监督制度的立法完善[J]. 福建行政学院学报 .2010（3）.

[42] 吴国平 . 我国登记离婚程序的缺陷与立法完善［J］. 上海政法学院学报（法治论丛）.2011（5）.

[43] 王富超 . 青年农民工婚姻问题现状及其法律救济［J］. 山西农业大学学报（社会科学版）.2011（8）.

[44] 陈国华 . 城市流动家庭中的亲子改写状况及影响因素研究［J］. 人口与发展 .2011（1）.

[45] 钟春华 . 农村“留守妇女”维系婚姻关系的经济学分析［J］. 社会科学辑刊 .2011（5）.

[46] 张世峰 . 加强儿童福利政策研究，着力推进孤残儿童永久性安置［J］. 社会福利 .2011（12）.

[47] 王进鑫 . 当代青年农民工婚姻现状考察——基于成都市服务行业青年农民工的调查［J］. 西南交通大学学报（社会科学版）.2012（5）.

[48] 严雪梅，秦波 . 老年人再婚现状分析与法律保障机制研究——以成都市为例［J］. 广西政法管理干部学院学报 .2012（2）.

[49] 韩克庆，付媛媛 . 儿童收养困局怎样打破［J］. 决策 .2013 年 Z1）.

[50] 旅伴 . 编辑部 .“智慧城市”就是要解决城镇化的问题［J］. 旅伴 .2013（11）.

[51] 杨立军 . 半流动家庭中留守妇女的婚姻状况和家庭问题研究［J］. 华章 .2013（30）.

[52] 李华斌 . 在困境中前行——聚焦我国的孤儿收养制度［J］. 中国审判新闻月刊 .2013（2）.

[53] 王昭霞 . 农村留守妇女离婚案评析［J］. 理论与改革 .2013（3）.

[54] 韩克庆，付媛媛 . 儿童收养困局怎样打破［J］. 决策 .2013 年（1）.

[55] 张彩玲，李书宁 . 城市空巢老人赡养权问题研究［J］. 青海社会科学 .2013（5）.

[56] 吴国平 . 论我国继承扶养协议制度的立法构建［J］. 海峡法学 .2013（3）.

[57] 刘亚娜 . 这个失独者贫困状况及救助体系建构［J］. 社会科学辑刊 .2013（5）.

[58] 马一德 . 网络虚拟财产继承问题探析［J］. 法商研究 .2013（5）.

[59] 张冬梅 . 论网络虚拟财产继承［J］. 福建师范大学学报（哲学社会科学版）.2013（1）.

[60] 洪剑箐，王蓓俊 . 虚拟财产的法律属性及可继承性［J］. 湖北警官学院学报 .2013（12）.

[61] 朱超君 . 网络虚拟财产继承与普通财产继承的比较［J］. 商 .2013（22）.

[62] 吴国平，吴锟 . 孤残儿童救助及其收养立法完善研究［J］. 黑龙江省政法管理干部学院学报 .2014（2）.

[63] 吴锟，吴国平 . 论收养弃婴行为的法律规制［J］. 福建行政学院学报 .2014（1）.

[64] 房绍坤，郑倩 . 关于继父母子女之间继承权的合理性思考［J］. 社会科学战线 .2014（6）.

[65] 吴国平 . 论农民工重婚行为的法律规制［J］. 广西大学学报（哲社

版）.2014（4）.

[66] 蒋悟真 . 精神赡养权法治保障的困境及其出路[J]. 现代法学 .2014(4).

[67] 范李瑛，付斌 . 子女赡养父母的几个法律问题［ J ］. 烟台大学学报哲学社会科学版）.2014（2）.

[68] 王春阳 . “失独”群体权利保障探究［ J ］. 太原师范学院（社会科学版）.2014（4）.

[69] 陈锦浩 . 从法律视角思考“失独家庭”之痛［ J ］. 知识经济 .2014（15）.

[70] 孙晓梅，周思媛 . 中国失去独生子女群体社会保障研究综述［ J ］. 中华女子学院学报 .2014（5）.

[71] 郭育艳 . 网络虚拟财产继承问题研究[J]. 河南财经政法大学学报 .2014（1）.

[72] 陈朝晖，翁德辉 . 困境与突破 . 离婚损害赔偿难的破解路径探究［ J ］. 海峡法学 .2015（4）.

[73] 吴国平 . 有扶养关系的继父母子女关系的认定及其继承权问题［ J ］. 中华女子学院学报 .2015（5）.

[74] 吴钩 . “老有所养”的古代启示［ J ］. 中国人大杂志 .2015（23）.

[75] 谢勇才，潘锦棠 . 从缺位到归位 . 失独群体养老保障政府责任的厘定[J]. 甘肃社会科学 .2015（2）.

[76] 李真 . “失独老人”养老保障及法律问题研究［ J ］. 绥化学院学报 .2015（3）.

[77] 方瀲 . 失独家庭的权益保障问题研究［ J ］. 鄂州大学学报 .2015（6）.

[78] 马忆南，贾雪 . 婚姻法第四十六条实证分析[J]. 中华女子学院学报 .2016（1）.

[79] 杨立新 . 我国《民法总则》成年监护制度改革之得失［ J ］. 贵州省党

校学报 .2017（3）.

[80] 程彦绮 . 浅析社会规范在老年人赡养中的作用[J]. 经贸实践 .2017(15).

[81] 李霞 . 协助决定取代成年监护替代决定——兼论民法典婚姻家庭编监护与协助的增设［J］. 法学研究 .2019（1）.

[82] 吴国平 . 我国老年人赡养保障立法问题研究［J］. 学术探索 .2019（3）.

五，报纸类

[1] 洪克非 . 精神病人违法究竟由谁担责［N］. 中国青－报，2005-5-19.

[2] 陈丽平 . 专家建议将结婚宣誓和公告制度写入婚姻法［N］. 法制日报，2009-2-14.

[3] 彭拨，陈佩华，欧书勇 . 农民工婚姻状况调查［N］. 清远日报，2012-7-23.

[4] 卫敏丽，徐硙 .1.85 亿人的“老有所养”［N］. 人民法院报，2012-7-14.

[5] 彭波，毛磊 . 我城镇化率与世界水平相当［N］. 人民日报，2013-6-27.

[6] 何金，何金海，陈文经 . 落户之门，向无房外来人员敞开［N］. 福建日报，2013-11-22.

[7] 刘益清，林剑波，王丽雅 . 城里人，农村人，外地人，待遇都要一样［N］. 福建日报，2013-12-7.

[8] 王建华，窦玉巧 . 孤残儿童收养是全社会的共同责任［N］. 人民法院报，2013-5-23 日，第 5 版 .

[9] 马远斌，朱祖永，彭德劲 . 拾养弃婴不堪重负，转卖牟利获刑五年［N］. 人民法院报，2013-8-17.

[10] 卫建萍，严剑漪，章伟聪 . 无辜孩子，如何走出困境［N］. 人民法院报，

2013-9-16.

[11] 佚名 . 民政部 . 争取将亚孤儿纳入国家保障［N］. 海峡都市报，2013-12-6.

[12] 张贵峰 . 打击“买卖儿童”，还有多少“短板”［N］. 人民法院报，2013-10-1.

[13] 符向军 . 弃婴岛，让遗弃不哭泣［N］. 人民法院报，2013-12-9.

[14] 王沁 马清 . 遥远的婚变 . 外出务工群体离婚分析［N］. 人民法院报，2014-11-10.

[15] 王剑，许磊 . 切实解决外出务工人员离婚案“三难”问题［N］. 人民法院报，2014-1-12.

[16] 刘建国 . 为不幸的孩子提供温暖庇护场所［N］. 人民法院报，2014-1-23.

[17] 练仁福，柯竞 . 婴儿安全岛 福州年内设立［N］. 海峡都市报，2014-2-19.

[18] 新华社 . 民政部拟规范寄养家庭虐待寄养儿童严重者将追刑责［N］. 海峡都市报，2014-5-6.

[19] 林嘉 . 婴儿安全岛 . 存还是废？［N］. 人民法院报，2014-5-12.

[20] 周侃，徐聪萍 . 完善未成年人监护权撤销制度的建议［N］. 人民法院报，2014-5-28.

[21] 李鹏飞 . 纠纷中机构养老的突围之路［N］. 人民法院报，2014-8-10.

[22] 杨航远 . 继承法中“有扶养关系的继子女”辨析［N］. 人民法院报，2014-9-14.

[23] 王春霞，罗书臻 . 家事审判改革为相关立法提供实践依据［N］. 人民法院报，2016-3-3.

[24] 王健 .“一老一少”保障新起点［N］. 人民法院报，2017-5-4.

[25] 叶文振 .“完善现代婚姻制度，推高青年结婚热情”［N］. 中国妇女报，2017-7-31.

六、网络资料类

[1] 江平 . 中国民法典制订的宏观思考［EB/OL］.http://www.civillaw.com.cn/article/default.asp?id=18703，2008-6-3.

[2] 郅四清 . 从我国的监护法律制度看《婚姻法》的立法瑕疵［EB/OL］. https://www.chinacourt.org/index.php/article/detail/2004/07/id/126096.shtml，2004-7-28.

[3] 张潇丁，于建军，田颖 . 结婚宣誓增强新人责任［EB/OL］.http://caijing.qingdaonews.com/html/2007-11/16/content_125507.htm，2008-6-18.

[4] 陈旭 . 结婚要宣誓要公告，专家操的心太多了［EB/OL］.http://news.xinhuanet.com/politics/2009-02/14/content_10818606_1.htm，2009-2-21.

[5] 香卉辉，李方芳 . 厦门亲子鉴定数平均每天在 3 例以上 5% 非亲生［EB/OL］.http://fj.qq.com/a/20141023/007243.htm，2014-10-23.

[6] 佚名 . 聚焦主责主业 用心书写新时代民政人履职答卷［EB/OL］.http://www.mca.gov.cn/article/xw/mtbd/201901/20190100014462.shtml，2019-1-17.

[7] 佚名 . 权威发布：2018- 末我国 60 岁以上老年人口 24949 万人，占总人口的 17.9%，老龄化加深！［EB/OL］.https://www.lrtxw.cn/PageDetail.html?ID=577，2019-1-22.

[8] 熊承刚 . 养老机构运营的法律风险与规避［EB/OL］.http://www.360doc.com/content/17/0426/05/34279512_648692643.shtml，2017-4-26.

[9] 佚名 . 权威发布：2018- 末我国 60 岁以上老年人口 24949 万人，占

总人口的17.9%，老龄化加深！［EB/OL］.https://www.lrtxw.cn/PageDetail.html?ID=577，2019-1-22.

[10] 李晓宏 . 我国流动人口总量近 2.3 亿［EB/OL］.http://www.chinadaily.com.cn/hqgj/jryw/2012-08-09/content_6670970.html，2013-7-7.

[11] 王晋临 . 新生代农民工婚姻状况探析［EB/OL］.http://www.jconline.cn/Contents/Channel_4434/2010/0712/376322/content_376322.htm，2013-7-7.

[12] 佚名 . 中央城镇化工作会议就新型城镇化形成多项共识［EB/OL］.http://news.sina.com.cn/c/2013-12-15/200728990841.shtml，2013-12-15.

[13] 佚名 . 民政部：将推动修法鼓励公民收养孤儿［EB/OL］.http://news.163.com/13/0110/02/8KQTES2F00014AED.html，2013-1-10.

[14] 侯雪竹,李晋 . 兰考事件后民间收养机构四面楚歌 面临被遣散困境［EB/OL］.http://gongyi.ifeng.com/news/detail_2013_01/21/21423712_0.shtml，2013-1-21.

[15] 佚名 . 监管机制缺位，民间收养尴尬是必然的［EB/OL］.http://epaper.jinghua.cn/html//content_1963910.htm，2013-1-21.

[16] 新华社 . 我国 - 增“失独家庭”7.6 万个 总数达 100 万个［EB/OL］.http://www.chinanews.com/sh/2013/03-03/4609978.shtml，2013-3-3.

[17] 朱苏力 . 用法的观点看婚姻［EB/OL］.http://www.civillaw.com.cn/article/default.asp?id=60324，2014-2-10.

[18] 刘刚 . 中国拟建未成年人监护干预制度 父母失责或被诉［EB/OL］.http://learning.sohu.com/20140121/n393875190.shtml，2014-1-21.

[19] 新华社 . 中国拟建未成年人监护干预制度 父母失责或被诉［EB/OL］.http://learning.sohu.com/20140121/n393875190.shtml，2014-1-21.

[20] 朱剑红 .2012- 全国农民工监测调查报告发布，我国农民工总数超

2.6 亿［EB/OL］.http://politics.people.com.cn/n/2013/0528/c1001-21635235.html，2014-1-26.

[21] 佚名 . 中国已有 28 个省区市“试水”建立“弃婴安全岛”［EB/OL］. http://news.163.com/14/0216/16/9L7J0AJ400014JB5.html，2014-2-16.

[22] 任亚男 . 如何才能保护你——中国弃婴［EB/OL］.http://news.nen.com.cn/system/2013/06/19/010450542.shtml，2014-4-26.

[23] 陈文涛、陈靖远 .“‘安全岛’的去与留——关于弃婴问题的法律研讨会”举办［EB/OL］.http://www.law.ruc.edu.cn/article/?45847.html，2014-4-24.

[24] 骆余民、温添赋 :《厦门婴儿安全岛关闭 试水百天接收 120 多名弃婴［EB/OL］.http://fj.sohu.com/20140418/n398433060.shtml，2014-4-18.

[25] 柳华文 . 设立安全岛与儿童权利保护［EB/OL］.http://www.humanrights-china.org/cn/zt/qita/rqzz/2014/1/t20140410_1165028.htm，2014-4-26.

[26] 佚名 . 中国老龄化加快：15% 国民是 60 岁以上老人［EB/OL］.http://www.chinairn.com/news/20140220/164816495.html，2014-2-20.

[27] 吕照军 . 网络虚拟财产的民法保护［EB/OL］.http://www.rmfz.org.cn/guandian/lilun/2014-08-26/279.html，2014-9-3.

[28] 孙乾 . 我们每年弃婴数量约有 10 万［EB/OL］.http://paper.chinaso.com/detail/20150304/1000200032732121425436937811109895_1.html，2015-3-20.

[29] 李艳波 . 最高人民法院 12 月 4 日公布婚姻家庭纠纷典型案例［EB/OL］.http://www.court.gov.cn/zixun-xiangqing-16211.html，2015-12-4.

[30] 吴海强 . 论欺诈性抚养的法律救济［EB/OL］.http://www.chinacourt.org/article/detail/2008/02/id/288098.shtml#rd，2015-9-2.

[31] 蔡军如 . 欺诈性抚养关系的法律界定及其处理原则［EB/OL］.http://court.gmw.cn/html/article/201309/23/137886.shtml#rd?sukey=fc78a68049a14bb25b5

118f6b98e39ae830146e7d6fa757c722b81af7a601bbeb273887758529ec32904371e262bccbc，2015-9-2.

[32] 李健．欺诈性抚养关系的法律认定［EB/OL］.http://www.chinacourt.org/article/detail/2012/07/id/535020.shtml#rd，2015-9-2.

[33] 徐志文．离婚率正在中国迅速攀升 超一半由女方主动提出［EB/OL］.http://news.sohu.com/20160124/n435648633.shtml，2016-3-20.

[34] 佚名．中国统计离婚率 2015 揭秘离婚原因及婚内出轨占离婚率 5 成［EB/OL］.http://www.niubb.net/a/2015/12-06/1136181.html，2016-3-20.

[35] 张珊．论离婚案件中“不忠证据”的认定［EB/OL］.http://zxsfy.chinacourt.org/public/detail.php?id=1428#rd，2016-3-7.

[36] 林苗苗．北京首个专收“失独老人”养老机构启动［EB/OL］.http://bj.people.com.cn/n2/2016/0719/c82840-28689604.html，2016-7-19.

[37] 佚名．中国儿童福利政策报告［EB/OL］.https://www.yjbys.com/news/551218.html，2017-6-5.

[38] 王慧文.2017 儿童福利报告：超 850 万困境儿童纳入保障制度［EB/OL］.http://csgy.rmzxb.com.cn/c/2017-06-01/1568728.shtml，2017-6-1.

[39] 国家统计局．中华人民共和国 2016- 国民经济和社会发展统计公报［EB/OL］.http://www.stats.gov.cn/tjsj/zxfb/201702/t20170228_1467424.html，2017-10-19.

[40] 国家统计局.2017 年农民工监测调查报告［EB/OL］.http://www.stats.gov.cn/tjsj/zxfb/201804/t20180427_1596389.html，2018-11-14.

[41] 佚名．农民工 10 个里有 2 人离婚！除了异地还有这些原因［EB/OL］.http://www.sohu.com/a/129180169_627563，2018-11-13.

[42] 国家统计局.2016 年农民工监测调查报告［EB/OL］.http://www.stats.

gov.cn/tjsj/zxfb/201704/t20170428_1489334.html，2018-11-15.

[43] 国家统计局 .2017 年农民工监测调查报告［EB/OL］.http://www.stats.gov.cn/tjsj/zxfb/201804/t20180427_1596389.html，2018-11-15.

[44] 黄粹 . 农村留守妇女生存困境：身份认同与组织化发展［EB/OL］.http://www.ccrs.org.cn/list/details.aspx?tid=8331，2018-9-25.

[45] 车丽 .〈中国儿童福利与保护政策报告 2018〉发布 推进建设儿童关爱保护服务体系［EB/OL］.http://china.cnr.cn/gdgg/20180530/t20180530_524252405.shtml，2018-5-30.

[46] 中华人民共和国国家统计局. 中华人民共和国 2017 年国民经济和社会发展统计公报 [DB/OL]. http://www.stats.gov.cn/tjsj/zxfb/201802/t20180228_1585631.html，2018-3-5.

[47] 陈博 . 儿童社会福利条例将出台 健全孤儿弃婴保障制度［EB/OL］.http://sh.sina.com.cn/news/g/2013-01-10/171729467.html，2019-1-14.

[48] 柴丹枫 . 民政部制定〈儿童福利机构管理办法〉于 1 月 1 日起生效［EB/OL］.https://news.sina.com.cn/c/2019-01-25/doc-ihrfqzka0867566.shtml，2019-2-7.

[49] 360 百科 . 袁厉害［EB/OL］.https://baike.so.com/doc/1529574-1617066.html，2019-3-6.

[50] 中国公益研究院 . 儿童福利与保护十大进展及六大趋势［EB/OL］.http://www.chinadevelopmentbrief.org.cn/news-22639.html，2019-3-11.

后 记

笔者曾出版《婚姻家庭立法问题研究》(吉林大学出版社,2008 年版)和《我国财产继承制度立法研究》(厦门大学出版社，2014 年版)等专著，对我国亲属与财产继承法律制度一些重要内容的立法问题有过具体阐述,涉及结婚制度、无效婚姻与可撤销婚姻制度、夫妻法律制度、亲子法律制度、收养法律制度、未成年人监护法律制度、离婚法律制度、法定继承制度、遗嘱继承制度等内容。因此，本书无意再对我国亲属与财产继承制度的立法构建问题进行全面系统的研究与阐述,而只是侧重对近年来在社会生活和司法实践中出现的一些新情况、新动态和新问题进行思考与研究，探讨其基本特点与解决对策，重点对困境儿童救助、成年监护、半流动农民工家庭婚姻家庭权益、离婚登记程序、离婚精神损害赔偿、继父母子女关系、老年人养老权益、财产继承等理论研究与实务工作中的热点难点疑点问题集中进行比较深入系统的研究，提出自己的一些观点与建议。这些观点和建议不一定成熟与妥当，纯属个人浅见，说出来的目的是为了引起大家的关注与深入研究，共同为我国民事立法的进一步完善贡献智慧与心血。特别是在我国正在编纂《民法典》的大背景下，抓住这一难得的历史机遇，对我国亲属与继承法有关理论与实务问题进行深入研究探讨，提出相关立法建议，这对于我国《民法分则》的制定，无疑具有重要的意义。因为我国亲属与继承法都是我国《民法典》的重要组成部分，在入典之前对我国亲属与继承法律制度进行全面梳理与修订补充，这是编纂我国《民法典》时的必要步骤。

民法理论博大精深，这是民法研习者的共同感受，应该是没有争议的。笔者研习其中的亲属与继承法已有 30 多年，始终感觉学无止境，常学常新，因为这一领域的问题，乍一看似乎很简单，都是家长里短，婆婆妈妈的事情，摆不上台面，而实际上并非如此。人的感情问题本身就是一种复杂的精神与心理活动，而新时期家庭的财产关系也复杂多样，亲属与继承法领域的问题涉及我们每个人，涉及人生的不同阶段，加上时代的发展变化，人们的思想观念、价值观念、生活方式等方面的发展变化，这一领域的新问题不断出现，且具有时代性、多变性与复杂性。笔者一直想对自己近年来的研习做一个自我小结，但又深知自己的能力和水平有限，心里常常“心有余悸”“忐忑不安”。只有不断学习，探求新知，使学习成为自己的一种生活态度、生活方式和生活习惯，才能适应新时代发展与社会进步。

本书的完成首先要感谢家人的鼓励支持。同时，在写作过程中，参考借鉴了有关专家学者的论著和观点，也得到了许多同行朋友以及所在单位领导和同事们的支持与帮助！本书能够顺利出版，与笔者所在单位（福建江夏学院及其法学院）、吉林大学出版社，的大力支持和各位编辑的辛勤劳动是分不开的。在此谨向大家表示深深的谢意！

感谢所有关心、爱护、支持笔者的亲朋好友们！因为有你们，笔者才能快乐前行！